强國策

跨越「中等收入陷阱」

张铁柱 陶德言／主编

厉以宁 蔡昉 刘伟 林毅夫 郑新立 李稻葵 胡鞍钢
郑永年 贾康 蔡洪滨 巴曙松等／撰文

上海遠東出版社

《强国策：跨越"中等收入陷阱"》编委会

主　编：张铁柱　陶德言

副主编：程增宾　田宝剑

编　委：陈　浩　沈丹琳　张伊宇　马晗雁　洪　琦
　　　　连国辉　范　蕾　张　彦

目　录

中　国　篇

国 际 篇

前言：
破解"中等收入陷阱"的时代答卷

　　跨越"中等收入陷阱"是中国"十三五"时期面临的重大命题，事关"两个一百年"目标的实现，事关中华民族的伟大复兴。2015年中国人均 GDP 已达 8000 美元，位列中等偏上收入国家行列。经过"十三五"时期，到 2020 年全面建成小康社会，中国人均 GDP 将达到 1.2 万美元。按照世界银行的标准，接近高收入国家水平，基本跨越"中等收入陷阱"。从世界范围看，跨越"中等收入陷阱"不是一件容易的事。一个有 13 亿多人口的大国，如果能够成功跨越，将是人类历史上一个新的发展奇迹。

　　如何认识"中等收入陷阱"？如何跨越"中等收入陷阱"？跨过去以后如何更好地向前发展？是当下中国必须面对而且不可回避的时代之问。《参考消息》以敏锐的新闻意识和高度的社会责任感，两度组织大型专题报道，试图破解这一时代命题。早在 2013年 3 月 4 日至 8 日，《参考消息》首次推出"跨越'中等收入陷阱'"大型专题报道，从世界与历史两个维度，以记者采访形式，系统地梳理世界上跨越"中等收入陷阱"的经验与教训，为中国跨越"中等收入陷阱"提供借鉴与参考。该专题分为"理论篇""成功篇""失败篇"，既有理论思考，又有案例介绍，推出后广受好评。

2016 年 3 月 14 日至 4 月 15 日，《参考消息》再次推出"强国策：跨越'中等收入陷阱'"大型专题报道，组织海内外顶尖专家学者撰写深度分析文章，就"十三五"时期中国面临的这一历史性考验进行深入探讨，立意更高，规模更大，反响更好。

任何大型报道的成功都离不开"天时、地利、人和"，时机的把握、选题的立意、作者的阵容，三者缺一不可。《参考消息》大型专题报道作者阵容强大，既有来自遍及全球的新华社驻外记者，又有来自北大、清华、人大、社科院等高校和科研机构的专家，还有来自部委政府机构的研究员，以及海外著名智库的学者，包括厉以宁、蔡昉、李稻葵、林毅夫、刘伟、郑永年、蔡洪滨、海闻、胡鞍钢、郑新立、贾康、巴曙松、罗思义等，皆是一时之选。《参考消息》以如此庞大、豪华的记者和专家队伍，站在"强国策"的高度，两次集中围绕"中等收入陷阱"主题进行多角度、全方位论述，每天整版展示，共推出 30 个整版，刊发 30 多篇深度文章，引起社会各界的广泛关注。

为了更好地扩大专题报道的社会影响，供广大读者深入、系统地学习与参考，我们与同样具有家国情怀的上海远东出版社合作，将两组专题报道的文章补充、完善、修改，结集出版。这是一份破解时代命题的沉甸甸的答卷，是一本配合宣传"十三五"规划的内容厚重的辅导书。

一、用深邃理论思考进行权威解读，帮助人们强化对破解"中等收入陷阱"的认识。

直面问题、弄清问题是解决问题的前提。专家学者基于对国家、民族高度负责的精神，通过自己长期对中国经济、社会的观察与研究，准确把握住中国发展过程中遇到的根本性问题。他们清醒地指出中国有可能跌入"中等收入陷阱"的风险，面临"制度陷阱""社会危机陷阱"和"技术陷阱"。同时，通过客观、冷静的分析，认为中国完全有能力跨越"中等收入陷阱"。清华大学中国与世界研究中心主任李稻葵、世界银行前副行长林毅夫、中央政策研究室前副主任郑新立、清华大学国情研究院院长胡鞍钢等撰文指出，中国有长期稳定且支持市场经济的政府，有持续改善的高质量的人力资本，对发达经济体持续开放，中国的后发优势远远没有用完，中国有巨大的内需潜力、雄厚的财力保障，这都是陷入"中等收入陷阱"的国家所不具备的独特优势。只要政策得当，中国完全可以维持高速发展的态势，跻身发达国家行列。这些系列文章理论与实际相结合，既有对国际性、一般性问题的揭示，也有针对中国国情的具体分析；既不回避矛盾，也看到解决问题的机会和潜力，以权威解读帮助人们全面认识中国跨越"中等收入陷阱"问题。

二、紧盯实现强国梦宏伟目标建言献策，为跨越"中等收入陷阱"开出"药方"。

提出问题的目的是解决问题。系列文章没有停留在揭示现实的层面，而是牢牢抓住"强国策"主题，紧密结合落实"十三五"规划遇到的重大问题，对中国经济和社会未来发展提出建设性意见，提供跨越"中等收入陷阱"的破解之道。专家学者以新时期知识分子的责任与担当，直言不讳，直击要害，为国家发展谋出路，为民族复兴献良策。他们分别从结构性改革、供给侧改革、金融改革、分配制度改革、土地制度改革、制度创新、国际秩序改革等多个维度，从不同的侧面，揭示了中国发展道路上存在的障碍和问题，提出了解决问题的"药方"，而其中谈得更多的是，中国要成功跨越"中等收入陷阱"唯有改革与创新。

北京大学汇丰商学院院长海闻指出，"中等收入陷阱"产生的根源在于产业结构调整滞后，要想满足进入中等收入以后民众的需求，就需要从供给侧进行改革，更大程度地开放服务业，文化、教育、医疗等行业要有大发展；通过改革教育制度，加大企业研发投入，增强创新能力，推动制造业转型升级。中国人民大学校长刘伟指出，最重要的是制度创新，理顺政府和市场的关系，让市场在资源配置的过程中起决定性作用，同时加强法制建设，依法治国。新加坡国立大学东亚研究所所长郑永年指出，要想跳出"陷阱"，必须培养中产阶层，形成"橄榄形社会"，解决民生问题，让中产阶层稳定增长。北京大学光华管理学院院长蔡洪滨则指出，提高社会流动性，为每个人提供公平发展的机会，不但会促进社会正义，还能激发社会创造力，提高经济效率，能一举两得。中央政策研究室原副主任郑新立认为，推动城乡一体化，能释放巨大发展潜力，是帮助跨越

"中等收入陷阱"的根本举措。北京大学光华管理学院名誉院长厉以宁指出，中国民间蕴藏着极大的积极性，如果能一批接一批地培养有战略眼光、有志于振兴民营经济的企业家，中国一定能进入发达国家行列。这些文章集中展示专家学者的见解，站得高，看得远，讲得深。

三、以俯瞰世界的广阔视野进行观察分析，为中国跨越"中等收入陷阱"提供国际镜鉴。

"中等收入陷阱"既是世界银行对中等收入国家发展经历的一种普遍现象的总结与描述，更是对中国当下和未来发展的警示。认识中国的发展道路，离不开观察、研究其他国家的前车之覆与成功经验。专家与记者在广阔的国际视野下观照中国发展的时代命题，既客观探讨日韩等东亚经济体成功跳出"中等收入陷阱"的经验，又深入分析拉美国家落入"中等收入陷阱"的原因。中国社科院拉美所专家齐传钧在《拉美国家为何难以扭转发展颓势》一文中指出，拉美国家经济低效问题没能得到根本解决，包括资源配置效率基础薄弱和研发创新能力基础不足，是它们没有跃升发达国家的根本原因。新华社驻拉美总分社社长王进业等采写的《拉美国家发展停滞"病灶"剖析》一文认为，拉美的主要"病灶"，是经济发展模式不可持续，内生动力不足；对教育重视不够，创新能力匮乏；经济政策与社会政策失衡，贫富差距大，社会矛盾尖锐。中国拉丁美洲学会副会长江时学以阿根廷为个案，分析其为何从发达国家退步、长期停滞在中等收入阶段的教训。中国社科院亚太与全球战略研究院研究员赵江林对比了亚洲两组成败的典型，即日韩与马来西亚、泰国，分析其中的成败得失，指出"人"是经济增长源泉，对教育、科研的重视，成就了东亚经济体的崛起。英国经济评论家罗思义则明确指出，"华盛顿共识"是一种失败的战略，中国要突破"中等收入陷阱"须实事求是，不能照搬西方模式。通过正反参照，多维度分析，明确指出中国哪些路走得通、哪些路有陷阱，有助于人们增强跨越"中等收入陷阱"的信心与决心。

总之，跨越"中等收入陷阱"是一个宏大的时代命题。我们希望通过驻外记者的一线观察与顶尖专家学者的深入解读，有利于人们全面认识"十三五"规划与中国经济新常态，对推动中国顺利跨越"中等收入陷阱"起到启迪明智、凝聚民心的积极作用。

参考消息报社总编辑　张铁柱

参考消息报社副总编辑　陶德言

2016 年 6 月 30 日

绪论：中国强起来须打新"三大战役"

陶德言

陶德言

新华社参考消息报社副总编辑、党组成员，高级编辑。

当下中国，最能拨动人们心弦的是三个字：中国梦。中共十八大报告提出"两个一百年"的伟大奋斗目标，唱响实现中华民族伟大复兴的"中国梦"，令人振奋。我们需要唱响中国梦这一时代最强音。因为这是全体中国人的最大公约数，也是所有中华儿女的共同期盼。

历史上任何大国的崛起都离不开梦想的召唤。中国梦就是实现中华民族的伟大复兴。一百多年来，近代中国历史只有两个主题：一个是民族救亡，一个是民族复兴。从曾国藩、李鸿章、左宗棠、张之洞的洋务运动，康有为、梁启超的变法自强，到孙中山的辛亥革命，一直都在探索民族救亡与民族复兴之路，但都先后失败了。直到中国共产党建立新中国，通过改革开放，通过"黄金十年",中国成为世界第二大经济体,我们才能更有理由、更能自信地说中国梦。经合组织预测 2017 年中国经济总量赶上美国,美国情报机构预测 2030 年中国经济总量赶上美国。因此,中国现在比历史上任何时期都更接近中华民族复兴的目标,比历史上任何时期更有信心、更有能力实现这个目标。的确,历史已经到了实现中国梦的关键时刻。

我们距离中华民族复兴只差几步,但这几步是很难走的,可能需要付出艰巨的努力。因为改革进入攻坚期和深水区,前进道路上的困难、问题和风险都在增多,存在"四大考验(长期执政考验、改革开放考验、市场经济考验、外部环境考验)、四大危险(精神懈怠的危险、能力不足的危险、脱离群众的危险、消极腐败的危险)"。就像中共十八大报告所讲的,我国的社会进入了爬坡过坎的新阶段,必须准备进行具有许多新的历史特点的伟大斗争。我觉得,实现中国梦至少需要解决三大世界性难题,或者叫做跨越"三大陷阱"。第一,从党的建设来讲,如何跨越"塔西佗陷阱"?第二,从经济社会转型来讲,如何跨越"中等收入陷阱"?第三,从对外关系来讲,如何跨越"修昔底德陷阱"?这是中国完成崛起必须打胜的新"三大战役"。

第一大战役:跨越"塔西佗陷阱"

所谓"塔西佗陷阱",得名于古罗马时代的历史学家塔西佗。它指的是当公权力遭遇公信力危机时,无论发表什么言论,颁布什么样的政策，社会都会给予负面评价。具体到权力部门，"塔西佗陷阱"的意思是：如果对公共事务的处理稍有不慎，或者日常工作中出现疏漏等问题，都有可能陷入恶性循环，以至于失去社会公信力。此后，无论说真话还是假话，做好事还是坏事，都会被认为是说假话、做坏事。

"天下何以治？得民心而已！天下何以乱？失民心而已！"民心是最大的政治，是执政党和政府的生命。经过 30 年的大发展，人民生活大大改善，国际地位空前提高，总的来说民心是向党的，但新的问题接踵而来。尤其是恶性蔓延的腐败、懈怠松弛的党风严重毒害了人民群众对党、对政府的信任。现在的局面是，我们的党和政府一边做好事，一边总有人怀疑、讥讽，形成了"信用危机"，即无论你做什么都有人不信，都有人骂。同时，群众的自我意识与期望值都在快速升高，如果我们的政策出现失误，就会出大问题。一旦公信力面临危机，中国就极有可能陷入"塔西佗陷阱"。由此，当务之急且最为关键的，就是要破解"四种危险"，其中最大的危险是腐败问题。

党的十八大报告指出，反腐败问题是人民关注的重大政治问题。这个问题解决不好，就会对党造成致命伤害，甚至亡党亡国。这不是危言耸听，历史教训很深刻。看看当年的国民党是怎么垮的？国民党曾经是按照列宁建党思想建立起来的政党，早期也具有一定的革命性。黄埔军校大门上贴的对联是："升官发财，请走他路；贪生怕死，莫入此门。"到后来，蒋介石不禁感叹：我的好学生都死光了！就是不为升官发财、只为事业的好学生都死光了，房子、票子、车子到处捞、到处贪，搞"五子登科"，整个队伍都腐败了，尤其是抗战胜利后，国民党官员接管城市，接管到哪儿就捞到哪儿。为什么共产党只用三年时间就把国民党打败了，其中一个原因就是国民党太腐败了，不得人心。苏联共产党最后也垮掉了。人们曾问，苏共20万党员时能够夺取政权，200万党员时能够打败法西斯侵略者，但近2000万党员时却丢失了政权，这是为什么？与腐败不无关系。到勃列日涅夫执政后期，苏联开始进入停滞时期，苏共逐渐成为一个特权阶层，脱离群众，失去民心。腐败不仅亡党亡国，也会亡军。2014年是中日甲午战争爆发120周年，中国掀起了反思甲午战争的热潮。当年北洋水师号称"亚洲第一、世界第四"，但在中日海军的黄海大战中全军覆没。其中原因很多，但最大的原因就是清政府的腐败，彻底的腐败导致彻底的失败。

"物必先腐，而后虫生"，打铁还需自身硬！虽然我们党非常重视反腐败，但是反腐败斗争形势依然很严峻。十八大以来，大家印象最深刻的是，我们党坚定地、深入地进行反腐败斗争。既治标，坚决惩处腐败，强调"老虎苍蝇一起打"；又治本，有效预防腐败，强调把权力关进制度的笼子里，着力构建"不敢腐、不能腐、不想腐"的体制机制。舆论高度评价中共新一轮反腐败运动。这场反腐斗争绝不是小打小闹，是强力正风、铁腕反腐，坚持"零容忍、无禁区、全覆盖"，涉及官员层级之高，范围之广，力度之大，前所未有。这部反腐大戏，堪称跌宕起伏，精彩纷呈，就是最好的作家也想象不出来的。百代兴盛依清正，千秋基业仗民心。这是一场输不起也决不能输的斗争。

想当年，我们共产党人打天下，为了心中的理想，不惜抛头颅、洒热血。方志敏的《可爱的中国》，瞿秋白的《多余的话》，刘伯坚的《带镣行》，都是他们在牢狱中对中国命运的思考，给我们今天留下了最珍贵的精神财富。现在共产党人最可怕的是缺失理想信念，信仰迷茫，精神迷失。理想信念是共产党人精神的"钙"，没有理想信念，理想信念不坚定，精神上就会"缺钙"，就会得"软骨病"。办好中国的事情，关键在党。反腐败是一个世界性的难题，如果我们共产党人能打好这一仗，拥有8800多万党员的大党，应该是能干一番大事业的。

第二大战役：跨越"中等收入陷阱"

"中等收入陷阱"这个概念是世界银行在2007年《东亚经济发展报告》中最早提出的。国际经验表明，从人均GDP 4000美元迈向10000美元的过程，往往是一个国家或地区经济社会风险高发、矛盾集中爆发的阶段，很容易跌入经济增长回落或长期停滞的"中等收入陷阱"。按照世界银行中等收入的定义，从1950年至今，在新出现的52个中等收入国家中，已有35个落入"中等收入陷阱"，其中30个落入"中低收入陷阱"，5个落入"中高收入陷阱"。在这35个国家中，13个为拉美国家，11个为中东北非国家，6个为撒哈拉以南非洲国家，3个为亚洲国家（马来西亚、菲律宾与斯里兰卡），

2 个为欧洲国家（阿尔巴尼亚和罗马尼亚）。世界公认的成功跨越"中等收入陷阱"的亚洲国家只有日本与韩国。可见，跨越"中等收入陷阱"是一个世界性难题。

2015 年，我国人均 GDP 是 7924 美元。按照十八大报告确定的实现"两个翻一番"的目标，到 2020 年我国人均 GDP 就将超过 10000 美元，达到 12000 美元，等于跨过了"中等收入陷阱"。但是，说易行难，我们怎么跨越？从国际看，当前世界经济增长乏力，复苏进程艰难曲折，不稳定、不确定因素较多。我国经济与世界经济深度交融，外部环境的复杂性、多变性必然会影响到我国。从国内看，我国正处在"三期叠加"阶段，长期积累的结构性矛盾逐步显现，我国的人口红利、资源红利、环境红利都越来越少，推动经济转型升级是一个充满阵痛、十分艰难的过程。美国学者认为，中国经过 30 年的两位数高速增长开始进入中高速增长时代。中国面临痛苦的抉择，旧的经济战略过时了，需要新的发展战略。如果中国落入"中等收入陷阱"，这将是一件充满国际意义的大事件。

中国"十三五"时期的核心命题是跨越"中等收入陷阱"。世界上不少发展中国家在进入中等收入阶段后，陷入"中等收入陷阱"，就是因为没有实现转型升级，造成经济长期停滞。中国要实现"两个百年"奋斗目标，必须保持一定的经济增长速度。据测算，"十三五"时期，我国 GDP 年均增长速度需保持在 6.5％以上，主要经济指标平衡协调，才能实现翻一番目标。即使全面建成小康社会目标之后，相当长时间仍需保持一定的增长速度，才能实现第二个百年奋斗目标。因此，"十三五"规划提出"双中高"目标，即经济保持中高速增长、产业迈向中高端水平。要实现"双中高"就必须打造"双引擎"，一是改造升级传统引擎，二是创造新引擎，推动我国发展不断迈上新台阶。

从"两点论"来看，中国具有跨越"中等收入陷阱"、实现经济社会转型的自信。一方面，支撑中国经济发展的内生因素仍然很充分。主要有三个有利因素：一是新型城镇化。中国城镇化率刚超过50%，与发达国家80%的城镇化率相比还有差距，这就是发展的空间；二是中西部的开发。中西部经济发展与东部差距比较大，中西部是我国下一步发展的新的空间；三是挖掘内需潜力。我国经济发展内需不足，长期依赖投资与出口拉动，下一步发展的最大潜力是扩大内需、刺激内需。另一方面，关键是靠深化改革开放，释放发展的强大动力，"做到改革不停顿，开放不止步"。改革开放只有进行时，没有完成时。十八大后，习近平总书记首次外出视察，就南下广东，强调改革开放是决定当代中国命运的关键一招，也是决定实现"两个百年"、民族复兴的关键一招。有舆论指出，中国继 1979 年、1992 年、2001 年后掀起第四次改革开放高潮。十八届三中全会做出了全面深化改革的顶层设计，提出了改革的总任务、时间表和路线图，其中最主要的是让市场在资源配置中起决定性作用。美国标普公司报告称，比较中国和日本经济，如果全面改革得以深入，中国或可避免日本"失去十年"的情况。改革红利是中国最大的红利。唯有深化改革开放，转变经济发展方式，才能真正避免落入"中等收入陷阱"。作为一个13亿多人口的大国，如果我们能够成功跨越，这将是中国现代化进程中又一个里程碑，是人类历史上一个新的发展奇迹。

第三大战役：跨越"修昔底德陷阱"

新兴国家挑战老牌强国时产生的困境，被学者称为"修昔底德陷阱"。古希腊历史学家修昔底德认为，当一个崛起的大国与既有的地区统治霸主竞争时，双方之间的威胁和反威胁引发激烈冲突，多数时候将以战争告终。修昔底德曾有一句名言："使战争不可避免的真正原因是雅典（崛起大国）势力的增长和因此所引起斯巴达（现存大国）的恐惧。"也就是说，一个新崛起的大国必然要挑战现存大国，而现存大国也必然回应这种威胁，战争将变得不可避免。

世界老二不好当，这是普遍规律。当年苏联是世界老二，美国用冷战就把苏联搞解体了。当年日本是世界老二，美国用一个广场协议就让日本经济发展长期陷入停滞。欧元区如果真正建成统一经济体，就成为世界老二，但是美国不会甘心，欧元区危机背后也有美元与欧元争霸的影子。中国能否打破"世界老二"的魔咒？这也是一个世界性难题。

如今，中国经济总量已稳居世界第二大经济体地位，成为名副其实的世界老二。中国比历史上任何时期都更接近于世界舞台的中心。随着中国的世界大国地位从假设变为现实，"修昔底德陷阱"就成了一个现实问题。我国虽然仍处于大有可为的战略机遇期，但其内涵和条件都发生了深刻的变化。以前我国的发展是乘势而为、顺势而为，未来我们更要谋势而为。尤其是美国实施亚太再平衡战略后，开始从政治、外交、经济、军事诸方面，加快重返亚太步伐，围堵中国的态势愈来愈明显。美国视中国为最大的战略对手。因此，不管乌克兰危机如何加剧，不管中东局势如何动荡，美国重返亚太的步伐不会放慢，而且只会加快。

我觉得，未来五至十年内，对中国来说，来自亚太地区的战略压力会越来越大，没有太多回旋的余地。从目前来讲，海洋是中国崛起面临的最大障碍。比如，一个是台海问题。祖国不统一，中国谈何崛起？另一个是东海问题。钓鱼岛争端不解决，日本怎么会心甘情愿做"亚洲老二"？再一个是南海问题，这是中国与东南亚声索国之间的问题，但背后实际上是中美在亚太间的较量与博弈。中国要崛起，有许多坎是绕不过去的，必须跨过去。破解美国的大围堵，中国要有大战略。中国提出建立中美"新型大国关系"，这是我国的战略设想，但美国一直没有正面回应，因为中美之间不仅存在认知差异，而且还存在结构性矛盾。有的学者认为，中美正陷入外交上的"囚徒困境"。从理论上讲，中美都明白，最好的结果是通过合作取得的，但两国对对方的合作互不信任。中美互不信任是有实际原因的。美国满足于现状（美国是公认的领袖），而中国不满足于现状，"想接过亚太领导权并对全球规则制定拥有更大的话语权"，这对实现中华民族伟大复兴是不可或缺的。中国要和平崛起，但美国能轻易让中国和平崛起吗？美国总统奥巴马多次强调，"美国绝不当世界老二"，"世界规则必须由美国来书写，不能让中国来制定"。退一步讲，世界上也没有和平崛起的先例。

因此，中国要打破"修昔底德陷阱"，必须有两手准备，"我们不惹事，也不怕事"。首先，我们不惹事。中国向世界郑重宣告：中国将坚定不移走和平发展道路。中国走和平发展道路，不是权宜之计，更不是外交辞令，而是从历史、现实、未来的客观判断中得出的结论，是思想自信和实践自觉的有机统一。和平发展道路对中国有利、对世界有利，我们想不出有任何理由不坚持这条被实践证明是走得通的道路。习近平主席在法国演讲时用生动的比喻告诉世界：中国这头睡狮醒了，但中国要做一只"和平的、可亲的、文明的"醒狮。中国虽然实力大增，但世界不必畏惧。习近平主席在德国演讲时用大白话告诉世界："中国需要和平，就像人需要空气一样，就像万物生长需要阳光一样。"中国不认同"国强必霸"的陈旧逻辑。当今世界，殖民主义、霸权主义的老路不仅走不通，而且一定会碰得头破血流。中国梦是和平、发展、合作、共赢的梦。其次，我们也不怕事。我们要拓展和深化军事斗争的准备，要提高打赢局部战争的能力，同时要致力建设海洋强国。要强国梦，必须要强军梦。中国史无前例的军改大幕已经拉开，改革强军、创新强军的号角已经吹响，"能打仗、打胜仗"已成为中国军队的新口号。这是一场整体性、革命性的变革，对中国军队、中华民族乃至世界格局必将产生空前的影响。

近代以来，中国历史存在一个"三十年现象"。从 1921 年中国共产党诞生到 1949 年新中国建立是 28 年，从 1949 年新中国建立到 1978 年改革开放是 29 年，从 1978 年改革开放到 2012 年中共十八大是 34 年。自从中共十八大开始，中国的发展又到了一个新的转折点，是一个新的三十年的开端。这将是中国从"站起来""富起来"走向"强起来"的三十年，是实现中国梦的三十年。我们要实现中国梦，必须破解三大世界性难题，必须打赢新"三大战役"。这注定不会太轻松，甚至还要经受曲折与磨难。一个占人类 1/5 人口的大国的崛起，它的内在难度与外部冲击都将是前所未有的。之所以"难"，是因为我们的确在做着全人类意义上的伟大事业。"红军不怕远征难，万水千山只等闲。"当历史的接力棒传到我们这一代人手中，必须扛起这样的使命，而且要有足够的自信，以勇于担当的精神，一鼓作气去实现中国近代以来最伟大的梦想。

中国篇

跨越"中等收入陷阱"唯有改革

蔡昉

蔡 昉

中国社会科学院副院长、学部委员、研究员;第十二届全国人大常委会委员;国家"十三五"规划专家委员会委员、中国经济50人论坛及其学术委员会成员等。

2015 年,中国的人均国内生产总值(GDP)约合 8000 美元,属于世界银行定义的中等偏上收入国家,正在向高收入国家的行列迈进。经济学家总结挖掘了大量经济发展史实,针对我们所处的这个发展阶段,概括了一个叫作"中等收入陷阱"的经济学概念以为警示:引领一个经济体成功摆脱贫困的道路,并不能确保该经济体实现从中等收入到高收入的跨越。学术界对此概念及其政策含义众说纷纭、莫衷一是,或否定存在这样一种发展现象的说法,或做出诸多不尽相同的阐释。

习近平同志为总书记的党中央治国理政的一个重要特点,是在对中国特色社会主义道路充满自信的同时,具有强烈的忧患意识,坚持问题导向应对挑战的方法论。

在中国从中等偏上收入阶段迈向高收入阶段的过程中，面临的"中等收入陷阱"挑战，就是这样一个需要树立信心同时又要严肃对待的问题。

一、"中等收入陷阱"是统计现象

"中等收入陷阱"这个概念，由世界银行 2007 年报告《东亚经济发展报告》首次提出。该报告引用的文献表明："比起较富或较穷的国家来，中等收入国家的增长会相对较慢。"这个概念在一定程度上等同于此前广为使用的"拉美陷阱"，用来类比拉丁美洲以及若干亚洲经济体在进入中等收入阶段后面临的发展困境，并且常常作为对中国经济前景判断的一个参照点。

西方经济学是以发达国家匀质、一元化经济增长为蓝本，在其理论框架中找不到用来分析"中等收入陷阱"的现成工具，因此，许多经济学家，如罗伯特·巴罗和阿玛蒂亚·森等，不承认存在着该概念所刻画的这种经济发展现象，尤其认为这个概念不适用于解释中国经济前景。不过，如果经济史上的确存在着处于中等收入阶段特别是中等偏上收入国家可能面临特殊的发展挑战，而且在统计上具有显著性，归纳其经验、教训对于中国无疑具有借鉴意义。对此，我们何不采取"宁可信其有"的态度呢？

首先，"陷阱"一词在经济学中历来被广泛用于表示一种超稳定状态，即一般的短期外力不足以改变的均衡。在特定的经济发展阶段，如果推动人均收入一次性提高的因素不具有可持续性，不足以根本改变传统的均衡状态，就会有其他因素将其作用抵消，把人均收入拉回到原来的水平上面，使这个经济体在该收入水平上徘徊不前。所以，一旦把研究重点放在中等收入国家如何摆脱周而复始的现状，这一分析框架就是有益的。

其次，"中等收入陷阱"作为一种统计上显著的现象，为许多研究所印证。例如，胡永泰教授用各国人均 GDP 为美国水平的百分比，把大于 55% 的国家定义为高收入国家，在 20%-55% 之间的定义为中等收入国家，小于 20% 的为低收入国家。在进行比较的 132 个国家中，定义为中等收入国家的，1960 年有 32 个，2008 年有 24 个。观察这个组别的变化特点发现，中等收入国家有大约一半的可能性，经过近半个世纪仍然滞留在中等收入阶段，而那些脱离中等收入组的国家，更多的则是向下流动到低收入组，而较少毕业到高收入组。此外，艾亚尔等的一项针对 100 多个国家的跨国研究，也得出类似的结论，即长期的"增长停滞"发生在中等收入阶段的概率，要明显高于在低收入阶段和高收入阶段。

二、"中等收入陷阱"四部曲

虽然"不幸的家庭各有各的不幸"，但是，根据现实中的"中等收入陷阱"现象，我们可以从丰富多彩的发展中国家经济史，特别是拉丁美洲和东南亚一些国家长期徘徊于中等收入阶段的经验教训中，归纳出一些具有共性的特征化事实，用以说明一个"不幸"的经济体，是如何经过四个步骤落入该陷阱的。

第一步，经济体经历一定时期较快增长后减速。美国经济史学家埃肯格林等收集了大量国家的历史统计数据，通过计量研究发现，一个经济体在中等偏上收入阶段的某个特定时点上，会发生明显的经济增长减速，平均减速幅度可高达60%。各国减速的诱因不尽相同，有的是自然发生的，有的则发生在某个危机之后。国际货币基金组织分析一些国家减速经验时，把不同国家落入"中等收入陷阱"的风险，分别归结为制度因素、交通和通信基础设施不足，以及在地区一体化和贸易方面的缺陷。不过，具有规律性的是，这些减速都与发展阶段变化相联系，归根结底是供给侧相关因素变化的结果。

第二步，对减速原因误判导致政策选择不当，使减速演变为停滞。例如，如果减速的原因在于供给侧的潜在产出能力降低，而政府的政策却是着眼于在需求侧刺激的话，则不仅难以产生政策效果，还会导致一系列的扭曲和不良结果。其中，最严重的扭曲莫过于政府过度使用产业政策，导致生产要素的价格形成背离比较优势；最严重的政策后果则是造成泡沫经济、产能过剩和对落后产业及企业的不当保护。一旦如此，原本可能是正常的减速，反而被转变为长期的超低速增长甚至增长停滞。

第三步，面对经济增长停滞带来的一系列社会问题，政府进一步采取饮鸩止渴的方式应对，造成经济社会体制的全面扭曲。例如，在经济增长停滞、蛋糕不再能够做大的情况下，重新分配蛋糕成为普遍存在的动机，造成寻租行为滋生和腐败泛滥。由于具有特权的群体往往得到更大的收入份额，以及收入分配中存在的马太效应，收入分配状况愈益恶化，进而激化社会矛盾。这时，财力拮据的政府往往只能借助于仅有承诺却难以兑现的民粹主义政策，不仅于事无补，反而伤害经济活动中的激励机制。

第四步，与停滞的经济增长相伴而存在的资源分配和收入分配严重不平等，造成既得利益集团，后者竭尽全力要维护这个有利于自身的分配格局，因此，"中等收入陷阱"的体制弊端积重难返，不利于打破。一旦进入这种体制状态，相关的经济社会政策就被利益集团所俘获，不仅经济增长陷入停滞，改革和制度变迁更是举步维艰，妨碍经济社会发展的体制便被固化了。

从已有的经验看，上述四个步骤既有时间上的先后继起性，又有空间上的同时并存性。从中得到的启示是，避免落入"中等收入陷阱"，既要正确认识经济增长减速的原因，防止把自然的减速转化为万劫不复的经济停滞，又要解决好收入分配不公、差距过大等问题，保持社会凝聚力，同时打破既得利益对改革的阻碍，以体制改革促进资源配置效率的提高，实现经济增长的创新驱动和长期可持续。

三、正确认识中国经济减速

中国经济在 1978—2011 年长达 33 年期间实现了平均 9.9% 的高速增长之后，2012 年开始明显减速。继 2012 年和 2013 年增长率降到 7.7%，2014 年和 2015 年分别进一步下降到 7.3% 和 6.9%。对于中国经济的减速，国内外经济学界有各种不同的解释。例如，林毅夫认为是金融危机后净出口大幅度缩减导致需求不足；萨默斯断言以往的异常高速增长终究要"回归到均值"；巴罗则认为任何国家不能长期偏离"趋同的铁律（年平均2%的速度）"，因而趋同效应必然是递减的。如何判断减速原因至关重要，关乎应对政策是否正确且有效，决定能否避免减速向停滞的转化。

认识中国经济减速，最重要的是观察中国发生了哪些与发展阶段相关的变化。从此判断，中国减速主要是由于生产要素相对稀缺性发生了逆转，并形成一系列不利于全要素生产率提高的条件变化。改革开放以来中国经济的高速增长与2010年之前表现为劳动年龄人口迅速增加、人口抚养比显著下降的人口红利直接相关，即劳动力"无限供给"提高了储蓄率、延缓了资本报酬递减、保持了劳动力和人力资本充分供给，并通过劳动力转移获得资源重新配置效率。分析表明，1982—2009年中国全要素生产率的提高中，近一半的贡献来自农业劳动力转移带来的资源重新配置效率。

恰好在2009年中国经济总量超过日本，成为世界第二大经济体，2010年中国人均GDP跨越中等偏上收入门槛的同时，15—59岁劳动年龄人口总量达到峰值，此后进入负增长，人口抚养比相应攀升。随着人口红利的迅速消失，推动高速增长的传统动力源就减弱了，导致由生产要素供给和生产率提高潜力决定的GDP潜在增长率下降。根据估算，中国经济潜在增长率已经从2010年以前的平均10%下降到"十二五"时期的7.6%，并将进一步下降到"十三五"时期的

6.2%。

有多种因素推动经济增长速度进一步下降。一是劳动力持续短缺和工资快速上涨。据估算，2004—2013年，中国制造业单位劳动成本（工资与劳动生产率之比）上升了59.7%，使比较优势不断削弱。二是资本报酬呈现递减现象，投资回报率显著下降。三是2014年农村16—19岁的人口数量达到峰值，随后进入负增长阶段，劳动力转移速度减慢，减缓全要素生产率的提高。四是诸多体制性障碍推高企业交易费用，降低资源配置效率。经济运行中存在的政府管制过度、审批过程繁琐、税费负担以及社保缴费率过重、融资渠道不畅通、地方保护和市场分割、要素价格扭曲、对企业的歧视性待遇等问题，提高了企业的制度性交易费用，客观上产生抑制微观领域创新的效果。五是结构性产能过剩比较严重，浪费了资源，压缩了经济增长空间。

理解了中国经济的减速是增长现象而非周期现象，原因在于供给侧而非需求侧，有助于我们正确决断、对症施策、精准发力，推进经济体制改革以挖掘增长潜力，开启新的增长动力，在足够长的时期内保持经济中高速增长，跨越"中等收入陷阱"。

四、对症施治推进结构性改革

习近平同志指出，对中国而言，"中等收入陷阱"过是肯定要过去的，关键是什么时候迈过去、迈过去以后如何更好向前发展。在经济保持中高速增长的前提下，2020年中国人均GDP按照不变价格将超过 10000 美元，更加接近划分中等偏上收入和高收入国家大约 12000 美元的分界线。然而，一方面这个划分标准是动态的，届时也有可能向上调整；另一方面高收入国家的平均人均 GDP 远远高于这个分界线，目前就高达 37000 多美元，因此，至少在 2030 年以前，中国仍将面对"中等收入陷阱"风险。基于对这一现象形成原因以及中国经济减速原因的分析，第一位的任务是要对症施治，稳定经济增长速度，同时解决好收入分配，提高发展的共享水平，并使各方面制度更加成熟和定型，以支撑经济社会健康发展。

首先，正确认识中国经济减速，推进供给侧结构性改革，提高潜在增长率。应对发展阶段变化导致的减速，不能用强刺激办法使增长速度超越潜在增长率，而是要深化经济体制改革，从供给侧提高潜在增长率赢得改革红利。当前最紧迫且具有立竿见影效果的，是着眼于延长人口红利和提高全要素生产率的改革。研究表明，在今后一段时间里，劳动参与率和全要素生产率增长率每提高 1 个百分点，可以分别将潜在增长率提高 0.88 和 0.99 个百分点。这方面的改革包括：通过户籍制度改革促进劳动力转移，稳定农民工就业，抑制工资从而单位劳动成本过快上涨；进一步简政放权，促进大众创业、万众创新，加快经济发展方式从要素投入驱动转向创新驱动；让市场在资源配置中发挥决定性作用，创造生产要素充分流动的政策环境，利用创造性破坏机制实现优胜劣汰。

其次，加快收入分配制度改革，提高共享发展水平，保持社会稳定和国家长治久安。随着 2004 年中国跨越刘易斯拐点，劳动力短缺推动了普通劳动者工资上涨，初次分配领域显现出有利于劳动者的变化。自 2009 年以来，反映收入差距的主要指标如基尼系数和城乡收入比，都呈现持续缩小的趋势。然而，中国整体收入差距仍然处于较高的水平，仅仅依靠劳动力市场的转折点并不能产生迅速降低的效果，需要明显加大再分配力度。根据国际经验，即使那些收入差距较小的国家，也是通过再分配才达到公平分配效果的。例如，从 28 个经济合作与发展组织国家情况来看，再分配之前和再分配之后的基尼系数分别为平均 0.47 和 0.30，也就是说，经过再分配，基尼系数下降了 17 个百分点。

　　加大再分配力度主要应从两个方面着力。一方面，公共服务供给体现政府再分配责任。这包括健全基本公共服务体系、完善转移支付、实施脱贫攻坚战等；另一方面，从税收制度改革入手进一步有效调节过高收入。目前中国税收体系仍然是以间接税为主，个人所得税也明显缺乏累进的性质，因此，从调节收入分配着眼进行税制改革，既符合国际惯例，也有巨大的调整空间，预期可以取得更显著的缩小收入差距效果。

　　再次，防止过度福利化的民粹主义倾向，打破既得利益格局对改革的阻挠，保持中国产业和企业的国际竞争力。提高劳动报酬在国民经济分配中的份额，固然是共享发展的题中应有之义；在产业结构加快升级优化的过程中，就业岗位有创造也有破坏，因此，加强对劳动者的社会保护，扩大社会保障覆盖面也是必要且紧迫的。但是，在存在着妨碍劳动力充分供给的制度性障碍的情况下，改革滞后意味着把劳动力成本上升的负担过度压在企业身上，造成比较优势的过早过快丧失；在社会保障覆盖率仍低的情况下过于频繁提高保障标准，在现收现付类型基本社会保险项目中已积累较大结余的情况下维持过高的缴费率，同样加大了企业负担。

随着改革不断深化，没有任何群体受损的"帕累托改进"式改革机会已经不复存在，进一步的改革必然触动既得利益。因此，顺应人民群众的期待，总结地方改革的成功经验，以更大的政治勇气和智慧，通过顶层设计消除利益樊篱对改革的阻碍，推动改革获得实效，是中央政府提供的重要公共产品以及推动创新发展和共享发展的关键职能，将体现国家正确决断、掌控经济增长大局、避免"中等收入陷阱"的治理能力。

中国有能力突破"中等收入陷阱"

李稻葵

李稻葵

清华大学经济管理学院弗里曼经济学讲席教授,清华大学经济管理学院中国与世界经济研究中心主任,清华大学苏世民学者项目主任,第十二届全国政协委员。

随着 2016 年两会的召开,全世界热议中国的"十三五"规划。按照"十三五"规划描述的宏伟蓝图,中国经济到 2020 年 GDP 总量将达到 90 万亿元人民币,按照当前的汇率计算,人均 GDP 将接近 1.1 万美元,这就基本上告别中等收入国家行列,迈入发达国家门槛。那么"十三五"规划所描述的宏伟蓝图能不能够实现,这个问题和国际上热议的"中等收入陷阱"在很大程度上是重叠的。所谓"中等收入陷阱"就是世界上绝大多数中等收入国家在战后并没有持续发展从而进入到发达国家的行列。

中国有没有可能突破中等收入的陷阱?"十三五"规划所描述的宏伟蓝图能不能够实现呢?为了回答这一问题我们不妨把镜头拉远,视角放开,回顾一下战后世界经济发展的基本经验。

战后 70 年以来，全球 100 多个国家和地区，其中绝大多数国家和地区处于低收入或者中等收入国家的序列，中国当前人均 GDP 发展水平也处在中等收入行列。最近清华大学中国与世界经济研究中心仔细梳理了战后这些国家的发展历程，我们发现所谓"中等收入陷阱"的描述并不精确，事实上作为一个中等收入国家最关键的是能否有效地缩小自己与发达国家发展水平的差距，因为只有缩小了与发达国家的差距，本国的居民在国际交往和比较中才能有真正的幸福感和获得感。再有，决定一个经济体增长潜力的重要因素是该经济体与国际发达国家的人均收入的差距。按照这一视角，我们发现当前中国经济人均 GDP 按照购买力平价计算（即 1 美元等于 4.4 元人民币），我们相当于世界上人均 GDP 最高的大国——美国的 22%。美国是全球最具有创新力、自然资源最丰富，同时市场经济制度相对成熟的先进经济体，其人均 GDP 在所有人口 2000 万以上的国家中始终名列前茅。

梳理战后 70 多年的发展历史，我们发现，只有 13 个国家和地区实现了相对于美国人均 GDP 从 20% 到 40% 的飞跃，这其中包括日本、韩国、新加坡、以色列、葡萄牙、西班牙、希腊、塞浦路斯、波兰、斯洛伐克、爱沙尼亚和中国的香港、台湾地区。如果一个经济体能够达到美国人均 GDP 的 40%，该经济体的发展水平就相对比较稳定。今天的日本、韩国与台湾地区，人均 GDP 在美国的 75% 左右，到了这个发展水平上，他们的增长速度已经放缓，甚至与美国基本持平了。所以，我们认为，对于中国经济而言，比"中等收入陷阱"更本质的问题是：中国经济有没有可能从今天相对于美国 22% 的收入水平发展到 40% 以上的相对比较稳定的发展阶段。

我们仔细梳理了所有 13 个成功的国家、地区和其他几十个不成功国家的重要区别，根据案例分析和统计分析，我们发现，正如托尔斯泰所说，幸福的家庭有同样的幸福，而不幸的家庭各有各的不幸。所有成功的国家、地区都有三个同时满足的基本条件，我们称之为"三好条件"。而那些不成功的国家，至少有"三好条件"中的一项没有满足。

这"三好条件"中的第一个条件就是要有长期稳定的并且支持市场经济发展的政府。政治稳定是发展的基本要求，而仅有政治稳定还不够，还必须要政府长期支持市场经济发展。在这一点上，中国经济过去 40 年的经验是极其正面的。而今天，中国仍然满足这一基本条件。党的十八届三中全会明确指出，要让市场发挥资源分配中的决定性作用，同时更好发挥政府的作用。这就从根本上保证了，我们在未来仍然会有一个稳定的、支持市场机制发挥作用的政府。

"三好条件"中的第二个条件，是持续改善的高质量的人力资本。具体说来，就是劳动力的健康水平和受教育水平在持续地稳步地提高。今天的中国经济在这个方面是令人骄傲的。2015 年，中国的大学毛入学率接近 38%，人均受教育水平据"十三五"规划将从 2015年的人均 10.23 年上升为 10.8 年。同时，人均健康水平、劳动力平均健康水平在持续提高。"十三五"规划草案中提出，要使人均预期寿命在"十三五"规划期间提高一岁。换言之，这就意味着中国经济中虽然总体劳动人口在"十三五"期间达到顶峰，但是，劳动力的人均素质和有效的工作时间将会持续提高。有劳动能力的人口乘以人均受教育水平，我们称之为有效劳动力供给。中国经济有效劳动力供给仍然在上升。因此我们认为，不能断言人口红利已经丧失。

"三好条件"的第三条，就是一个经济体必须持续对发达经济体开放。今天的中国经济已经加入 WTO 15 年，始终对欧美日等发达经济体保持高度的开放，中国最重要的投资和贸易伙伴是这些发达经济体。一个经济体与发达经济体进行贸易和投资，它的经济竞争力，企业技术水平、商业模式和思维模式都会逐步地向发达国家靠拢。这其中最明显的例子就是以色列，它虽然主要被不发达国家所包围，但是其主要投资及贸易伙伴却是西方发达国家。

纵观当今中国经济这"三好条件"，不仅在今天，以至在未来相当长的时间内是持续满足的。因此我们有充分信心，中国经济不仅能够突破"中等收入陷阱"，而且能够朝更高的发展水平不断迈进。

那么中国经济当前的增长潜力到底是多少呢？增长潜力就是，在正常情况下，即在不受到重大国际经济扰动的情况下，也不受周期性影响情况下的一个经济体的增长速度。当前中国经济受到了国际经济形势不利以及"三期叠加"因素的不利影响，所以当前的经济增长速度应当是低于潜在 GDP 增长速度的。这是不争的事实。当然，经济速度适当放缓，也是经济结构调整的需要，是为了未来更好更快速发展的需要。

为了研究中国当前 GDP 增长的潜力，我们特意测算了历史上的 13 个实现了经济现代化的经济体在处于今天中国经济发展水平阶段之后的接下来 5 年、10 年、15 年的平均增长速度，也就是这些国家或地区达到美国人均 GDP22% 之后的增长速度。剔除希腊、塞浦路斯等当时受石油危机、战争等因素影响的国家，我们发现，其他的成功经济体处在中国当前经济发展水平后的 5 年到 15 年间，平均增长速度都保持在 7% 以上。因此我们应该有信心讲，未来 5 到 10 年中国经济的增长潜力应该能够达到或者接近 7%。据此，我们也有信心得出一个重要的结论，那就是当前中国经济一旦能够调整到位，经济的增长速度应该会回到 7% 左右，呈现一个 U 型态势。

当前，对于中国经济增长的悲观观点主要有三个，值得一一回应。

第一个观点认为中国经济的人口红利已经丧失。但根据之前的分析，中国劳动力的受教育水平以及人均寿命还在上升，也就是说中国经济的有效劳动力供给还在上升。一旦能够落实改革，实行更灵活的就业和退休制度，中国的人口红利还将持续释放。

第二个观点认为中国大陆是"大国经济"，不可能走日本、韩国、中国香港、新加坡和台湾地区等依赖外部市场发展的增长路径。我们同意这个说法，但要强调"大国经济"所具有的发展优势。中国经济内部仍然有极大的地区差异，中国内部的跨省、跨地区贸易能够在很大程度上弥补国际市场需求的不足。举例说来，安徽省人均收入水平仅仅是它的"邻居"江苏省的一半左右，江苏人均 GDP

中国中西部劳动力成本低，有利于发展制造业。图为工人在重庆长安福特汽车现代化整车生产线上工作。（摄影 刘潺）

在全国排名第一，安徽则是倒数第六。因此，江苏与安徽之间的跨省贸易与投资一定是安徽和江苏两省未来发展的重要动力。事实上，安徽省尤其是合肥地区，近来正是发挥了这一优势，经济增长速度处于全国前列。

第三个观点是说中国目前的宏观负债率奇高，也就是杠杆率很高。对于这一问题我们要进行实事求是的分析。目前中国企业的杠杆率的确非常高，达到 GDP 的 150% 左右，但政府的负债率并不算高，中央和地方债大约占 GDP 的 60%，包括隐性债务。更重要的是，要看到中国经济的储蓄率也很高，根据我们的测算储蓄率在 38% 左右，国家统计局的官方数字是 45% 到 50%。即便是 38%，我们的储蓄率也是美国的两倍，比日本、欧洲等经济体高出 10 个百分点以上，因此在高储蓄率的前提下，中国经济能够承担，也应该对应着更高的负债。目前的工作重点就是应该想方设法通过淘汰落后产能、淘汰僵尸企业、推进债务重组以大幅度降低企业债。

中国经济如何才能尽快走出低谷，完成结构调整的重任从而释放高速增长的发展潜力呢？我们认为三件事情至关重要。第一件事情是必须全面推进十八届三中全会提出的各项改革措施，尤其是在生产领域极大地提高生产效率。比如说，实行更加灵活的退休制度，利用好有效劳动力供给持续上升的趋势，加快国有企业改革，搞活国有企业，同时通过改革让互联网等现代技术能够更好地在企业中发挥作用。

第二件事情是更大力度地引导企业转型升级。中国经济目前的劳动力成本在持续提高，这是好事情，因为这是结构转型的基本要求。这就意味着中国百姓的可支配收入在不断提高，也带来了消费的兴旺。同时，中国社会的环境与生态约束不断提高，这要求我们必须大胆地放弃一些产业，包括煤、铁矿石等资源类产业。再比如，在保持棉花等经济作物生产能力的前提下，大胆地增加从国际市场的进口，适当减少国内产量，释放劳动力，转移到附加值更高的产业。同时，在这一过程中，将中国的重化工业由中西部转向沿海地带，进行绿色改造，更多地利用好国际原材料资源。利用好中西部相对较低的劳动成本，大力发展成熟的制造业，包括汽车制造、大型成套设备等。这就使得中国经济实现结构性的、全面的、绿色的升级。这一升级本身需要投资，蕴藏着增长点。这也是中国生态改进的一个过程。

第三件事情是必须在经济结构调整的过程中，牢牢把住不发生系统性金融危机的底线。历史的经验表明，几乎所有在现代化进程中夭折的国家都是因为发生了金融危机从而倒退多年。目前，中国金融与实体经济的互动关系是空前的，金融的复杂程度也是空前的。必须夯实金融发展的基础，比如说要全面建设作为金融基础的法制，提升法制质量。笔者在 2015 年的全国政协会议的一个提案中提出要在上海或者北京设立高级证券法院和检察院，要彻底改造和提升证券市场的司法质量。同时，在这一基础之上，要牢牢把握资本账户的流动，保证作为世界第一的中国经济高达 20 万亿美元的货币存量不至于演变成堰塞湖的决口而带来灾难性的资本外逃。

如果我们能够利用现代技术进行企业升级，同时在这个过程中牢牢稳定住金融，中国经济不仅能够突破"中等收入陷阱"，而且根据我们的预测，到 2050 年，即"中国梦"第二个百年的标杆年，人均 GDP 应该能够达到那时候美国人均 GDP 的 70%—75%，国民素质将会大大提升，经济总体规模将达到美国的 3 倍左右，综合国力将比今天实质性地上一个大台阶，那将是一个十分值得期待的美好前景，那些为了民富国强奋斗终生的几代前辈们在天之灵也会得到深深的慰藉。

解决结构失衡 跨越发展陷阱

刘 伟

刘 伟

中国人民大学校长，经济学博士、教授、博士生导师，兼任国务院学位委员会委员、学科评议组理论经济学委员，教育部学科发展与专业设置专家委员会副主任。

关于当前中国的经济增长和宏观调控这一话题，我想谈三个方面的问题。

第一个问题，中国的经济增长现在面临什么样的机会和挑战？

第二个问题，中国的经济增长现在发生的问题和原因。

第三个问题，针对这些问题和原因，中国的宏观经济政策的调整及其变化。

一、眼前的三大机遇

中国经济增长取得了举世瞩目的成就。改革开放 30 多年，有统计数据显示，中国经济的增长率平均达到了 9.7%，超过了 9% 以上。第二次世界大战之后，首先开创这一纪录的是日本，日本从 1950 年代到 1970 年代保持了 20 年的高速增长。随后，中国台湾地区以 26 年的持续高速增长打破了纪录，韩国又以

30 年的持续高速增长再创一个新的纪录。接下来是中国大陆。我们从改革开放到 2014 年，一共 36 年的时间，平均每年 9.7% 的持续高速增长。这使我们国家的经济面貌发生了很大的变化。

国内生产总值（GDP）总量位居世界第二。从总量来看，2014 年底，中国 GDP 达到 63.7 万亿元人民币，按不变价格算，比改革开放初期的中国提高了近 28 倍。中国就总量而言，是世界第二大经济体，仅次于美国。

人均 GDP 以平均 8.5% 的速度高速增长。从人均 GDP 来看，2014 年末，接近 50000 元人民币，比改革开放初期约提高了 19 倍，36 年来人均 GDP 平均每年的增长速度是 8.5% 左右。中国人口基数大，占全球人口 22%，改革开放 36 年，中国人口总量增长了 41%。在这一前提下，人均 GDP 在 36 年的时间里平均以 8.5% 的速度在提升，这是一个很了不起的成绩。

我们人均 GDP 如果换算成美元，是 7500 多美元。按照世界银行最新的划分方法，人均 GDP 小于 12476 美元，高于 4056 美元，则属于"上中等收入"的国家，也就是小康社会。至 2014 年末，有 54 个经济体属于此类。如果从这个划分标准来看，中国已进入"上中等收入"的发展中国家。

当一个国家的经济进入到"上中等收入"阶段，将面临什么机会呢？

从发展历史来看，大国经济在起飞前的准备和起飞初期，它的发展速度会慢，但是到了起飞的中后期，特别是到了工业化、城市化加速的时候，它比小国要快，因为它的冲击力强。

至2020年，中国能否实现从"上中等收入"至"高收入"的跨越？

中国是世界上人口最大的国家，按照历史规律，给中国10年时间，中国能否实现这个跨越？中国2010年达到世行划定的"上中等收入"的起点线，到2020年，我们能否实现这个跨越？2020年正是中国实现发展的第一个百年目标——全面建成小康社会。全面建成小康社会包含的内容非常丰富，政治、经济、文化、社会等等。就经济来讲，它包含的内容也非常广泛，这里主要谈两个数字：

第一个数字，我们提出来的目标是，"到2020年，中国GDP的总量比2010年（按不变价格）翻一番"。2010年，中国GDP总量不到41万亿，翻一番就是80多万亿，按照2010年的汇率换算成美元，也就是17.6万亿美元。美国2014年的GDP总量是17.4万亿多，也就是说，如果中国经济在2020年实现了翻一番的目标，中国经济的总量达到了美国现在的水平。

第二个数字，我们提出的目标是，"到2020年，城乡居民收入翻一番"。这里有一个分配因素，带有不确定性。我们将它还原成生产，就是人均国民收入翻一番。2010年，人均国民收入是34000多元人民币，按不变价格翻一番，就是68000多元人民币，这算成美元就是12600多美元。世行划定的高收入起点线是12476美元。也就是说，正好用10年时间，到2020年，我们实现了从"上中等收入"向"高收入"的跨越。

我们第一个百年目标是"全面建成小康社会"，就经济增长水平来看，如果我们实现了该目标，就相当于实现了从"上中等收入"到"高收入"的历史穿越。

2030 年之前，中国经济总量能否超过美国，成为世界第一？

"十三五"是实现这个历史穿越的决胜期。这是中国经济面临的最大机会，如果该目标实现，中国则登上了"高收入"阶段，再往下走，如果不出意外，很可能在 2030 年之前，中国 GDP 的总量超过美国。

中国 GDP 超过美国的意义有多大？在 19 世纪初叶以前，中国是世界老大。1820 年之前，按照统计数据，中国的经济总量曾经占到世界的 30% 多，甚至达到 40% 左右，比美国在当代占比最高的年份还要高。美国 GDP 占全球最高的年份是 2010 年，达到 32%，这两年占比有所降低，到 2014 年降到了 23.1%。

但是 1840 年第一次鸦片战争，古老的中华文明与西方文明相遇了，从那以后整个中华民族的自信心没有了，我们开始全面学习西方文明，从经济发展来说，中国让出了帝国位置，成为一个半殖民地半封建社会。英国成为世界经济的老大。到 19 世纪末，德国人曾经一度超过了英国。1913 年，第一次世界大战前夕，美国超过了英国和德国，成为世界第一大经济体。从 1913 年到现在，美国在世界第一大经济体的位置上已经待了整整一个世纪了，所以，如果到 2030 年之前，中国经济的总量能够超过美国，重新回到第一大经济体的位置，这在我们的民族发展历史上颇有意义，等于经过二百年的轮回，经历了繁荣与沦落，我们又重新回到世界第一的宝座，这对于中华民族的自尊心和自信心的重拾具有重大的意义。

2050 年，能否跻身发达国家之列，实现现代化？

再往下，第二个百年，也就是本世纪中叶，2050 年，我们要实现社会主义现代化。实现社会主义现代化的内容非常丰富，其中一个非常重要的指标就是人均 GDP 的水平，要赶上发达国家的平均水平，跻身发达国家的行列。所谓现代化，它是一个历史的范畴，20 世纪的现代化和 21 世纪的现代化的内涵是不同的。它不仅是个历史的范畴，更是一个国际的范畴，一定要在国际上领先，才叫现代化。也就是要赶上西方列强，赶上发达国家，这才叫实现了现代化。

这个目标回过头看，就是当年邓小平给中国提出的三步走战略的具体实施。

1979 年，小平同志接见日本首相大平正芳、意大利共产党的书记、法共中央的书记等外国政要，多次讲到中国经济发展分三步走。

第一步，用十年左右的时间，也就是在 1980 年代，基本解决温饱。1970 年代末的中国，是一个没有解决温饱的国家，直到 1992 年，中国 840 多个县市才取消了粮票和粮食的限价，宣告中国人的吃饭问题、温饱问题基本解决。这是达到按世行标准的"下中等收入"的起点。

第二步，到 20 世纪末，也就是 2000 年，实现初步小康。当时提法很简单，人均工农业生产总值达到 1000 美元，那时候中国的统计没有按照 SNA 国民经济核算体系来，在 1987 年之前，我们还是按照传统的苏联的物质资料、工农业生产总值来统计。但是到十三大报告，就改过来了，不再讲人均工农业生产总值 1000 美元，而是讲人均 GDP（服务业也放在里面）达到和接近 1000 美元，基本实现初步小康。

第三步，到下世纪中叶，赶上"中等发达国家"，统计学上，中等相当于平均数，所以，表述得更精确一点就是"本世纪中叶，赶上发达国家的平均水平"，也就是跻身于"发达国家"的行列。

从这个角度来说，在中华民族的发展历史上，距离现代化的目标从来就没有像今天这样近。我们经过多少代人的努力，终于把这样一个古老的文明带到这样一个门槛上：再给中国 5 年时间，中国实现向高收入阶段的跨越；再给中国 15 年左右的时间，中国有可能重返世界第一大经济体的位置；再给中国 35 年的时间，中国赶上西方列强，实现现代化。

二、跨越"中等收入陷阱"遭遇系统性挑战

有机会就有挑战。挑战也很简单，概括起来就一句话，如何跨越"中等收入陷阱"？到了"上中等收入"阶段，国民经济发展的基本条件已经发生了系统的变化，这个系统的变化大概归结为两个方面：一个是供给（生产）方面，一个是需求（销售）方面。而中国在这两个方面，供给和需求都发生了系统性的变化。

供给产生了哪些变化呢？国民经济生产的总成本全面地大幅度提高。总成本概括起来是四个方面：第一个方面是劳动力、工资成本，人口红利在下降，工资、价格、社会保障福利在提高，更不用提老

龄化趋势提前到来。中国现在的工资上升说起来也是应该的，因为发展经济的最终目的是为了人民的幸福，社保、公积金等等大幅度提高。现在中国有2亿多60多岁以上的人，是"未富先老"，这和国际社会不太一样。这就带来了一系列的问题。

第二个方面是自然资源成本，包括土地、能源、原材料等，价格大幅度上升。这是由稀缺性导致的。

第三个方面就是环境，环境成本也在大幅度上升。改革开放初期，穷的时候，破坏环境没人在乎，也没人去管。但是现在环境变得越来越宝贵，成为越来越稀缺的资源，它对整个经济发展的约束力度越来越强，甚至任何一个变化都有可能成为压死骆驼的最后一根稻草。秋天我去河南，雾霾比较严重，大家说是因为秋收之后，农民烧秸秆。再过几天，我去东北，也是雾霾，有人说东北冬天烧煤取暖，所以导致雾霾。我就在想一个问题：过去河南农民就不烧秸秆吗？过去东北人就不烧煤取暖吗？为什么就没有雾霾？为什么现在有了雾霾？实际上，就是整个环境资源已经到了崩溃的边缘，稍有任何一个变化，都可能引发严重的问题。

第四个方面的成本就是技术进步。穷的时候，技术进步主要靠模仿，这是成本最低、风险最小、见效最快的技术进步方式。而且如果知识产权保护不严，也是最经济的技术进步方式。但是到了"上中等收入"阶段，当技术总体进步了，和发达国家的差距缩小，可以模仿的空间也就变小了，另外，随着立法融入世界，法制化程度越来越高，也就不能随便去模仿了。技术进步越来越要靠自主研发和创新。自主研发和创新，在各种技术进步当中投入最大、周期最长、成本最高。所以，技术进步的成本也在上升。

这四个方面，即人工成本、自然资源成本、环境成本和技术进步的成本，都在大幅度上升，这就使得整个国家经济生产的总成本大幅度提高。

那要怎么办呢？这个时候就要求经济增长方式转变，从以往的主要靠要素投入量大、规模扩张带动增长，转变为主要依靠效率带动增长。如果不做这种转变，效率滞后的话，成本消化不掉，它就进入价格，形成成本推动的通货膨胀。通货膨胀，价格一旦起来，就会造成不稳定，大家怨声载道。就经济来讲，这个国民经济没有竞争力，成本高，价格高，在市场上没有竞争性。没有竞争性就不可持续，经济就会出现严重衰退。

另一个变化就是需求，过去穷的时候，需求的特点是：需求膨胀，供给不足，甚至长期是短缺经济。发达国家的企业家非常羡慕穷国的企业家，因为穷国的企业家只需关心生产就可，不用关心销路。只要将产品生产出来，有的是人在那儿排队抢购。但是到了"上中等收入"阶段，情况就发生了改变，需求从旺盛变成疲软。

投资需求疲软。投资为什么会疲软呢？按说居民收入提高，银行存款增加，银行储蓄规模扩大，银行可以把更多的钱贷出去，形成投资。这里其实有一个条件，就是看这个国家的自主研发和创新力如何。如果自主研发创新力不足，那就糟糕了，情形变得很尴尬。过去，投资需求增长快，很重要的是发达国家往你这里转移资本，转移技术，转移产品，因为你的劳动力更便宜，资源更便宜，环境便宜，成本低，你更有优势，所以人家来了。现在，这些都不便宜了，所以人家就不来了。世界上总会有比你更穷的国家，那个地方的成本更便宜，人家就往那儿去了。你的自主研发能力上不来，这时候银行拿着大把的储蓄，在市场上找不到有利可图的投资机会，找不到项目。如果银行愣投，那就是低水平的重复建设，就会形成泡沫，遇到经济周期的话，逃也逃不掉。所以银行大把的储蓄投不出去。到了"上中等收入"阶段，虽然收入提高了，存款增加了，储蓄扩大了，但是投资能否旺盛地增长，很重要的看国家的自主研发和创新能力如何，如果自主研发和创新上不去，那就根本投不出去，这就会形成投资需求的疲软。

消费需求也可能疲软。按理说，居民收入提高，消费能力应该提高，但是，也不一定。为什么呢？居民收入提高，消费力是否跟着提高，它有一个前提：国民收入分配是否合理。如果国民收入分配不合理，两极分化，把大部分的钱给了少数人，而人的消费是受生理限制的，越是有钱人，消费占的比重越小。而大部分青年精英的收入增长迟缓，积累了贫困，他想消费也没有钱，越没有钱的人对未来越没有信心，对未来越没有信心的人越不敢花钱，他就会牺牲现在必要的消费，节衣缩食，增大储蓄。储蓄对国家来说是投资，是积累，但是对个人来说，是未来的消费。这就使得整个社会的消费力普遍下降。

高失业风险。投资需求疲软，消费需求疲软，加在一起，总需求不足。意味着市场不活跃，购买力不强，企业销路不畅，企业资金循环周转有问题。而那些欠银行的钱还不上的企业，则依法进入破产程序，停产、破产的企业增加，就会带来严重的社会问题——高失业。这就很麻烦。

社会到了这个阶段，两个条件的变化：一是供给成本上升，消耗不掉，最后就会形成高通胀；另外一个是需求发生了变化，若是适应不了，就会出现高失业。高通胀的同时高失业，意味着社会矛盾增多，遍地都是干柴。

拉美漩涡、东亚泡沫、西亚北非危机是我们的前车之鉴。

世界上大部分发展中国家没有实现穿越"中等收入陷阱"，还是停留在这个地方，最典型的有三波。

"拉美漩涡"。第一波是70年代的拉美，一共有十几个国家，它们在上世纪70年代就达到了世界中等收入的水平，但之后条件变化，它们不适应，增长方式和发展模式没有转变，所以长期停在这个阶段。一直到今天，算下来有40多年了，这些拉美国家不仅没有实现穿越，而且从上世纪70年代以后危机不断。从70年代的墨西哥危机、阿根廷危机、巴西危机、秘鲁危机、智利危机、委内瑞拉的动荡，一路下来，人们将之称为"拉美漩涡"。

"东亚泡沫"。第二波，上世纪80年代，在韩国、新加坡、日本经济起飞以后，东亚几个国家跟在后边，被韩国、新加坡、日本经济带动，到1980年代达到了世界"上中等收入"阶段，像马来西亚、泰国、菲律宾、印度尼西亚等。同样到了这个阶段之后，穿越不过去，尤其是 1997 年亚洲金融危机爆发之后，这些国家低水平扩张的经济规模作为过剩的劣质产能，被危机淘汰掉。到了今天它们也没有实现向"高收入"阶段的穿越。人们把这个称为"东亚泡沫"。

"西亚北非危机"。还有一个，就是西亚、北非动荡的国家，突尼斯、也门、利比亚、叙利亚、埃及，这些国家在上世纪 90 年代的时候，经济达到了"上中等收入"水平。不管是军事独裁还是家族独裁，它的政治还是稳定的，经济资源是丰富的，拥有丰富的石油、矿山等等。它的资本是充裕的，国际社会对它是信任的，大量外资进入这些国家，所以它们有一段快速的发展。在上世纪 90 年代，它们达到了世界"上中等收入"水平，但是不适应新阶段的新变化，特别到 2008 年世界金融危机爆发，这些国家的经济遇到了障碍。过去固有的但是能得到缓解、控制的一些矛盾，政治的、社会的、文化的、宗教的，甚至军事的危机，和经济危机纠缠在一起，形成了一个全面的动荡。算下来也有二十几年的时间了。它们不仅没有实现向"高收入"阶段的穿越，而且危机什么时候能够完结，现在还看不到一个明确的时间表。人们将之称为"西亚北非危机"。

我们看到前面这三波，拉美漩涡，东亚泡沫，西亚北非危机，各自形势都不相同，但是就经济发展的背景而言，都是同一个问题：如何穿越"中等收入陷阱"？它们总是穿越不过去。

我们国家到了"上中等收入"的阶段，机遇与挑战并存。机遇不用多说，我们距离现代化的目标从来没有像今天这样近，挑战也不用多说，构成"中等收入陷阱"的所有因素，在我们的国民经济社会当中都存在。所以中国防止"中等收入陷阱"的问题，不是一个伪命题，而是一个非常现实的问题。

三、宏观经济失衡致"双重风险并存"

国民经济增长是一个宏观问题，宏观就是总量，总量如果发生问题，突出的矛盾就是总量失衡。无外乎两个表现：总需求大于总供给，过多的货币在追逐不足的商品，带来通货膨胀。另一种失衡是总需求不足，小于总供给，过多的商品在追逐不足的货币，销路不畅，经济萧条，带来高失业。宏观经济失衡最典型的两种表现，要么高通胀，要么高失业。

国家对宏观经济调控运用了一系列的政策，特别是宏观经济政策，包括财政政策和货币政策，使这个总量失衡的程度能够调整到国民经济运行可以承受的范围之内。

改革开放三十多年，中国的宏观经济失衡，大致经历了三个阶段。

宏观经济失衡的第一阶段（1998年以前）：需求膨胀，供给不足。

第一个阶段，从1978年改革开放初期到1998年上半年，将近20年的时间里，除了个别年份，比如1989年、1990年等，绝大部分时间里，中国宏观经济失衡的特点是需求膨胀、供给不足，甚至是长期处于经济短缺状态。

因此宏观经济政策的主要问题就是防止通货膨胀。改革开放以来，我们发生了三次大的通胀，或者抢购风潮。回过头看，都是发生在 1998 年之前，每次通胀的具体原因有所不同。

第一次通胀是在 1985 年。1985 年，通货膨胀率达到 9.3%，原因很简单，1984 年秋天，中共中央召开了十二届三中全会，做了一个很重要的决定：全面开展经济体制改革。在那之前，改革主要在农村进行，实行家庭联产承包责任制，城市还没怎么推广。十二届三中全会作出这个改革的决定之后，城里人担心物价上涨，就去抢购，于是就形成了抢购风潮。

第二次通货膨胀在 1988 年。1988 年 5 月，中央政治局在北戴河开工作会议，做出重要部署：价格闯关。长痛不如短痛，既然经济改革、价格改革是早晚的事，那还不如一夜之间将价格放开算了。价格闯关的决定一经作出，老百姓抢购。又因为 1988 年的老百姓比 1984 年有钱，这次通货膨胀率达到了 18.8%。后来，中央政府被迫出来宣布价格闯关失败，停止价格闯关，通货膨胀这才慢慢地得以缓解。

第三次是 1994 年，通货膨胀率达到了 24.1%。原因很简单，1992 年邓小平南巡讲话，十四大召开，一系列的利好消息，形成了一个加快发展的投资热潮，需求膨胀。这种需求到了 1993 年之后，传导到物价上，1994 年的物价就起来了，通货膨胀率达到了 24.1%。

这三次大的抢购，都是发生在 1998 年以前，尽管原因各不相同，但是根本原因只有一个，那是一个短缺的年代，需求膨胀，供给不足，所以整个社会对通货膨胀的担心预期值很强，稍有风吹草动，就去抢购。

在这个时期里，中国的宏观政策（财政政策和货币政策）长期紧缩，收紧银根，控制财政赤字，减少财政支出，其目的就是把流通的购买力、需求管住，防止出现恶性的通货膨胀。

宏观经济失衡的第二阶段（1998—2010 年）：需求疲软，产能过剩。

第二个阶段的失衡是从 1998 年下半年到 2010 年底，这十几年时间，除了中间个别年份，中国宏观经济失衡的突出特点是需求疲软，特别是内需不足，产能过剩。1998 年那一轮产能过剩主要集中在工业消费品。90 年代，乡镇企业上了纺织机，上了很多传统工业。很快，到 1990 年代末就饱和了。面临传统工业消费品产能过剩和淘汰，要有新的结构升级。2008 年金融危机，这一轮产能过剩就更严重了，是很多工业投资品的产能过剩。前些年一直高价运行的钢材、木材、水泥，到了 2008 年这一轮危机之后，开始出现过剩，这种过剩不是短期的，而是长期的。不是相对的，而是绝对的。黑色冶金，中国占全球产量一半以上，问题越来越严重。

产能过剩，内需不足，如果有出口支持，那还好办，但是恰恰不巧，我们在这个时期经历了 1997 年的亚洲金融危机和 2008 年的世界金融危机，这两次经济危机的冲击都很猛，对出口国际市场的冲击很大。1997 亚洲金融危机，中国作出了一个承诺：人民币不贬值，这就相当于两个人在练摊，人家在降价，你价格坚挺，等于将市场让给人家，为此我们赢得了世界广泛的尊重。但是，赢得尊重是有代价的。

2008 年的冲击就更大了，2003 年到 2007 年，每年出口增长平均在 22% 以上，2008 年金融危机一冲击，2009 年中国出口增长负 16% 以上，这个冲击力度很大，给我们国内的经济增长带来了麻烦：增长动力不足，失业问题比较突出。

1998 年，3600 多万国有企业职工下岗，三分之一乡镇企业倒闭，大量的农民工提前返乡，找不着活，我们始终没用"失业"这个词，我们用的是"下岗""返乡"，其实就是增长动力不够，就业机会减少，失业率上升。

2008 年金融危机的压力更大一些，经济下行，在这个阶段，我们采取了和前一段不同的宏观经济政策，不再是紧缩，而是扩张，特别是扩大内需。

1998 年下半年，我们提出"积极的财政政策、稳健的货币政策"，来应对 1998 年的经济衰退。到了 2008 年，我们提出"更加积极的财政政策，和适度宽松的货币政策"，更强有力地来刺激经济，应对世界金融危机的冲击，其目的就是寻求增长的新动力。

宏观经济失衡的第三阶段（现阶段）：既通货膨胀，又经济下行。

2010 年 10 月，我们对外宣布，中国政府从反危机的政策轨道上率先退出，从那开始意味着进入了一个新阶段。这个新阶段，我们现在叫新常态。

新常态下，中国宏观经济失衡有了新的特点，既有通货膨胀的压力，又有经济下行的威胁，叫双重风险并存。

前两个阶段，虽然失衡很严重，但是方向清楚。第一个阶段就是需求膨胀，供给不足；第二个就是需求疲软，产能过剩。所以，第一个阶段的应对之道就是紧缩，第二个阶段的应对之道就是扩张，政策方向很清晰，目标很清楚。

现在是双重风险同时发生，宏观政策既不敢扩张，也不敢紧缩。若是扩张的话，全面刺激经济，有利于遏制经济下行，但是可能把潜在的通货膨胀激活。若是紧缩的话，有利于遏制通货膨胀，可是加剧经济下行。

到底怎么办呢？

上世纪60年代，西方发达国家出现了滞胀。一方面是需求疲软，增长动力不足，高失业，同时，通货膨胀，成本推动的通货膨胀高居不下。滞胀一旦出现之后，政策就很难办，既不敢扩张，也不敢紧缩。虽然采取了很多调整的办法，效果不佳。从上世纪70年代开始，这些西方国家采取了很多措施，虽然在短期上有一定程度的缓解，但是长期累积的弊端非常严重。以至于2008年金融危机的根源，就是上世纪70年代以来为解决滞胀采取的政策调整所形成的政策积弊。

这次危机深刻到什么程度呢？二次世界大战以后，多次发生的周期性危机，没有导致出现全球的负增长，2008年这次金融危机，导致2009年全球首次出现负增长。这就说明，1970年代以来，为缓解滞胀，所采取的政策弊大于利。

我们是发展中国家，遇到了发达国家遇到的、一直到现在它们还没有成功解决的问题，虽然我们没有用"滞胀"这个词，而是"双重风险"，但是，经济的内涵是一样的。这是我们新常态下的新失衡。

第一重风险：潜在的通胀压力，根源是投入产出结构失衡。

先来看第一重风险。它看起来是个总量问题，经济速度快、慢的问题，是经济下行问题，通货膨胀问题等等，但是深层次的原因是结构性的失衡，是由一系列的结构矛盾所导致的。

从生产者物价指数（PPI）看，中国进入了典型的通货紧缩。PPI 在很长时间以来已经为负。

从居民消费价格指数（CPI）来看，中国也进入了通货紧缩。我们的 CPI 消费品价格指数从 2013 年以来，长期稳定在 3% 上下，很多时候降到了 2% 以下。2015 年前三个季度，CPI 为 1.4%，考虑到统计误差，一个国家的 CPI 如果降到 2% 以下，这个国家的货币政策重点不应该是治理通胀，而是防止通缩。因为通缩比通胀更可怕。通胀是让老百姓口袋里的钱不值钱，通缩是使越来越多的老百姓没有钱，通缩意味着市场萧条，降价，意味着企业活力不够，销路不畅，然后导致失业率上升。所以说通货紧缩比通货膨胀更坏，对劳动力大国来说更麻烦，治理起来非常困难。

按道理，中国应该去治理通缩，但是宏观部门，特别是央行，对于治理通缩非常谨慎。为什么？就是因为中国经济潜在的通胀压力大，虽然它没表现出来。这主要是来自于结构失衡。

通货膨胀主要是两个方面的原因：需求拉升与成本推动。

首先从成本推动来看通货膨胀。

为什么通货膨胀比较高？我们做过一个测算，中国通胀大概50%多一点是来自需求拉升，还有49%多一点，将近50%，是来自成本推动。如今我们国家进入了一个比较典型的需求拉升和成本推动共同作用的通货膨胀的时期。

先来看成本推动这块，成本推动主要是我们进入新常态以后，进入"上中等收入"阶段以后，国民经济生产的总成本大幅度提高，要求投入产出结构必须改变，不能再用过去的投入产出结构、经济增长方式了，过去那种增长方式有动力、有效益，是来自于那时候的要素成本的状况，要素成本结构低、便宜。到了现阶段，各种要素成本价格大幅度上升，如果还用过去的投入产出结构，那么根本就不适应，也就没有竞争力。可是要改变投入产出结构，就意味着要提高创新力，要提高效率。

现在的问题是，要素成本结构迅速改变了，我们的投入产出结构的改变滞后，对应不上，消化不掉，所以这些成本就进入到了价格。这是从成本推动方面来说的。

再来看需求拉升。所谓需求拉升，就是流通中的货币多，不断地印刷钞票。为什么现在不断印钞票？排在第一的原因是外汇占款，就是结汇结成的人民币。我们国家现在外汇储备大概3万多亿美元，是金砖国家外汇第一大的国家。

外汇储备和通货膨胀是什么关系？它是什么机理？

企业和居民生产的产品卖给了外国人，赚回来外汇。这个钱是属于企业、属于居民的，它存在了商业银行，等到要用的时候，就从商业银行取出来，去投资或者消费。提出来的时候，要换成本币，因为外币不能流通。这个环节等于是将外汇卖给了商业银行，商业银行用人民币把居民和企业的外汇买进来。商业银行收了外汇，也没有用，因为外汇不能流通，那怎么办呢？于是就去找中央银行，因为是中央银行授权商业银行为境内的企业和居民提供外汇服务的，这样就形成了商业银行和央行之间所谓的定期结汇制度。

央行给商业银行人民币，然后央行再把商业银行的外汇买进来，买进来之后，这个外汇就属于国家，入了国库。这就是我们看到的国家外汇储备。

各国都是这样，这没有什么特殊。但是，我们国家和一般其他国家很大的区别在于，央行结汇买进外汇的时候，不是用自己的资产，而是印钱给商业银行。结汇量越大，意味着央行印出去的钞票就越多。钞票印出去之后就进入了流通，形成了通货膨胀需求拉升的压力。要控制流通中需求拉升的潜在压力，就要控制货币投放量，就要控制结汇量，但是结汇量不是轻易就能控制的。结汇量越来越大，不断地增加，国际收支领域里，长期是收大于支，结构失衡。

要实现再平衡，最简单的办法就是限制出口。可是世界金融危机，各国贸易保护主义抬头，都在为自己的出口商争饭碗、抢订单，缓解经济危机的冲击，我们怎么能限制出口呢？不仅不能，还得扶持、保护出口商。

问题是保护、支持出口商，它赚了钱，拿回来钱，怎么办？要结汇，就得印钞，印钞就得增加通货膨胀。那就需要说明白，政府扶持出口商，但是你赚了钱，就不要拿回来了，在外面花，买东西回来，增大进口。这样进出口之间就平衡了，也就没有多少外汇好结了。

想得很简单，实际很难。我们想买的，人家不卖，人家想卖的，我们不想买。人家想卖给我们的是一般的工业消费品，从 2013 年开始，中国的工业制造业规模世界第一，在总量上超过美国。中国制造已经可以响当当地喊"中国制造"了，而且还便宜。为什么还要买外国的呢？我们想买高科技，还想买能源、油田、气田、矿山。但是想买的东西，买不回来。

钱花不出去，怎么办？就得给它结汇，就得印钞。

中国通胀的问题，表面上看，潜在压力比较大，但是深入地看，压力之所以大，它不是总量的问题，不是由于经济增长速度太快，需求膨胀，导致物价上涨，是深层次的结构矛盾。

从两方面看，成本推动，它是要素变化之后，投入产出结构不适应，形成了成本推动的压力，消耗不掉。从需求拉升来看，它是国际收支结构失衡，导致央行不断印钞票，形成了需求拉升的一种威胁。真正要缓解目前潜在的通胀压力，实际上是要解决深层次的结构性失衡的问题。

另一重风险：经济下行，根源是国民收入分配结构不合理。

经济下行看起来是动力不足，我们现在寻求新动力，一个是投资，一个是消费。

从投资来看，为什么我们现在投资需求疲软？其实不是说银行没有钱，也不是流通当中货币供应量不够，而是结构性的。实体经济，特别是制造业，现在缺少有效的投资机会，尤其是国有大型和特大型企业，现在融资问题不大，它的直接融资在境内境外都有上市渠道，它的间接融资，国有银行对国有大企业和特大型企业总体上是信任的，也是支持的，甚至是追捧的。问题出在哪儿呢？这些国有大型和特大型企业创新力不够，自主研发能力不强，所以产业结构升不了级，它在这种结构不变、技术不变、产品不变的基础上，如果敢扩大投资的话，就是低水平的重复。而低水平重复的结果，就是加剧产能过剩。在中国目前普遍去产能的时代，加剧产能过剩的投资不可能维持。

消费需求疲软，看起来是社会消费品零售总额的增速在下降，但深层次的问题，同样是结构问题，是国民收入分配结构不合理。

中国国民收入分配结构在三个层面出了问题，包括宏观层面、中观层面、微观层面。

宏观层面是什么呢？国民收入生产出来之后，初次分配在生产者当中进行，生产者包括：政府、企业、劳动者。政府是税收，企业是资本盈余，劳动者是工资。

中国长期以来政府税收增长最快，平均18%以上，劳动者工资增长最慢。劳动者的工资拿去消费，但是它的增速慢，而且比重在下降，这样，消费肯定就上不去。这是宏观。

中观上，中国经济发展不均衡，地区之间收入水平差别非常大。发达地区和贫困地区之间的差距非常大，如果发展均衡，贫困地区都上来的话，中国消费规模能够大幅度提高。中国收入水平为什么会有地区差，会有这种繁荣和落后的差距呢？往深了看，主要原因是城乡差距。城市居民税后可支配收入是农村居民纯收入的3.3倍。哪个地方的城市化程度高，它的整体收入水平就高；哪个地方的农民多，城市化水平低，哪个地方总体上居民平均水平就低。

地区之间繁荣和落后这个差距首要原因，从发展角度来说，它是城乡差距导致的。

城乡为什么有这么大差距？再往下看，来自产业差距。就是农业劳动生产率和非农产业劳动生产率的差距，我们GDP去年63.7万亿元，其中农业占了9%多一点点，可是2014年的劳动力就业结构，农业劳动力的就业比重在32%左右，意味着32%的劳动力分享了9%的GDP，剩下的60%多非农劳动力分享了90%以上的GDP。这就使得农业和非农产业的差距拉开了。

微观层面，劳动者之间、居民之间收入差距也在扩大。国家统计局从2002年开始公布基尼系数，到2014年，总共有12年的时间，这12年中国的基尼系数都在0.4以上。大部分年份甚至在0.45以上，也就是说，20%最富的人分享了40%甚至45%以上的国民收入，剩下80%的人分享了不到60%的国民收入。出现这种情况，收入分配差距的红线就开启了，需要加以注意了。

这几年我们有所注意，有所调整，效果有，但是不大。2014年这个数据为46.7%，还是在警戒线之上。这还是官方数据，民间发生的真实情况恐怕还要更严重。这样的收入差距一旦扩大，它会使

创新理念将推动"中国制造"迈上新台阶。2015年11月2日，我国自主研制的C919大型客机首架机，在中国商飞公司新建成的总装制造中心浦东基地厂房内正式下线。（摄影丁汀）

得整个社会的消费倾向于下降，消费不足，产能过剩。收入分配差距不仅影响公平，同时影响效率，影响增长动力，所以，寻求经济增长的动力，很重要的一条就是要调整、改变国民收入分配结构，包括宏观、中观、微观这三个层面。

这些调整都是很艰难的，不是短期政策能够奏效的。中国经济下行，来自内需不足，投资上不去，是产业结构升级动力不足；消费上不去，是国民收入分配结构扭曲，同样是结构问题。

这就是中国经济增长现在出现了双重风险并存的新失衡，深究一下，这个新失衡的原因是什么呢？是结构性失衡。一系列的结构矛盾，无论是通货膨胀还是经济下行，都是一系列的结构矛盾所导致的，因此中国现在要使得经济均衡协调发展，政策的着力点、核心应该聚焦在调整结构，所以现在结构调整问题就成了"十三五"期间要处理的基本问题。

四、中国的政策调整，以及它的效率和变化趋势

针对这些问题，我国的宏观政策方面，现在回到了危机之前的"松紧搭配"的格局，也就是"积极的财政政策，稳健的货币政策"。

"积极的财政政策"，说明财政政策还是扩张的，它的首要目标还是保增长，目的就是稳定社会的就业。"稳健的货币政策"，相对于前一个时期宽松的货币政策而言，稳健的货币政策总体方向是从紧的，它的首要目标是遏制通货膨胀。

现在宏观政策两大政策与手段，方向不同，一个是"积极"的，一个是"稳健"的。目标不同，一个是首先保增长，一个是首先遏制通胀。

为什么不能把两个政策统一到一个方向上来，提高政策的有效性呢？就是前面讨论过的，新常态下的新失衡，双重风险并存，它要求宏观政策在方向上刚好是相反的。要遏制经济下行，总体上来说，就要扩张，但是一扩张，就可能激发通胀。要遏制通货膨胀，总体上来说，就要紧缩，但是一紧缩，就会加剧经济衰退。这就很麻烦。

于是就搞了一个松紧搭配的组合，带来的问题可能是政策效果之间相互抵消，相互矛盾，从而降低政策的有效性。

但是，在双重风险并存的失衡状态下，现在宁愿损失一部分政

策的有效性，也要首先确保政策风险的可控性。

如果我们采取"双松"或者"双紧"的政策，就意味着在双重风险并存的情况下，为了治理一重风险，而置另一重风险于不顾，这个风险太大，我们不敢冒这个险。所以我们既不采取双松，也不采取双紧，采取了松紧搭配的政策组合。这样的组合，可能使政策的有效性受到一定的伤害，但是它能保证宏观调控的风险得以有效的控制，体现"稳中求进"的基本指导思想。

为什么要确保 6.5% 的经济增长速度？

松紧搭配的格局不能改变的话，现在能变化的是什么呢？就是松紧的力度。既可以朝"松"的方向倾斜，也可以朝"紧"的方向倾斜。松紧力度的调整，它的根据与核心指标是经济增长速度。围绕经济增长速度来控制财政、货币政策。

经济增长速度应该怎么调？根据是什么？2015 年政府工作报告里说要考虑国民经济的需要和可能，还要联系国民经济中长期增长目标的要求，依据这两个来确定经济增长速度合理的区间。

"需要"是什么？就是下限，最低速度。国民经济至少需要增长多少，下限因素很多，核心因素是就业目标。经济增长速度和失业率之间有一个稳定关联，如果其他条件不变，经济增长速度越低，失业率相对越高。所以，在确定一个国家一定时期的最低增长速度的时候，非常重要的一个因素，就是要考虑这个国家就业目标的基本要求。

美国的失业率红线锁定在 6%，欧盟锁定在 7%，也就是说，到了这个水平以下，政府就要干预，就要去刺激经济，扩大就业岗位。中国能承受的失业率到底有多大？这个很难说，因为中国城乡二元结构比较复杂。2015年政府工作报告定的是4.5%的城镇登记失业率，这个数字看起来很低，但是稍加分析，那就绝对不低了。有两个因素要分析。

美国、欧盟的失业率，无论是6%也好，7%也罢，涵盖的面非常广，这些国家和地区的农业劳动力就业比重很低。美国农业劳动力就业比重约2.3%，欧盟农业劳动力就业比重平均在5%左右，因此，非农产业的失业率涵盖面已经非常广，涵盖了98%和95%以上的劳动者，农业那块很少。我们国家是城乡二元经济结构，农村还有32%的劳动力在农业就业，每年还以几百万的速度向城市转移，冲击城镇的就业市场。

另外一点，政府要求城镇登记失业率在4.5%的话，地方政府会出现一些行为的变异，若是有人失业了，地方政府不让你登记，因为一旦登记，政策指标就完不成。从1997年开始进行家庭入户调查。调查的结果是，真实情况比一般公布出来的城镇登记失业率要高2个点左右，如果城镇登记失业率是4.5%，实际的失业率在6.5%的水平。

要保证城镇登记失业率在4.5%以下，根据中国目前的技术和经济结构水平，就是要实现经济增长6.5%，这就是经济增长的下限。

"可能"是什么？就是国民经济能承受的速度。其中一个非常重要的指标就是通货膨胀率。其他条件不变，经济增长速度越高，一般通货膨胀率越高。所以，在确定经济增长速度上限的时候，一般要考虑在一定时期社会通货膨胀的控制目标。

我们测算了一下，今后这几年，如果经济增长平均在 6.5% 的水平，到 2020 年，就能实现比 2010 年翻一番的目标。所以，6.5% 的经济增长速度，无论就中长期增长目标的要求，还是就当前的就业目标的要求，还是当前控制通货膨胀的政策目标的要求来说，都是比较合适的。

围绕着 6.5% 的经济增长率，如果低于 6.5% 的话，"松紧搭配"就要朝着"松"的方向去倾斜，要出台更多的刺激手段。如果高于 6.5% 太多，通胀压力加大，"松紧搭配"就要朝着"紧"的方向来倾斜。

2014 年两会期间，有人问总理："如果经济下行压力加大，企业日子不好过，那就要呼吁政府放松，放松的话，你的武器库里有什么弹药呢？"

目前看来，还是有手段的。一个是财政，一个是货币。财政，包括财政支出与财政收入。就财政支出来说，财政赤字占 GDP 的比重是 2.1%，欧盟的警戒线是 3%，所以，继续扩大财政支出的空间还是有的，继续举债的能力还是有的。

从财政收入来说，就是减税，总体减税不敢说，但是结构性减税的空间还是有的。特别是围绕降低企业成本，降低企业的交易费用，无论营改增也好，第三产业的发展，还是属于地区性的优惠政策、特殊性的保障也好，减税的空间也还是有的，关键是下不下得了决心。

而且，中国政府手里还有一笔国有经济资产。中央和地方的国有企业加在一起，差不多有 50 多万亿元的资产，还有大概 120 多万亿元的国有金融资产，60 多万亿元的土地财政收入，这几项加在一起，国有财政可动用的资产有 230 多万亿元，这在世界上是没有的。所以，要是日子真的过不下去了，财政手段还是比较丰富的。

货币政策，一是数量政策，二是价格政策。数量政策主要是信贷量，价格政策主要是利率。从信贷量来说，主要是准备金控制，中国法定准备金率在世界上是高的，降准空间还是有的。再一个就是价格政策，利率，我们利率还比较高，欧洲一些国家已经实现零利率了，所以，降息的空间也是有的。

现在的问题是什么呢？货币政策在运用的时候，降准和降息一定要同步，不能割裂开来，我们过去做的时候，有时候是单向来，单向来的效果不是很好。因为中国的货币市场化程度逐渐在深入，数量和价格之间的内在联系越来越密切。如果将它们割裂开，这个政策就很成问题了，降准不降息，降息不降准，达不到效果，今后一定要联系起来，一起来运用。

无论是财政政策还是货币政策，政策的空间都比较大。

五、破解"中等收入陷阱"需要反腐

回过头看，这些手段松紧搭配无论怎么巧妙，它能为解决问题赢得时间，但它本身解决不了问题。为什么这么说？中国现在的宏观经济失衡，表面看起来是总量、速度快和慢的问题，但深层次的原因是结构失衡，快也好，慢也好，问题是出在结构上。松紧搭配

的政策等于是按下葫芦起来瓢，它缓解矛盾，不是解决背后原因。要解决背后的原因，要靠经济发展方式的转变，这样才能真正解决一系列的结构失衡。

而转变经济发展方式，靠什么？当然首先要创新，所以我们提出五大理念，"创新、协调、绿色、开放和共享"。其核心就是创新。没有创新，就不可能有结构的改变，没有结构的改变，就不可能有发展方式的转换。

技术创新自不待言，创新更重要的是制度创新。制度重于技术。制度创新有两个，一是经济制度，一是政治制度。前面提到的拉美漩涡、东亚泡沫、西亚北非危机，其背后原因很简单，就两个字——腐败。这些国家都高度腐败，权钱交易，寻租。

首先，权力要关进制度的笼子。

腐败背后是什么呢？制度！一个是经济制度，一个是政治制度。经济制度改革的核心，要解决的是市场化的完善，我们叫社会主义市场经济，2020年不仅要全面建成小康社会，同时经济体制要初步建立比较完备的社会主义市场经济体制。如果经济体制改革滞后，市场化不完备，就意味着市场失灵。市场失灵的话，越是稀缺的资源配置，市场越不起作用，权力集中在政府手里。市场经济体制改革要解决的核心问题是处理政府和市场的关系。

政府和市场的关系扭曲，市场不能起资源配置的决定作用，政府不能起宏观调控的主导作用，大量的政府越位替代了市场，企业要获得机会和资源，不能通过市场竞争获得，而是要去找政府谈判，劝说政府官员将机会批准给自己。政府官员手中握有大量的权力，同时这个权力也缺少约束。这就容易导致腐败。

市场化进程如果迟缓，政治体制改革肯定滞后，政治改革要解决的是两大问题：民主、法治。"权力要关进制度的笼子"，关键就在这里。

其次，保护私权，这是达到法治社会的标志。

一个国家和民族，可以有法律，但未必有法治，这是法国启蒙主义思想家孟德斯鸠当年的一句名言。你要法治，按照亚里士多德政治理论，一个是得有良法，法的贯彻成本低、公平、公正；第二条，大家都得拥护它，得有法治精神，守法自觉，这才叫法治社会。

要达到法治社会，核心问题是私权（包括企业和个人的权利）一定要保护，公权一定要规范。这个社会是不是法治社会，重要的不是给老百姓定了多少法，而是给当官的定了多少法，对公权到底有什么法律约束，这才是真正的法治，也是真正的困难所在。

一旦腐败严重了，给社会带来的问题是既无正义，又无效率。钱权交易，哪里来的公正？资源配置不按市场竞争的效率，而是按照寻租的力度，谁行贿力度大就给谁，资源配置根本不可能有效率。所以，但凡穿越过"中等收入陷阱"的国家，它也有腐败，因为这是人的天性，但是它反腐败的制度建设都特别强。

我们国家很有幸，十八届三中全会通过了《关于全面深化改革若干重大问题的决定》，提出了时间表与路线图。十八届四中全会通过决议，提出"全面推进依法治国"，这是 2020 年的法治目标。

如果这些目标就像钉钉子一样，就像中国共产党的"三严三实""全面从严治党"一样，能够坚持去实现，我们确实有希望。

避免"陷阱"须培养中产阶层

郑永年

郑永年

新加坡国立大学东亚研究所所长,《国际中国研究杂志》和《东亚政策》主编,罗特里奇出版社《中国政策丛书》主编,世界科技书局《当代中国研究丛书》共同主编。

十八大之前,大约有两年的时间,中国学术界和政策界激烈辩论中国是否会陷入"中等收入陷阱"的问题。近来,随着进入"十三五"规划的开局之年,"中等收入陷阱"的话题又浮上台面。"十三五"是中国实现全面建成小康社会的决胜阶段,也是跨越"中等收入陷阱"的关键时期。数据显示,2014 年中国人均 GDP 约为 7500 美元,位列中等收入国家。那么随着近年来经济进入新常态,下行压力增大,中国是否能够跨越"中等收入陷阱"呢?中国国家主席习近平多次表示,他最关心的是国家如何避免两个"陷阱",一个是内部发展的"中等收入陷阱",另一个是外部关系的"修昔底德陷阱"(即避免和其他大国的争霸战争)。就避免"中等收入陷阱",习近平也曾多次表态,中国不会落入"中等收入国家陷阱","中等收入陷阱"过是肯定要过去的，关键是什么时候迈过去、迈过去以后如何更好地向前发展。可以说，如何顺利跨越"中等收入陷阱"，进入高收入经济体国家，是当前中国必须正视也必须解决的一个核心问题，不仅事关"两个一百年"的奋斗目标能否实现，更事关中华民族的伟大复兴。实际上，避免"中等收入陷阱"已经成为中国下一步发展的一个政府和社会都具有的共识。

根据世界银行所定的"标准"，人均收入在 996 美元以下是低收入国家，人均收入在 996 美元至 12195 美元的为中等收入国家，人均收入在 12195 美元以上是高收入国家。自 1987 年以来，世界上有 28 个国家一直保持在中等收入的行列中。在亚洲，有 3 个国家在这个行列中保持的时间最长，即菲律宾、泰国和马来西亚。菲律宾在 20 世纪五六十年代是亚洲经济发展最快的国家，世界银行称其为"未来经济强国"。但是，自 20 世纪 80 年代以来，菲律宾的经济发展起起伏伏，直到最近几年才有所改变。据世界银行统计，菲律宾人均 GDP（按购买力平价计算）在 2000 年时为 3600 美元，2005 年达到 5000 美元，2009 年又回到了 3100 美元，2010 年在 3700 美元左右。泰国在东南亚也曾经是令人羡慕的国家，于 20 世纪 80 年代初就进入中等收入国家行列。不过，时隔 30 年后，泰国的人均 GDP 仍然只有 4100 美元，属于中等偏低水平。马来西亚也是在 20 世纪 80 年代初进入中等收入国家行列的。1997 年，马来西亚遭受了东南亚金融危机的严重冲击。此前，马来西亚曾在长达 25 年的时间里保持着年均约 8% 的经济增长率。2000 年，马来西亚人均 GDP

重新回到危机前的水平，但进入新世纪后，经济发展速度明显下滑，年均增长只有5%，基数和增量都远远落后于邻国新加坡。"中等收入陷阱"更可以在很多拉丁美洲国家观察到，例如巴西、阿根廷、墨西哥和智利等，这些国家在20世纪70年代均进入了中等收入国家行列，但直到现在仍然挣扎在人均GDP3000美元至5000美元的发展阶段。

也不难观察到，尽管不同的国家陷入"中等收入陷阱"有不同的原因，但这些国家都具有一些共同的社会现象，例如经济增长缺乏可持续的动力、贫富分化、腐败多发、过度城市化、社会公共服务短缺、就业困难、社会不稳、信仰缺失，各种激进的思想（无论是宗教还是世俗的）不断涌现，等等。

中国是否会陷入"中等收入陷阱"？这一问题的提出是因为一些观察家注意到，在一些方面，中国已经出现了类似于陷入"中等收入陷阱"国家的社会经济问题。消费社会建立困难，可持续经济增长缺乏基础。内生型技术进步不显著，经济增长高度依赖外在资源（产品出口、资源进口），在一定程度上呈现出依附性的发展模式。中产阶层过小，社会稳定没有基础。社会高度分化，道德和信仰缺失，社会信任问题越来越严重。社会价值观和理想层面上的激进化现象严重，社会往往被"极左"或者"极右"所主导。中产阶层本来就很弱小，处于这样一种环境中更是深感不安，不断寻找机会出走，通过各种方式的移民到处寻求安全的落脚点。

上世纪80年代初，中国的人均国民所得只有300美元左右，到今天已经是人均 8000 美元。这是继东亚奇迹之后的另外一个奇迹。问题在于，中国如何逃避陷入“中等收入陷阱”？

从日本和亚洲“四小龙”（韩国、新加坡和中国香港、中国台湾）的经验来看，跳出这个陷阱的主要标志是培植一个庞大稳定的中产阶层。日本是东亚第一个现代化的经济体，而后是亚洲“四小龙”。这些经济体的发展轨迹大体相当，它们都在经济起飞的大约二十来年的时间里，不仅创造了经济奇迹，也创造出了一个社会奇迹，即培养出了一个庞大的中产阶层。各个经济体内，中产阶层产生和成长的来源和路径是不相同的。日本是第一个成功的工业化国家。上世纪经济起飞之后，政府实行了有效的工资倍增计划，再加上日本企业“终身雇佣制”，在短短几十年内成功培植了中产阶层社会，使得日本成为世界上最大的消费社会之一。日本之后，亚洲“四小龙”是当时收入分配最为公平的经济体，它们也通过不同方式成功培养中产阶层，建设消费社会。中国台湾和中国香港主要是通过大力发展中小型企业、提高公共服务水平和建设社会保障制度而达成。在新加坡和韩国，政府也发挥了非常大的作用。在新加坡，国家工资理事会起了很重要的作用，理事会主要由劳方、资方和政府组成，根据经济发展情况而制定劳动工资水平。政府的这种主动性有效避免了西方那样的劳工运动，既保证了社会稳定、经济的可持续发展，也为产业升级造就了有效的压力。

在所有这些方面，中国有很多可以反思的地方。改革开放 30 多年来，中国取得了高速的经济发展，创造了世界经济史上的奇迹，已经成为世界第二大经济体。但人们往往忽视了另外一面，即从社会结构来说，中国也产生了社会高度分化的现象。这个社会的特点是：中产阶层产生并且也有成长，但其规模还是非常小，并且其制度基础极其微弱；除了少数可以和任何国家（包括西方发达国家）相媲美的富人外，社会上的穷人阶层还是很大。对中国中产阶层规模的估算，使用不同的标准会得出不同的结论，但无论哪一种估算法，人们的结论是一致的，那就是，中国还没有产生一个"两头小、中间大"的橄榄型社会，即中产阶层社会。

不难理解，对中国来说，逃避"中等收入陷阱"具有多方面的意义。第一，中产阶层过小有可能导致社会失序。中国的经济发展和民生问题没有协调好。改革开放的初衷首先就是要解决基本民生问题，邓小平把此形象地称为"温饱问题"。此后，解决民生问题的概念越来越明确，主要体现在"建设小康社会"和"全面建设小康社会"的政策目标上。初期的改革政策非常成功，不仅改善了大多数人民的生活，而且更使得数亿人脱离贫困。不过，很多年里，从培养中产阶层的角度来看，民生问题离经济发展似乎在渐行渐远，尽管经济发展很快，但民生问题仍然很突出。这主要是因为各级政府 GDP 主义的形成，为了 GDP 而发展经济。经济发展很快，国家财富大量增加，富豪不断涌现，但社会上很多人的民生则改善不快。如果经济发展继续和大多数人的民生脱节，中国社会必然继续分化。

如果不能解决民生问题，中国就会面临社会稳定乃至政治稳定问题。围绕民生问题，中国已经出现了两种不稳定的根源。一是源于收入分配不公、社会分化和公平正义缺失的普遍性社会不满。二是源于"期待革命"的年轻群体的不满。多年来的教育大扩张，有效地提升了民众的教育水平，但因为教育体制改革本身的弊端，很多人学无所用，找不到工作或者就业不足。大学生和农民工工资水平的拉平就是很好的例子。而这个群体的期望很高，一旦不能满足，对社会和政府的不满成为必然。如果说这两个根源具有普遍性，即任何社会都会面临，那么中国还需加上另外一个特殊的根源，那就是由独生子女政策而加速到来的人口老化。"未富先老"几乎已成定局，而照顾老人的"公共服务"似乎路途仍然遥远。在"公共服务"缺失的情况下，独生子女一代会不堪负担，届时这一代人对社会和政府的不满只会愈加严重。

第二，从经济上看，如果不能培养一个庞大的中产阶层，深化经济改革会变得很困难。人们早已经认识到传统的经济发展模式已经到了一个顶点，需要转型，寻找新的经济增长点，那就是建设消费社会。但是在目前的情况下，消费社会并没有基础。一是社会政策的缺失，包括社会保障、医疗、教育和住房。在福利问题尚未解决的情况下，即使人民有了些积累，也不敢消费。二是人民的劳动所得过少，收入不高。很显然，建设消费社会最直接的方法就是继续提高人民的生活水准，改善民生。

第三，中产阶层过小，从近期来说，面临政治激进化的风险，从长远来说，民主政治没有物质的保障。人们期望长久的社会稳定，没有稳定就不会有发展。但如果发展培养不出中产阶层，社会还是会激进化。1997 年金融危机之后的亚洲，以及最近阿拉伯世界所发生的一切都说明了中产阶层于社会乃至政治稳定的重要性。从长远来看，中产阶层也是实现民主的物质基础。在没有一个庞大的中产阶层之前，实现民主尽管也是可能的，但这种民主必然是虚假的。在很多发展中国家的民主政治下，不难发现这种现象。

从由民生问题入手来培养中产阶层的角度看，中国已经进入了一个"战略机遇期"。培养中产阶层，解决他们的民生问题，一个现实的问题就是国家的财力问题。没有财力，就无能为力。所以，一个国家中产阶层的成长往往发生在该国家处于比较长期的经济上升发展，并且政府或者社会积累了相当财富的时期。一旦这个国家的经济增长缓慢下来，政府和社会财力衰退，那么民生问题的解决就变得困难起来。而今天的中国正处于多年经济高速增长，而政府（尤其是中央政府）积累了大量财富的时期，尽管近来经济下行，但仍然可以维持比较长时期的中速增长。因此，今后一段时间必然成为解决民生问题、培养中产阶层的"战略机遇期"。如果中国抓住了这个"战略机遇期"，就可促成经济和社会发展上一个新的台阶，跨入发达国家行列，同时为优质民主奠定一个坚实的社会经济基础。反之，如果失去这个机遇，就会无可奈何地面对那些"中等收入陷阱"社会所经历的一些社会、政治和经济问题。

不过，培养中产阶层的关键不是"杀富济贫"，而是在继续创造财富的基础之上，建设社会保护制度和大力提高劳动者收入。市场经济是人类社会迄今为止创造财富的最有效机制。市场机制可以产生一个中产阶层，但市场机制不能保护这个自己培养出来的中产阶层。在欧洲社会，保护中产阶层是社会主义的任务。社会保障、医疗服务、教育、公共住房等公共政策是欧洲社会主义的产物。从马克思所分析的原始资本主义过渡到现在人们所看到的比较符合人性的资本主义，不是资本本身的逻辑，而是社会主义运动的结果。从这个意义上说，是社会主义保护了市场经济。不难发现，在西方，一个比较理想的社会往往是市场经济和社会主义结合得好的社会。市场经济为社会创造财富，而社会主义保护中产阶级。

　　简单地说，一个被保护的中产阶层的存在是发达国家社会稳定的基础。实际上，保护中产阶层始终是市场经济社会政府的一项具有重大意义的政治任务。在西方，因为选举政治的存在，所有政府也必须采取有效的举措来保护中产阶层。也同样重要的是，企业家们也认同这一点，因为一旦社会失衡，社会秩序遭破坏，资本的正常活动就会成为问题。

　　中国的情况又怎样呢？没有市场经济的引入，很难想象人们所看到的财富。一些人现在看到了众多的社会问题，就开始怀疑市场经济，这并不公平。中国的问题并不在于市场机制的引入，而是在于缺乏社会保护机制。市场经济发展了，但诸多社会政策包括医疗服务、社会保障、教育、房地产等要不就是建设力度不够，要不就是没有建立起来。更为严重的是，因为长期以来GDP主义的盛行，各级政府往往和资本结合通过损害社会来完成GDP增长的任务或获取暴利。诸多社会领域例如医疗、教育和房地产，需要政府大量投入，但在中国都曾经成为暴富领域。

因为缺少社会保护，中间力量不仅不能像经济增长本身那样得到成长，而且没有任何生存和发展的制度保障。任何一个因素的变动都会轻易使得今天的中产阶层在明天就演变成为贫穷阶层。同样，已经脱贫的阶层也容易重新沦落为贫穷阶层。

中产阶层的成长还需要有效的劳动者收入政策。要走上邓小平所说的"共同富裕"的道路，提高劳动者工资很重要。中国社会群体收入差异很大，很分化。通过国家的二次分配方法并没有见效。二次分配当然需要进一步改善，但如果过分强调二次分配，就会走上一条"杀富济贫"的道路。这显然不是一个好的选择。贫穷社会主义已经证明是失败的，也不是选择。比较有效的选择就是改善一次分配，而劳动者工资的提高是一次分配过程中最为关键的。杀富济贫是通过革命夺取财富，不是创造财富。贫穷社会主义也只是对现在的富裕者进行剥夺，对贫穷者本身也没有利益。"劳动致富"是整个中国社会所能接受的道德原则，也是基本社会正义的来源。在这方面，中国必须大力发展中小企业，鼓励更多的人尤其是年轻人去创业，通过就业和创业来获取财富。同时，国家的各方面政策例如税收、金融、社会负担等方面，也需要向就业和创业方面倾斜。

"中等收入陷阱"对中国是伪命题

胡鞍钢

胡鞍钢

清华大学国情研究院院长，公共管理学院教授、博士生导师。

进入 21 世纪，中国从低收入阶段进入中等收入阶段，2002 年中共的十六大报告明确判断：纵观全局，21 世纪头 20 年，对我国来说，是一个必须紧紧抓住并且可以大有作为的重要战略机遇期。为此明确提出：我们要在本世纪头 20 年，集中力量，全面建设惠及十几亿人口的更高水平的小康社会。到 2020 年，GDP 力争比 2000 年翻两番，综合国力和国际竞争力明显增强。

当时国家计委主任曾培炎还提出了 2020 年小康社会的三个量化指标：一是富民目标，人均国内生产总值年均增长 7.2%，2020 年人均国内生产总值达到 3000 美元以上，大体相当于当时中等收入国家的平均水平；二是城镇化目标，城镇化率每年提高一个百分点，到 2020 年城镇化率超过 50%；三是基本实现工业化目标，农业从业人员比重到 2020 年降到 30% 左右。

现在回过头来看，中国已经提前实现了上述目标：2015 年 GDP 相当于 2000 年的 3.96 倍，人均 GDP 已经达到 8000 美元，城镇化率达到了 56.19%，农业就业比重已降至 29.5%（2014 年数据）。

当中国进入中等收入阶段，遇到的最大挑战是如何识别"中等收入陷阱"，避免"中等收入陷阱"，进而跨越"中等收入陷阱"，成功地走向高收入并实现共同富裕。对此，党中央高度关注、战略谋划、科学布局、破解难题。

一、党中央先见之明：识别"中等收入陷阱"

当时党中央已经前瞻性地识别将要出现的"中等收入陷阱"。2004 年党中央就提出中国发展前景有两种可能性：我国人均国内生产总值已达 1000 美元，按既定的部署和现行汇率计算，到 2020 年将达到 3000 美元。这是整个现代化进程中一个非常关键的阶段，也是经济社会结构将发生深刻变化的重要阶段。许多国家的发展进程表明，在这一阶段（指中等收入阶段），有可能出现两种发展结果：一种是经济社会继续向前发展，顺利实现工业化、现代化；另一种是出现贫富悬殊、失业人口增多、城乡和地区差距拉大、社会矛盾加剧、生态环境恶化等问题，导致经济社会发展长期徘徊不前，甚至出现社会动荡和倒退。

为此，党中央及时提出以人为本的"科学发展观"，坚持全面、协调、可持续发展，坚持统筹兼顾，处理各种矛盾和问题，全力争取前一种可能性，防止和避免后一种可能性。这既是党中央的先见之明，更是党中央的重大部署，从中国一进入中等收入阶段就预先避免落入"中等收入陷阱"。

二、美国金融危机殃及全球

经济全球化本身就是双刃剑，一国危机殃及周边国家，大国危机殃及全球。这为那些中等收入国家跨越"中等收入陷阱"造成了既不可预测，又不可控制的外生变量。

在美国次贷危机爆发的 2007 年，世界银行发表了题为《东亚复兴：关于经济增长的观点》的报告，首次提出"中等收入陷阱"（Middle Income Trap）这个概念。但该报告没有对这个概念进行深入阐释。随后的研究对此概念加以阐释——很少有中等收入的经济体成功地跻身高收入国家行列，这些国家往往陷入了经济增长的停滞期，既无法在劳动成本方面与低收入国家竞争，又无法在尖端技术领域与富裕国家竞争。2012 年，世界银行《避免中等收入增长陷阱》的报告认为，从世界范围来看，当一个国家人均 GDP 达到 1.67 万美元（购买力评价方法计算的国际不变价格）左右的时候，有可能会发生经济增长率下滑、停滞甚至衰退的现象，从而不能成功到达高收入阶段，该报告将这个现象称为"中等收入陷阱"。

2008 年，美国次贷危机转变为金融危机，并迅速传播到全球范围，进而转变为国际金融危机。这是典型的大国溢出的负外部性，也是典型的其他国家外部冲击，与中等收入国家或地区内部因素相互作用，造成了"中等收入陷阱"。如2009年，除了中国和印度之外，大部分国家都是负增长，全球也首次出现了经济负增长。这也为世界银行这一理论提供了最新验证，但也掩盖了以美国为首的西方国家是这场空前超大规模全球危机真正的祸首。这是典型的"城门失火，殃及池鱼"。

三、"十二五"时期：避免"中等收入陷阱"

在制订"十二五"规划时，党中央已经明确提出避免陷入"中等收入陷阱"。为此，"十二五"规划是以科学发展观为主题，以加快经济发展方式转变为主线，这成为中国避免陷入"中等收入陷阱"的核心目标。2013年11月2日，习近平总书记在接见外宾时明确表示，中国不会落入"中等收入陷阱"。经过"十二五"时期，中国保持了7.8%增速，成功地跨越了下中等收入阶段，顺利进入上中等收入阶段。

以广东省为例，跨越中等收入阶段，向高收入阶段迈进。"十二五"时期，广东加快了从要素驱动向创新驱动转变，研发经费支出占地区生产总值比重从1.76%提高到2.50%，提前五年达到2020年全国的研发投入强度目标。有效发明专利量和PCT国际专利申请量保持全国首位，技术自给率、科技进步贡献率分别提高到71%和57%。先进制造业增加值、高技术制造业增加值占规模以上工业比重分别提高到48.5%和27.0%，现代服务业增加值占服务业比重提高到60.4%。常住人口城镇化率提高到68.7%，接近发达国家水平。

上亿人口的广东省进入两个"一万"俱乐部。一是2015年广东人均GDP超过了一万美元（人均GDP达到67503元，相当于10838美元）；二是GDP总量超过了一万亿美元（地区GDP 72812.55亿元，相当于11691亿美元），占全国GDP总量的10.8%，占世界GDP总量的1.67%。同年，江苏、山东GDP也进入一万亿美元俱乐部。

四、沿海地区将带动整个中国跨越"中等收入陷阱"

我们注意到，不只是广东一省提供了成功跨越"中等收入陷阱"的案例，目前天津、北京、上海、江苏人均GDP均超过了高收入的门槛（人均GDP在1.27万美元以上），浙江（12466美元）、内蒙古（11547美元）、福建（10913美元）、广东（10838美元）、辽宁（10467美元）、山东（10305美元）的人均GDP超过了一万美元，共计10个省市区，GDP合计为38.60万亿元，占全国总量比重的57.0%，常住人口总数5.108亿人，占全国总人口比重的37.1%，（见表1）相当于欧盟总人口，相当于美国总人口1.64倍。

我们估计下一轮进入人均GDP一万美元俱乐部的地区还有重庆（2015年为8402美元）、湖北（2015年为8107美元）、陕西等中西部省区，占全国总人口比重的11%，这样接近一半的全国人口将进入"一万美元俱乐部"。

可以预期，这些沿海地区将带动其他地区进入一万美元俱乐部、高收入阶段，如同改革开放之初这些地区率先对外开放、经济起飞，进而带动整个中国全面开放、全面起飞一样。将来回过头来看，陷入"中等收入陷阱",对许多国家特别是那些照搬照抄西方民主的国家是真命题,但对中国而言一定是伪命题。这如同改革初期所谓"贫困陷阱"的命题一样,都被中国抛在历史之后。

五、"十三五"时期:五大发展跨越"中等收入陷阱"

在制订"十三五"规划时,党中央明确提出跨越"中等收入陷阱"。2014年11月10日,习近平总书记在北京出席亚太经合组织领导人同工商咨询理事会代表对话会议时指出,对中国而言,"中等收入陷阱"过是肯定要过去的,关键是什么时候迈过去、迈过去以后如何更好向前发展。我们有信心在改革发展稳定之间,以及稳增长、调结构、惠民生、促改革之间找到平衡点,使中国经济行稳致远。2016年3月5日,李克强总理在《政府工作报告》中指出:"今后五年是跨越'中等收入陷阱'的重要阶段,各种矛盾和风险明显增多。发展如逆水行舟,不进则退。"

正是基于此,党中央创造性地提出五大发展理念,既具有十分明确的目标导向,也具有十分务实的问题导向:坚持创新发展,注重解决发展动力问题,推动经济保持中高速增长、迈向中高端水平;坚持协调发展,注重解决发展不平衡问题,着力增强发展的整体性;坚持绿色发展,注重解决人与自然和谐问题,建设天蓝地绿水清的美丽中国;坚持开放发展,注重解决发展内外联动问题,进一步提升开放型经济水平;坚持共享发展,注重解决社会公平正义问题,不断增进人民福祉,开创中国经济社会发展新局面。(张高丽,

2015 年 11 月 1 日）。

国务院根据党的十八届五中全会建议，精心设计了《国家"十三五"规划纲要》（以下简称《纲要》），就是为了破解并跨越"中等收入陷阱"，如期实现全面建成小康社会目标，进而走向高收入阶段。预计到 2020 年，中国人均 GDP 将达到 1.2 万—1.3 万美元。为此，针对性地提出了重大思路、主要任务、重要举措。

六、实施创新驱动发展战略

全要素生产率的长期增长，特别是相对世界领先国（如美国）全要素生产率相对水平的增长，是经济增长率的关键所在，也是从追赶型国家向创新型国家转变的关键所在，也是从中等收入国家上升到高收入国家的主要驱动力。

我们的研究发现，中等收入国家全要素生产率只有相对于美国实现追赶时，才有可能跨越中等收入阶段，进入中高收入或高收入水平。因此，中国未来对美国的追赶本质上要从要素驱动追赶型转向创新驱动，即全要素生产率追赶型，既要继续充分利用后发优势，更要创造先发优势。必然选择实施创新发展战略，也必然从科技创新扩展到体制机制创新、发展动力创新、发展空间创新等，进而全面创新、全民创新、全国创新。

为此，《纲要》明确提出创新发展的核心指标：

一是增加研究与试验发展经费投入强度，从 2015 年占 GDP 的比重 2.1% 提高至 2020 年的 2.5%，这就意味着将超过 OECD 国家平均水平（2.37%），全社会研发经费支出从1.42万亿元增加至2.32万亿元，5年累计投资11.22万亿元，相当于"十二五"时期总支出（5.80万亿元）的1.93倍，接近或超过美国研发支出。

二是每万人口发明专利拥有量翻一番，从2015年的6.3件提高至2020年的12件，全国发明专利拥有量从119万件提高至168万件，实际执行结果还会高于预期指标，这既反映了中国技术创新资本存量加速积累，又充分体现了中国国内自主创新能力的不断提高。

三是提高科技进步贡献率，从2015年的55%提高至2020年的60%，实际上该指标比较接近全要素生产率与经济总量的关系，还反映了供给侧结构性改革的"红利"。

四是大幅度提高互联网普及率。固定宽带家庭普及率从2015年的40%提高至2020年的70%，用户数从6.88亿人提高至9.80亿人；移动宽带用户普及率从57%提高至85%，用户数从7.8亿人提高至11.9亿人，成为世界最大规模的互联网经济，形成新经济、新业态、新产业的先发优势，并改造、提升传统产业（如劳动密集型产业、资源密集型产业等），不仅扩大经济的地理空间，也扩大全球市场空间。最典型的例子就是阿里巴巴电商跨境，从遍布到全国各省、市、自治区，进入全球布局阶段。

为了实现上述目标和指标，《纲要》提出：

一是实施创新驱动发展战略。这包括强化科技创新引领作用；深入推进大众创业万众创新；构建激励创新的体制机制；实施人才优先发展战略；拓展发展动力新空间。

随着网络的普及，中国已经形成世界最大规模的互联网经济。图为广西一家食品公司电商部员工在打印快递订单。（摄影 李斌）

二是构建发展新体制。这包括坚持和完善基本经济制度；建立现代产权制度；健全现代市场体系；深化行政管理体制改革；加快财税体制改革；加快金融体制改革；创新和完善宏观调控。

三是拓展网络经济空间。这包括实施网络强国战略，加快建设数字中国；构建泛在高效的信息网络；发展现代互联网产业体系；实施国家大数据战略；强化信息安全保障。推动信息技术与经济社会发展深度融合，加快推动信息经济发展壮大。

总而言之，中国经济发展水平进入上中等收入阶段，发展动力进入"五化同步"（新型城镇化、新型工业化、互联网＋化、基础设施现代化、农业现代化）新时代。中国有足够的发展潜力，有巨大的发展空间，有极大的发展能力。到 2020 年，中国人均 GDP 将达到 1.2—1.3 万美元，每户家庭年收入将达到 9—10 万元，成为世界

表 1 我国十个省、市、区人均 GDP (2015)

地区	人均 GDP（人民币元）	人均 GDP（美元）	GDP（亿元）	GDP 占全国比重（%）	人口数（万人）	人口数占全国比重（%）
天津	106908	17163	16538.19	2.44	1546.95	1.13
北京	106284	17064	22968.6	3.39	2170.5	1.58
上海	103100	16552	24964.99	3.69	2415.27	1.76
江苏	87995	14127	70116.4	10.36	7976.3	5.80
浙江	77644	12466	42886	6.34	5539	4.03
内蒙古	71903	11547	18032.8	2.66	2511.04	1.83
福建	67966	10913	25979.82	3.84	3839	2.79
辽宁	65200	10467	28700	4.24	4390	3.19
广东	67503	10838	72812.55	10.76	10849	7.89
山东	64168	10305	63002.3	9.31	9847.16	7.16
合计			386000	57.0	51084	37.1

注：人均地区生产总值美元值按年平均汇率 6.229：1 折合计算。

数据来源：各省、市、区 2015 年统计公报

最大规模中产阶级人群，HDI（人类发展指数）将接近 0.80 的极高人类发展水平，消除极端贫困人口，使 14 亿人过上全面小康生活，成功地跨越"中等收入陷阱"，走向共同富裕的高收入阶段。

供给侧改革
是跨越"中等收入陷阱"法宝

郑秉文

郑秉文

中国社会科学院世界
社保研究中心主任，
美国研究所所长、教
授、博士生导师，政
府特殊津贴享受者，
人力资源和社会保障
部咨询专家委员会委
员，全国社会保险标
准化技术委员会委员。

中国实行改革开放 38 年以来，经济高速
发展，成为世界奇迹，人均 GDP 水平从 1978
年的 155 美元跃升至 2015 年的 8000 美元，
增长了约 50 倍。

回顾过去，展望未来，根据世界银行划
分的人均收入水平的 4 个阶段即"低收入""下
中等收入""上中等收入""高收入"，中
国经济目前正处于"上中等收入"阶段，这
是"中等收入陷阱"密布的阶段；从经济增长
的驱动力来看，与这 4 个阶段相对应的可概
括为"市场驱动""要素驱动""效率驱动"
和"创新驱动"。在这 4 个阶段中，有 3 个
转折点：第一个是 2000 年人均 GDP 超过 1000
美元，标志着中国用了 22 年时间终于走出"贫
困陷阱"，实现了向"下中等收入"阶段的
历史性飞跃。第二个是 2010 年中国人均 GDP
达到 4000 美元，标志着中国正式走出"下中

等收入"阶段,进入"上中等收入"阶段,这次历史性跨越仅用了
10 年时间。现在,我们正处于"上中等收入"阶段,如果经济增长
能保持在 6.5%,第三个历史性跨越将发生在"十四五"规划末,大
约在 2023 年,人均 GDP 将达到 13500 美元左右,就是说,中国将用
13 年的时间摆脱"中等收入陷阱"的危险阶段,进入高收入国家行列。

一、四个发展阶段的驱动力是不同的

1. 第一是"低收入"阶段(1978—2000 年):"市场驱动"是
增长的主要发动机。

在这个阶段里,经济制度转型之后市场势力的逐渐引入是驱动
经济增长的主要力量,在 GDP 人均 1000 美元以下的"贫困陷阱"里,
中国经济挣扎了 23 年,大约是跨越"下中等收入"和"上中等收入"
两个阶段所"花费"时间的总和。中国之所以能够成功飞越"贫困
陷阱",除其他因素外,盖因农村的包产到户也好,城镇的国企改
革也罢,其主要目的都是明晰产权性质和引入竞争主体,从而使几
十年计划体制压抑下的生产力一夜之间得以释放,尤其是 1992 年确
立社会主义市场经济体制之后,市场经济制度迅速建立,逐渐完善。
这个"低收入"阶段是市场经济制度改革不断试错、试验、探索和
建立的一个过程,这期间,增长的背后是市场的冲动,成长的动力
来自市场的驱使。高度计划经济体制下政府有形之手一旦被市场无
形之手所替代,市场势力就带有相当的疯狂性,正是这些原始的市
场爆发力,推动中国最终跨越"低收入"阶段,跳出"贫困陷阱"。

与此后经济增长的驱动因素相比，这个阶段的增长引擎主要是制度转型产生的红利，尤其在1992年之后，"市场红利 + 市场冲动"成为主要阶段性特征。

2. 第二是"下中等收入"阶段（2001—2009年）："要素驱动"是增长的主要引擎。

在"下中等收入"阶段，要素投入不断加大，环境和资源的投入发挥到了极致。在这个阶段，"有形要素" + "无形要素" = 推动经济不可持续地增长。根据现代增长理论，经济增长取决于劳动和资本以及资源和技术进步的投入。在"下中等收入"阶段，发展中国家往往利用比较优势，以要素投入来拉动增长，尤其是石油、天然气、矿产、农产品等自然资源丰富的经济体，资源立国的要素驱动特点十分明显，甚至到了完全依赖的"资源诅咒"的程度。毫不例外，中国这个阶段的增长也明显带有劳动驱动、资源驱动、土地驱动的"有形要素驱动"的历史特征。

首先，从劳动要素投入看，由于中国正处于人口红利高峰期，丰富的廉价劳动力成为经济增长的比较优势，以劳动密集型出口产品为主的对外贸易自然就成为一个重要增长引擎。外汇储备在这个阶段陡然激增就是一个明证：2001年仅为2121亿美元，到2010年底就激增至2.85万亿，毫无疑问，这些"绿票子"都是廉价劳动凝聚的出口商品换来的，尤其2003年之后，劳动的贡献率更高一些。在这个阶段，中国加入WTO，这对促进出口和加大劳动要素投入起到了很大作用。

其次，从资源要素投入看，环境作为重要资源要素，其恶化程度到了无以复加的地步，成为要素驱动的主要来源；在资源要素里，其他有形自然资源的投入也逐年增加，成为经济增长的重要驱动。有数据显示，矿产资源的消耗对工业增长的贡献率更要高一些，达到37%，环境资源消耗的贡献率是18%，能源的贡献率为16%。

再次，从土地要素的投入看，它是这个阶段一个独特的驱动要素。在这个历史阶段，1998年启动的房改成为一个重要契机，从此，房地产逐渐成为推动增长的支柱性产业，其中，土地作为一个特殊的资源要素，对经济增长的贡献率逐年增大，甚至很多年份超过劳动的贡献率，1997—2008年平均在20%—30%。

最后，从资本要素投入看，众所周知，中国的投资率始终居高不下，是经济增长的一个重要引擎，例如，2000年投资率为35%，到2009年提高到40%以上，而同期消费率则从2002年的60%下降到2006年的50%以下。投资率贡献之所以能够成为增长的重要源泉，始终处于全球最高的国民储蓄率使之成为可能，这也构成中国成功的一个特殊条件。

3. 第三是"上中等收入"阶段（2010年至"十四五"末）："效率驱动"应成为新常态下增长的主要动力。

"上中等收入"阶段的人均GDP为4000—13500美元，从2010年开始一直到"十四五"末，这是中国经济成长从"要素驱动"向"效率驱动"转型的重要阶段。在粗放的"要素驱动"阶段，按照比较优势原则确定的国际贸易结构总是导致劳动密集型产品出口为主的经济体处于不利地位，因此一些国家就往往掉进"比较利益陷阱"（或"比较优势陷阱"），长期徘徊在"下中等收入"水平，于是，就出现了"中等收入陷阱"的现象。在这个阶段，以廉价的劳动力资源为比较优势，以劳动密集型产品出口和高投资率为增长引擎，以高能耗、高资源、高排放、高污染的有形要素投入为沉重代价，中国正处于"下中等收入"向"上中等收入"过渡的"模糊区间"。

但是，在走向"上中等收入"的过渡中，劳动的价格正在不断上升，我们正在逐渐失去竞争优势；能源、资源和土地的投入已经不可持续，环境和空气的质量已经十分恶化，甚至影响到生存条件和身体健康。重要的是，就在这个时候，新常态悄然而至，经济增长从高速变为中高速。面对新常态，必须要适应，必须提高生产效率，将提高生产率作为推动增长的源泉，这是我们刚刚迈进"上中等收入"阶段两年之后面临的一个崭新的问题。

高能耗和高投入提高了厂商的边际私人成本，降低了边际私人收益；高排放和高污染从本质上讲也是一种要素投入，因为厂商对环境的破坏导致产生"负外部性"，虽然私人成本没有增加，但却导致产生社会成本，或说加大了社会成本；于是，在高排放与高污染下，边际私人成本小于边际社会成本，这个差额可被视为额外的要素投入，也可视为一个福利损失，没有实现社会福利最大化。

从要素驱动向效率驱动转型的根本含义在于从粗放增长向集约增长转型，实际就是提高生产率和企业竞争力的水平，本质上讲就是在供给侧进行结构性改革，提高投入产出比，提高投资报酬率，提升经济竞争性,以获取长期增长的可持续性。相对于要素驱动阶段,效率驱动阶段强调的是增长的良性循环:报酬率是增长的主要驱动力,改善投入产出比就可提高生产力,生产力水平提高之后就会提高投资报酬率,包括物质投入、人力投入和技术投入。

一句话,效率驱动就是认识新常态,适应新常态,引领新常态,就是通过供给侧改革和技术创新等手段来提高"全要素生产率"。

4. 第四是"高收入"阶段("十四五"规划之后):"创新驱动"必然成为增长重要推手。

在"十四五"规划之后,中国将开始进入高收入阶段,这是一

广东东莞一家精密技术工厂在完成"机器换人"改造后,极大地提高了生产效率。(摄影 刘大伟)

个技术创新驱动增长的阶段。放眼世界，凡是发达国家，无一不是技术创新的国家，技术创新无一不是驱动增长的根本源泉。在高收入发达国家的经济增长中，技术创新的贡献率达70%，而中国的创新贡献率还不到40%。提高自主创新能力，建设创新型国家，是中国国家发展战略的核心，也是提高综合竞争力的关键，同时，也是当前跨越"中等收入陷阱"的战略部署和直达高收入国家的战略通道。众所周知，虽然减少宏观经济不稳定性、提高人力资本、修建社会基础设施等都可获取收益并带来增长，但都难逃报酬递减的铁律。长期看，增长和提高经济的竞争性只能依靠技术创新。

综上，在中国经济增长的4个阶段中，"市场驱动"阶段的本质是中国经济史的制度变迁，强调的是自由市场经济制度的转型；"要素驱动"阶段实际是比较优势的必然阶段，强调的是市场经济制度的确立；"效率驱动"阶段是避免"中等收入陷阱"的必由之路，强调的是市场经济制度内涵的提升和社会转型；"技术创新"阶段是高收入经济体的趋同发展阶段，强调的是社会转型和政治转型。

二、供给侧改革是新常态下跨越"中等收入陷阱"的关键

根据政府工作报告，2016年，中国经济增长预期目标定在6.5%—7%。在新常态下，如果保持6.5%的增长速率，2023年人均GDP将达13240美元，2024年达14101美元，就是说，在"十四五"规划末，中国将正式成为高收入国家。那么，如果在"上中等收入"阶段，6.5%保不住，进入高收入行列的时间就要推迟到"十五五"规划期。所以，

当前我们正处于一个十分重要的发展阶段，它决定着我们能否按时跨越"中等收入陷阱"。

保持一定增长速度，意味着从"下中等收入"阶段的"要素驱动"向"上中等收入"阶段的"效率驱动"转型，如果这个转型不能实现，就存在落入"中等收入陷阱"的可能性，或说，至少存在拉长滞留在中等收入阶段的时间的可能性。那么，如何提高企业投入产出比、降低企业负担、实现经济转型？如何提高企业生产率和生产力？如何将效率驱动作为当前这个发展阶段的增长引擎？

1. 推进供给侧结构性改革是实现效率驱动的机制保障。

中央经济工作会议提出的供给侧结构性改革是跨越"上中等收入"阶段的一个法宝。所谓推进供给侧改革有两层含义。一是提高供给体系质量和效率，其主要表现就在于去产能、去库存、去杠杆；二是指提高企业的生产率和投入产出比，其主要表现就是降成本、补短板。二者合起来就构成五大任务。

在刚刚过去的"下中等收入"阶段，我们主要关注和改革的是需求侧。10年来，需求侧改革取得了令世人瞩目的伟大成就，但也积累了一些十分棘手的问题，严重影响了市场的决定性作用。从供给侧的角度进行结构性改革，其目标是实现市场出清，于是它有两个要求：一是尽快化解产能过剩，处理僵尸企业，让供给体系的质量和效率得以迈上一个新台阶；二是尽快实施减税降费，进一步正税清费，千方百计帮助企业降低负担。

在新常态下，如果实现市场出清的这两个要求，就意味着供给侧改革得以落实，经济增长速度就能够稳定。因此，从这个角度看，推进供给侧改革是主动应对和引领新常态的战略性举措，要有长期的战略眼光来看供给侧改革，供给侧改革的本质是提高生产率，提高企业竞争力，提高投入产出比，实际就是强调"效率驱动"，这是当前在"上中等收入"阶段即在"十四五"末之前必须要经过的一个历史阶段，这是在进入高收入国家行列之前的最后冲刺。否则，很难想象，一个不计成本靠"要素驱动"的经济体在新常态下能够顺利走出"中等收入陷阱"并进入高收入行列。

"效率驱动"的要求来自新常态的压力，这是从"要素驱动"向"效率驱动"转型的压力所在和本质解释，靠大量要素投入推动增长的日子一去不复返了。

2. 正确的政策保障是推进供给侧结构性改革的环境保障。

供给侧改革的政策保障主要有四层含义。一是指宏观经济政策要稳。宏观经济政策如果没有较好的稳定性，就难以提供稳定的预期，增长就难以获得可持续性，甚至停滞或倒退。例如，通胀管理能力较差，政策出现偏差，通胀预期就必然较高，就必然会导致商业周期紊乱，放大经济的波动性。

二是微观经济政策要活。企业的微观经营活动既需要宏观经济政策的稳定，也需要企业享有良好的微观经济环境，因为良好和恰当的微观政策对提高货物生产和服务贸易的效率具有诱发作用，包括微观经济活动的质量和数量。相反，微观经济政策失当就会直接影响货物市场和金融市场的效率，进而对企业微观经济活动和经济增长产生极大负面影响。

三是社会政策要兜底。社会政策要有底线思维的兜底意识，否则，两级分化将对劳动产生负激励，进而不利于经济增长。实现市场出清，僵尸企业就必须要处理，这就需要社会政策的配合和支持，稳定社会，促进增长。僵尸企业处理之后，职工安置要负责到底，甚至成为重中之重，社会政策和社保政策要发挥作用。

四是改革政策要落实。进入新常态以来，从三中全会到四中全会，从五中全会到中央经济工作会议，各个领域的改革政策不断出台，鼓舞人心，鞭策进步，给人以向上的精神和改革的氛围。但在新常态下，各项改革政策的落实越发显得重要，甚至成为能否向效率驱动转型的重要因素。再好的改革政策，束之高阁就不可能发挥作用，转型就会落空。改革政策的落实要有检查、有部署、有专人验收。

跨越"中等收入陷阱"需警惕收入分配不公

李 实

李 实

教育部"长江学者"特聘教授，北京师范大学经济与工商管理学院教授、博士生导师，中国收入分配研究院执行院长，曾荣获 1997 年和 2011 年孙冶方经济学奖及第三届张培刚发展经济学优秀成果奖。

一、何谓"中等收入陷阱"？

"中等收入陷阱"（middle income trap），又称为"中等收入国家陷阱"（middle income countries trap），是指一些中等收入国家长期处于经济增长缓慢或停滞状态，无缘成为高收入国家。这一概念最早是在世界银行 2007 年出版的《东亚经济发展报告》中提出的。在过去近十年中，"中等收入陷阱"的提法，虽然被国内外学术界和研究机构所认同，但是对它的质疑声也不绝于耳。认同"中等收入陷阱"观点的学者认为，历史统计数据显示，在过去近半个世纪中，很多国家的经济发展取得了不少的进步，特别是以中国和印度为代表的发展中国家经过 30 年的努力，从低收入国家发展成中等收入国家，但是在中等收入国家中能够顺利成长为高收入国家的比例并不是很高。而且，不少国家在上世纪 70—80 年代已经是中等收入国家，现今仍是中等收入国家。从这个意义上讲，这些经济增长长期停滞的中等收入国家被称为陷入了"中等收入陷阱"。持不同观点的学者则认为，在不同收入阶段总是存在着一些国家处于长期经济增长停滞的情况，在低收入阶段有这类国家，在中等收入阶段有这类国家，在高收入阶段也有这类国家，那么单独提出"中等收入陷阱"没有特别的意义。他们还认为，"中等收入陷阱"不是一个严谨的概念，是一个绝对水平的概念还是一个相对水平的概念呢？对这个问题，确实是一个难以回答的问题。

即使在理论上对"中等收入陷阱"的定义和内涵有着不同的争论，但是有关这个问题的研究并没有停止。世界银行对世界各个经济体根据其人均国民收入水平划分四个等级：低收入国家，中等偏下收入国家，中等偏上收入国家，高收入国家。它们的收入区间并不是固定不变的，而是根据全球经济变化作出调整。例如，世界银行制定的 2010 年的标准是，人均收入等于或低于 1005 美元为低收入国家，在 1006—3975 美元之间为中等偏下收入国家，在 3976—12275 美元之间为中等偏上收入国家；在 12276 美元或以上为高收入国家。根据世界银行 2014 年的世界发展指数，在全球 214 个经济体中，中等收入经济体为 89 个，占比为 42%，其中中等偏上收入经济体有 40 个，占全球经济体的 19%。根据世界银行的测算，2014 年中国人均国民收入为 7400 美元，属于中等偏上收入国家。2014 年中等偏上收入国家的平均人均收入为 7900 美元，比中国人均收入高出约 7%。

然而，即使确定了中等收入区间，如何界定一个国家是否陷入到"中等收入陷阱"仍是一个问题。在这个收入区间停留多长时间才可以被称为"掉入陷阱"呢？我们不难算出一个国家从 1005 美元到 12276 美元，在不同收入增长率下所需要的时间。如果一个国家能够保持人均收入增长率在 10% 水平，那么它需要大约 26 年；如果增长率降到 5%，那么需要 52 年；如果增长率降到 2%，那么需要 128 年。依次来看，一个国家长期年均收入增长率低于 2%，可以被认定为陷于"中等收入陷阱"。也就是说，即使按照一个长期不变的标准，经过一个世纪仍然不能完成从中等收入国家向高收入国家的转变，那就意味着陷入"中等收入陷阱"。按照这种思路来定义"中等收入陷阱"是采用了绝对的标准。另外一种相对标准也出现在相关文献中。相对标准是用一个中等收入国家的人均收入与一个代表性的高收入国家（通常为美国）相比，看看其比值是长期上升还是下降。如果比值是持续下降的，就意味着这个国家陷入了"中等收入陷阱"。总之，不管是采用绝对标准还是相对标准，一个国家是否陷入"中等收入陷阱"主要还是取决于其是否能够保持长期的高速经济增长和收入增长。

二、为什么有些中等收入国家会出现长期经济停滞增长？

从过去近半个世纪的历史数据来看，中等收入国家、地区成为高收入国家、地区的成功的例子并不是很多。被人们津津乐道的是亚洲几个经济体，如新加坡、韩国、中国香港和台湾等。与此相比，不成功的国家更多，如巴西、墨西哥、南非、马来西亚等。这些国家在上世纪 70 年代就已成为中等收入国家，如在上世纪末巴西、南非的人均收入超过了 3000 美元，墨西哥超过了 5000 美元。在 30 多年后的今天，这些国家仍为中等收入国家。根据世界银行提供的数据，2014 年巴西的人均 GDP 为 11530 美元，墨西哥为 9870 美元，马来西亚为 11120 美元，南非为 6800 美元，可见这些国家迄今仍没有顺利进入高收入国家。特别在上个世纪后 20 年，这些国家经济增长率长期停滞在低水平上，如巴西、墨西哥的人均收入年均增长率不足 1%，南非经济增长率甚至为负值。这种例子可以说是不胜枚举。

那么为什么一些中等收入国家会出现长期经济增长停滞不前呢？这些所谓掉入"中等收入陷阱"的国家是否有一些共同的社会经济特点呢？一些相关的研究结果显示，这些国家确实存在着一些共性。归纳起来，有这样几个共同特点直接或间接地增加了一个国家掉入"中等收入陷阱"的风险：第一，过大的收入差距和严重的分配不公；第二，缺乏持续的创新动力和机制；第三，高等教育发展的相对滞后。

本文着重论述第一点，为什么严重的收入分配问题会带来一个国家陷入"中等收入陷阱"的风险。为了回答这个问题，需要理解收入分配与经济增长的关系。大量的研究文献表明，长期来看，过大的财富分配不平等会阻碍经济增长，特别是到了中等收入水平阶段，财富分配不平等对经济增长的负面影响更加明显。

美国斯坦福大学罗斯高教授对比了上世纪 80 年代许多中等收入

国家的收入分配差距。这些国家后来分化为两种类型，一类是进入高收入国家行列，一类是仍处于中等收入国家行列。他发现两类国家在收入差距上存在着明显不同。那些后来到达高收入水平的国家都有着较小的收入差距，基尼系数基本上低于0.4。比如上世纪80年代韩国的基尼系数为0.32左右，爱尔兰为0.34左右，捷克不到0.3。而那些在中等收入阶段长期滞留的国家的收入差距都普遍较大，基尼系数都超过了0.4，甚至超过了0.5。例如在上世纪80—90年代，巴西收入差距一度达到0.6，墨西哥达到0.55。两类国家收入差距上不同是显而易见的。这意味着过度的收入分配不平等与陷入"中等收入陷阱"之间存在着某种关联性。而相关的研究文献证明，过大的收入差距和严重的收入分配不公的确会不利于经济增长，从而会增加一个国家掉入"中等收入陷阱"的风险。

进一步的问题是，过大收入差距如何阻碍经济增长？其影响途径有以下几条。第一，造成消费不足，内需不足，增长缓慢。根据宏观经济学的基本理论，一个社会的边际消费倾向是递减的，即居民收入中用于消费的比例会随着收入水平的上升而不断下降。该理论的进一步含义是社会中低收入居民的平均消费倾向会高于高收入居民。如果一个社会收入差距过大，收入增长只是集中在富裕人群，那么整个社会的平均消费倾向也会随着经济增长而下降。也就是说，过大的收入差距会导致消费需求不足，从而带来内需不足和经济增长缓慢。第二，带来低收入人群人力资本积累不足。对于中等收入国家来说，过大的收入差距则意味着存在大量的贫困人口和低收入人群。这些人群收入水平低,只能满足其生存需要,很难靠自身的财力进行人力资本投资。虽然他们也知道人力资本投资有长期收益,可以使得他们的子女永久地摆脱贫困,但是受到其收入和财力的限制,他们不能有更多的选择。这导致了整个社会人力资本积累不足,满足不了经济结构优化和产业升级所需要的足够数量的高素质劳动力,从而拖延经济上升的时间。第三,引发社会不稳定和动乱。大量的研究文献表明,过大的收入差距会带来社会犯罪率上升和社会骚乱不断。在一个财富悬殊的社会,财富的代际传递是不可避免的,"富二代"会成为一个普遍的现象,贫困也会一代代地传递下去。于是,社会阶层不断固化,社会流动性下降,"拼爹"时代出现。在这种情形下,许多贫困和低收入人群看不到未来的希望,他们就会对社会分配秩序产生怀疑,逐步发展成对社会秩序的反感和对抗,对政府的不满。总之,过大的财富分配不平等对经济增长会产生严重的负面影响。

三、中国会陷于"中等收入陷阱"吗?

中国 2015 年的人均 GDP,按照当前的市场汇率计算接近 7600 美元,相当于高收入国家最低标准的 62%。那么,中国还需要多少年可以发展成为高收入国家呢?这将取决于未来经济增长速度。根据相关的测算,在汇率不变的情况下,如果中国经济能够保持 6% 的增长率,可以在 2022 年成为现在标准的高收入国家;如果经济增长率为 3%,进入现在标准的高收入国家门槛的时间是 2030 年;如果经济增长率进一步降低到 2%，进入门槛的时间则是 2040 年。由此可见，当经济低速增长时，中国进入高收入国家的门槛时间会向后延长。而在此期间，人民币贬值的趋势有可能会出现，国际机构还会不断上调高收入国家的门槛，这样中国成为高收入国家的时间会进一步延长。这意味着未来十年是中国能够成为高收入国家的关键期。虽然现在看中国掉入"中等收入陷阱"的风险不是很大，但是也应该看到各种风险在增加。

在多种风险中，最值得注意的是收入分配和财富分配的不平等变得愈来愈严重。从收入差距的变化上看，在 2010 年之前我国收入差距出现了全方位的扩大：收入差距从城乡内部到城乡之间，从地区内部到地区之间，从行业内部到行业之间，从企业内部到企业之间，从同一人群内部到不同人群之间，都出现了不同程度的扩大。一些相关的研究表明，在上世纪 80 年代末和 90 年代初，我国城镇内部和农村内部居民收入分配的基尼系数大约为 0.23 和 0.28，虽然比改革初期的不平等程度有所扩大，但是仍处在较低的水平。近几年城镇居民内部和农村内部收入差距的基尼系数都已达到甚至超过 0.4。对于全国的收入差距及其变化，根据世界银行的估计，在上世纪 80 年代初期，全国收入分配的基尼系数大约为 0.31。而根据国家统计局近期发布的过去十年全国收入差距基尼系数，我们可以看到全国基尼系数在 2008 年达到最高值 0.491，以后几年出现了轻微下降的势头。但是我们应该认识到，虽然近几年我国收入差距扩大的势头得到了某种程度的抑制，但是现有的收入差距水平仍是偏高的。

与此同时，居民财产差距在加速扩大，尤其近十年是财产差距急剧扩大的时期。根据北京师范大学住户收入调查数据和北京大学"中国家庭追踪调查"数据，2002 年全国居民财产差距的基尼系数为 0.54，之后持续显著扩张，到 2012 年上升到最高的 0.73。在短短的十年内，我国居民财产差距从一种较为平均的分配状态演变为一种高度不平等的状态。

更应该看到，收入差距扩大和收入分配不公所产生的负面效应不断显现出来。它对消费需求的影响尤为明显。相关的研究显示，从新世纪开始，我国国民收入中消费份额出现了急剧下降。消费占国民收入的比例从 2000 年的 62% 下降为 2010 年的 48%，十年中下降了 14 个百分点。虽然近两年我国国民收入中消费占比略有上升，但是仍处于很低水平。从消费结构上看，导致消费占比下降的主要因素是居民消费占比的快速下降。在全社会总消费中，政府消费与居民消费所占比例出现了一升一降的情形，前者从上世纪 90 年代中期的 22% 上升到 2012 年的 27%，后者却从 78% 下降到 73%。而在居民消费中，城镇居民消费所占比例呈稳定上升趋势，而农村居民消费所占比例呈下降趋势。与此同时，收入分配不公等社会问题带来社会不稳定的风险也在增加。一些相关的调查数据显示，以农民工为主体的城镇低收入和弱势人群的犯罪率在不断上升，大大小小的群体性事件在增加，民众对政府的信任度在降低。更令人担心的是，这些风险有不断上升之势。总之，中国可以顺利跨过"中等收入陷阱"

并不是自然而然的发展过程，机遇和风险同时存在，相伴而生。

四、如何跨越"中等收入陷阱"？

为了加快进入高收入国家行列的进程，中国有必要保持一个较高的经济增长速度。为此，中国首先需要保持一个稳定而又多元的社会环境，努力避免出现社会骚乱和安全隐患；其次需要加快经济结构转变，实现产业升级，扩大以消费为主导的内需，从而激活经济增长潜力；最后需要改变社会治理方式，鼓励社会和民间力量参与社会管理，创造更大的思想自由空间，激发创新活力。这些方面的进步都是与改革收入分配制度，缩小收入差距，建立公平分配秩序密不可分的。因而，加快收入分配制度改革仍是未来几年政府和社会各界共同努力的方向和艰巨任务。

收入分配制度改革可以从初次分配和再分配两个层面同时推进。在初次分配领域，改革的任务尤为艰难。首先，进一步完善市场体系，让市场机制在资源配置中起到决定性作用。完善生产要素市场，破除行业垄断、市场扭曲和分割以及过多的政府干预是当务之急。其次，在初次分配领域建立合理的收入分配秩序。一些发达国家的经验表明，工资收入的正常增长是与工资谈判机制分不开的。工资谈判（协商）机制能够保障工资的合理增长的前提是参与谈判的工人代表能够真正代表工人的利益，我们现有的工会制度还做不到这一点。因此，改革工会制度，让工会具有独立性，真正代表工人的切身利益，是完全必要的。最后，对于一些不利于收入分配公平的制度和政策

福建启动"百企帮百村"精准扶贫行动，推动当地民营企业与贫困村结对帮扶。图为参加扶贫行动的茶叶企业负责人在罗源县茶叶种植基地向茶农了解春茶种植情况。（摄影 林善传）

也需要加快改革和调整。当前人们期待的户籍制度改革和养老制度改革是很好的例子。城乡分割的户籍制度，既是过去城乡之间收入差距的根源，又是当前城乡一体化发展的障碍。现今养老制度被诟病很多，其中一个主要原因是不仅不利于缩小收入差距，反而扩大收入差距。

再分配领域改革的任务也很艰巨。说到收入再分配政策，它主要具有两方面内容，一是通过税收的手段调节高收入人群的收入，二是通过转移支付提高低收入人群的收入。现在中国税收对收入分配的调节力度是非常有限的,主要原因有两点:一是税收结构的不合理,其中主要表现为直接税比重过低而间接税比重过高,而前者是有助于缩小收入差距,后者却是扩大收入差距;二是个人所得税只是一种工薪税,实际上是对工薪阶层的征税,而对于那些其他收入来源的人群收入起不到有效的调节作用。因此,提高税收在收入分配中的调节力度需要对税收结构加以调整,需要增加一些有助于调节收入分配的税种,同时减少间接税的比重。引入调节收入分配的税收有许多种,包括房产税和遗产税。增加对低收入和贫困人口的转移支付力度,一是需要提高社会保障的水平。特别在农村地区,一些财政困难的地区受到自身财力的限制,将保障标准定得很低,使得低保制度不能起到应有的作用;二是增加转移支付的种类,即政府可以不断增加针对特殊人群和弱势人群的福利项目,以缩小他们与其他社会成员的收入差距。

中国突破"瓶颈期"亟需制度创新

贾　康

贾　康

全国政协委员、华夏新供给经济学研究院院长，中国国际经济交流中心、中国税务学会、中国城市金融学会和中国改革研究会常务理事，西藏自治区和广西壮族自治区人民政府咨询委员。孙冶方经济学奖、黄达－蒙代尔经济学奖和中国软科学大奖获得者。

"中等收入陷阱"，是世界银行专家团队在 2007 年，根据前面大半个世纪 100 多个进入中等收入阶段的经济体的发展轨迹，概括而成的一个形象化概念表述。其首先反映的，就是一种统计现象。关于这一概念还存在见仁见智、肯定否定的种种争议，但我们认为，"中等收入陷阱"的概念虽然表述上还可以打磨、推敲，其所涉及的实证数据量化分析还可精益求精，但已完全可以认定，"中等收入陷阱"表示的就是前面世界上多个国家在进入中等收入阶段后，以 90% 左右的高概率出现的经济增长管制、受阻的普遍、多发现象。在统计数据给出的众多样本描述表象之下，是各个国家经济社会大系统为实现现代化，如何如愿通过"瓶颈期"历史考验的真问题。尤其是，对于世界第二大经济体的中国，在 2011 年进入中等收入阶段后，明显面临"矛盾累积、隐患叠加"的挑战，能否避免重蹈众多"前车之覆"，如愿达到全面小康后继续在"升级版"状态上进入高收入经济体阵营的诉求，是一个居安思危、防患未然、力求把握好国家与民族命运对接"中国梦"的顶级真问题。

发达经济体崛起之路告诉我们，特定历史发展阶段内，不可能所有经济体都成为发达者，总有先行发达者和后来追赶者之分。国际视角下的考察则告诉我们，1950 年以来，仅有约 10 余个国家和地区成功步入高收入阶段，而且其中多数样本属于小规模或极小规模经济体，对于中国基本不提供借鉴意义。长期处于中等收入阶段的经济体，也并不是没有经历所谓"黄金增长期"，但其后轨迹大相径庭，如拉美地区在经历 30 年高速经济增长阶段后像是陷入泥潭般裹足不前，而日本则在经历 27 年的高速经济增长后步入高收入阶段、跻身发达经济体之林。结合发展经济学理论，我们看到少数经济体得以完成经济追赶步入高收入阶段，而多数未能完成追赶的经济体则在较长时期内滞留于中等收入阶段。世界银行于 2007 年在《东亚经济发展报告》中首度提出"中等收入陷阱"这一名词，正是对于沿历史发展阶段不同经济体真实存在的经济发展现象，基于统计数据考察而作的总结，在全球范围内已产生较广泛的影响。

中国在"十三五"时期以及未来中长期经济社会发展过程中，遭遇"矛盾凸显期"，且经济发展态势进入"下台阶"的新常态的演变，我国讨论如何避免"中等收入陷阱"这一问题的现实意义是显而易见的：不要以为前面三十几年发展得总体还不错，GDP 年均增长近两位数,总量已成世界老二,今后只要一路发展下去,就可以迎接高收入阶段的到来,实现中华民族伟大复兴"中国梦"了;如不能有效化解矛盾、攻坚克难,实现升级换代式发展,则大量"中等收入陷阱"的案例正等着看我们重蹈覆辙!所以我们强调,"中等收入陷阱"是一个关乎现代化"中国梦"命运的顶级真问题。要做到"高瞻远瞩""老成谋国",保持战略思维的应有水准,至少当前阶段特别需要居安思危、预警清晰,防患未然,宁肯把困难和考验想得更周全一些,对防范措施作充分讨论。

结合国际经验和中国现实,可对"中等收入陷阱"成因的几个主要方面,作如下简要考察分析。

一、产业革命加速更迭,"技术赶超"压力巨大

每一次产业革命后,世界经济格局都会发生重要变化。爆发于18世纪中叶的第一次产业革命(即工业革命的蒸汽时代)直至19世纪中期结束,以纺织业为起点,因机械化大生产而带动相关产业链条如冶金工业、煤炭工业、运输业(主要是铁路和海运)和制造业的发展,使英国一跃成为"世界工厂"。而后19世纪60、70年代,以美国和德国为中心,第二次产业革命(即工业革命的电气时代)围绕重化工业这一核心,使房地产、汽车制造、钢铁工业、化学工业和电力等产业得以迅速发展。至20世纪初,美国乘势而上,进一步主导20世纪50年代之后的第三次产业革命(即信息技术革命),以最前沿的原子能技术和电子计算机与互联网技术,稳固成就全球

经济霸主地位。在此过程中，德国、日本、法国等国家也纷纷崛起，技术水平的提高提升了全要素生产率，从而帮助这些经济体实现了经济长期增长。

我们作为发展中国家，更应基于产业革命是某一经济体经济腾飞重大契机的视角，来理智看待"后发优势"。若从经济赶超的视角看来，产业革命更迭的时间区间也恰是后来赶超者可实现超越的时间区间，若在上一次产业革命阶段没能由技术后发优势而实现崛起，被动进入下一次产业革命阶段后，势必要发起和实现新一轮赶超，才有可能达到崛起目标。然而，从三次产业革命兴起的时间上来看，其更迭在不断加速，从工业革命爆发到电气时代出现，经历了约120年，而从电气时代演进到信息技术革命爆发，仅经历了约80年。以我们目前所处的信息技术时代发展态势来看，人工智能等新技术革命的到来已先声夺人，产业革命的加速更迭使后进赶超者的发展时间更加紧迫，越紧迫则越容易追赶不上，越容易落入"中等收入陷阱"。

与此同时，在充分发挥"后发优势"、贯彻经济赶超过程中，我国还必须将新技术方面基于创新的战略储备提上日程。就国外现状来看，美国、日本等位于全球技术高地的国家，已经全面产业化，其凝结在推向市场的产品中的核心技术，虽然已经是全球范围内的领先水平甚至是最高水平，但却往往并非代表这些国家技术的真实水平。以日本的汽车制造技术和液晶电视制造技术为例，其产业技术水平已经领先目前市场出售产品核心技术的两代、三代，而出于继续攫取高额利润等考虑，这些高端核心技术目前仅处于蓄势待发的状态，实际上形成了一种雄厚有力的技术战略储备。对于后发国家而言，赶超的实现可能并非仅仅是追平目前技术水平，而是至少要追平技术战略储备水平。作为一个科技爆发时代的发展中国家，不同领域的科技研发水平是参差不齐的，客观而论，我国毕竟已有一些技术在全球范围内实现领先水平，甚至有个别的已是最高水平，但由于配套技术相对落后等原因，这些技术在应用中往往并不广泛和充分。结合成功跨越"中等收入陷阱"经济体的经验，我们应当特别注重在这类技术成果方面充分"扬长"，对于达到领先水平的技术，无论是否能够迅速"接地气"，都要首先纳入技术战略储备梯队，积累、结合于利用"后发优势"赶超发达经济体主流技术的升级过程中。

二、全球发展格局钳制，贸易摩擦制约接踵而至

比较而言，先行发达者一般具有更易得、更开阔的发展空间，以 19 世纪的英国为例，在开创性地实现机械化大生产之后，英国作为当时最大的工业制品供给国和原棉进口国，一方面能够享受全球各地源源不断供给而来的优质原材料，另一方面能够享受向全球各地源源不断地出口工业制成品的比较优势，取而代之的美、德也是如此。占尽先机的先行发达者往往也是全球经济发展格局的主导者，它们更能够按照自己的意愿发展经济。而对于后发追赶者来说，经济发展的环境往往更为险峻，先进经济体和"霸主"在贸易摩擦中

的打压，以及需要按照先行发达者制订的"游戏规则"来发展，使后发赶超者的发展势必于全球经济发展格局中承受先行者的压力和排挤。

我国目前的经济总量尽管在绝对数量上无法与美国相较，但在排序上已然跃至"世界老二"位置，作为一个正处于中等收入阶段的"世界老二"，全球经济发展格局的钳制已今非昔比，种种摩擦、制约因素接踵而至。随着国际竞争进入新阶段，除老大压制外，老三以下者有更多的怨怼因素和麻烦制造行为，原来的"穷兄弟"们也容易离心离德。因此，在中等收入发展阶段，如何将特定情境处理好，避免落入多面夹击，在全球经济发展格局的钳制下力争营造良好的社会经济发展外部环境，在全球化背景下全面打开国际贸易的共赢局面，是我国"十三五"及中长期发展中的重大挑战。

三、能源资源环境"三重叠加"制约，集约增长刻不容缓

经济学所强调的资源稀缺性与生态环境的制约在中等收入发展阶段更具有特殊意味。以日本为例，在经济赶超的过程中出现由曾引以为豪的重化工业转向加工组装型产业，主要原因就是不得不面对"石油危机"所带来的严重资源制约。从我国基本国情出发，在资源、能源方面由于"胡焕庸线"所表达的基本国情之"半壁压强型"，和资源禀赋客观形成的以对环境压力最大的煤为基础能源绝对主力的格局，和前面三十年外延为主的粗放发展阶段的污染积累因素，合成了资源、环境压力异乎寻常的"三重叠加"。

作为国土面积世界第三、人口世界第一、经济总量世界第二的超级大国，全国经济发展布局沿"胡焕庸线"这一中部主轴呈现突出的空间发展不均衡，所形成的能源消耗、环境压力的"半壁压强型"这一基本国情，对我国在"十三五"及中长期经济社会发展中引发的负面因素决不容忽视。若不能经过以重化工业为主要支撑的"压缩型－密集式"外延、粗放发展模式而较快进入集约式增长的"升级版"，能源资源和生态环境制约势必成为我国经济发展的桎梏，从而以雾霾等环境危机因素形成社会承受力的极限，导致经济发展停滞。若积极转变发展模式，则势必要经历十分艰难痛苦的转型期，并且要以技术超越和制度变革的成功为基础：一方面在资本常规投入边际收益递减的同时，通过技术水平、制度供给有效性的提高保障全要素生产率的提高，从而对冲下行因素，缓解制约，在较长时期内实现经济较快速"中高速"增长；另一方面在通过制度变革激发管理创新的同时，降低劳动力之外的经济运行成本，提高经济综合效率，从而更优地实现资本积累而保障长期发展。

在基本的发展战略思路上，面对能源资源和生态环境"半壁压强型"之上"三重叠加"的制约这一基本国情，我们不得不更为侧重复杂的供给管理，以"有效市场＋有为政府"非常之策求破非常之局。只有处理得当，我国经济才有望实现长足进步和发展，一旦处理不好而"碰壁"（既可能是碰到能源资源因素导致的发展硬约束，又可能是碰到生态环境因素导致的发展硬约束，也可能是碰到转型不成功多重矛盾纠结导致的发展硬约束），就极有可能落入"中等收入陷阱"。

四、人口基数、结构挑战，"未富先老"已成定局

除了资源环境这一基本国情之外，我国在"十三五"及中长期所必须面对的另外一个很现实的基本国情，就是人口众多和老龄化，总体上已呈"未富先老"之势。

首先，我国人口总量世界第一，从以人均指标划分不同经济发展阶段这一标准来看，我国步入高收入阶段注定是"路漫漫其修远"。按照世界银行 2013 年发布的数据，我国 GDP 已达到 9.24 万亿美元，但人均 GDP 仅为 6807 美元，距离全球人均 GDP 平均水平 10613 美元相差 3806 美元，距离高收入国家人均 GDP 水平 12616 美元相差 5809 美元，距离美国人均 GDP 水平 53042 美元相差 46235 美元。这意味着：若想让我国人均 GDP 达到高收入国家水平，我国的 GDP 总量需要达到 16.792 万亿美元，即追平美国 GDP 总量。人均指标如迟迟不能达到高收入标准，我国经济表现就会停留在中等收入发展阶段即落于"陷阱"之内。

其次，我国人口结构已呈现明显的老龄化。有学者测算，人口老龄化和超老龄化对于整个养老体系形成公共支出压力的高峰，将出现于 2030—2033 年间，即还有不到 20 年的时间，此后压力的缓慢下降还要有几十年的过程。要看到在这个很长的历史阶段之内，我国养老体系从硬件到服务的所有投入必然产生一系列的高压力要求，势必会对经济发展带来很大负担与拖累。

人口老龄化是中国社会必须面对的问题。图为河南省武陟县韩原村慈善幸福院，老人们在院子里唠家常。（资料图片）

再次，由于教育结构不合理而导致的劳动力供给结构问题，也是我们直面"中等收入陷阱"所必须考虑的不利因素。从成功跨越"中等收入陷阱"经济体的经验来看，以色列和日本都是整个亚洲平均受教育年限最长的国家。以色列颇有针对性的优质高等教育为其科技进步奠定了良好的劳动力基础，且是全球工业国家里平均学历程度排位第三的国家，仅次于美国和荷兰。而日本除了教育的普及和具有较高水平的高等教育以外，还特别重视社会教育的作用，且在其企业制度中特别重视人才培育，一直不断促进并保持着高水平的科技研发能力。我国目前教育模式苦于面临"钱学森之问"，难以造就高水平创新领军人才，培养出的劳动力与经济发展所需人力资本的现实需求存在较明显的错配，被动摩擦已在影响就业水平和消费水平，处理不当就会严重制约我国未来经济社会发展。

五、文化"软实力"不足，双创难免遭受制约

我国的深厚文化积淀如何转为国际竞争中的优势因素，一直是困扰中国人的难题。实际生活中，不少中式文化的消极因素，至今无形中制约着我国的创新力，人们往往不敢为天下先，不善于思辨和冒险创造，社会弥漫"官本位"的思想意识，善于遵循较为森严的等级制度而不敢、不能发表真知灼见。这些文化与传统意识特征，形成"软实力"的不足、感召力的欠缺，实际上制约着全球信息科技革命日新月异变化中我国经济社会的发展。将文化积淀与意识、信仰转变为有利于经济发展的积极因子而非制约因子，我国大众创业、万众创新等政策才可能得到充分有效落实和如愿发挥作用，综合国力中"硬实力"的上升才可能与"软实力"的打造相伴而行，使现代化之梦不至落空。这更是一种深刻的、综合性的挑战。

六、制度创新待实质推进，管理技术创新空间需得到拓展

制度学派和新制度经济学早已告诉我们"制度"因素在微观经济中的不可或缺，而实际上，在经济发展的宏观视角下，制度供给更是最为重要的因素之一。以18世纪的英国为例，于1776年发明蒸汽机的瓦特在其19岁那年离乡到伦敦接受仪器制造匠的培训，两

年后成为一名"数学仪器制造师",最终成就蒸汽机的发明,引发第一次产业革命的到来。这类案例表明,技术的发明和创造总体上决非一个个"黑天鹅"事件,而是与专业化分工和经济组织下的制度结构密切相关,换言之,在英国经济当时的专业化水平与经济组织所构造形成的经济制度运行结构和要素流动机制之下,引领世界技术潮流是迟早的必然事件。制度是造就人才、推动新技术产生的核心要素,可说是创新的最主要动力机制,更是经济运行绩效可否提高的关键。从日本的"遣唐使"政策到西方世界的"新公共管理运动",实际上都体现了制度变迁对经济发展的重要作用。以日本为例,除技术模仿外,日本还特别注重法治化市场经济基本制度安排,进而以成本管理、经营计划调查、职务分析等制度的学习,不断提升企业管理和经济运行的现代化程度,从而有效降低运行成本,推动、激励技术模仿过程中的技术创新,大大提升了生产能力,成为经济发展的长足动力。其中,十分典型的是以生产工艺为对象的统计性品质管理,结合日本企业的特点,扩展为全公司范围的综合性全面质量管理(TQC, total quality control),即促使公司内所有的劳动者为提高产品质量而致力于发现问题和改良工作,而这些实实在在地促使从海外引入的技术在日本得以较充分发展,推动了技术从模仿到超越的实现。制度创新的实质性推进,总体上成为进一步打开管理创新和技术创新空间的关键。

立足于"十三五"时期,放眼中国的中长期经济社会发展,在十八大和三中、四中、五中全会之后关系到国家前途、民族命运的关键阶段，能否冲破利益固化的藩篱，克服既得利益的强大阻力和障碍，把难啃的"硬骨头"啃下来，从而在制度变革的探索中获得解放生产力、进入新常态、打造升级版的成功，直接决定着我国经济社会是否能够相对顺利地跨越"中等收入陷阱"，在未来如愿跻身发达经济体之林。

中国历史性跨越谨防阶层固化

蔡洪滨

蔡洪滨

北京大学光华管理学院院长、教授、博士生导师，第十二届全国人大代表，民盟中央经济委员会副主任、民盟北京市副主委，国家审计署特约审计员。

"中等收入陷阱"，是当下中国非常热门的话题。中国能否成功跨过"中等收入陷阱"，20年后的中国经济社会怎么样，直接关系到民族复兴的大业，也关系到我们每个人的发展。就这一题目，我想从四个方面展开讨论：一是回顾当前比较流行的对"中等收入陷阱"的关键因素的看法；二是从效率和公平的关系入手分析跨过"中等收入陷阱"的关键；三是进一步探讨实现这些关键的要点；最后回到现实，总结这个话题对我们的启发和意义。

一、"中等收入陷阱"的决定因素：流行的观点

"中等收入陷阱"这个概念并不神秘，它是各国经济增长在统计上表现出来的规

律。从全世界来看，大部分国家和地区人均 GDP 达到一千美元后，都能继续保持 GDP 增长，都能达到人均三千美元的经济发展水平，跨过贫困陷阱。但当人均 GDP 达到三千美元后，各国家和地区接下来的经济轨迹开始出现明显分化：少数国家和地区仍然持续保持增长，如二战后的日本、韩国、新加坡、中国香港等，它们跨过中等收入，达到人均两万美元或者三万美元的高收入水平；而更多的国家和地区在人均 GDP 达到三千美元、跨过贫困陷阱以后，虽然经济还有一些增长，但在长达几十年里，基本都在低于人均一万美元的水平上徘徊，这就是"中等收入陷阱"，最典型的是拉美地区的阿根廷、巴西等国。

为什么有些发展中国家在达到中等收入水平之后，能跨过"中等收入陷阱"，进入发达国家，而大部分国家却做不到？对此，各界有不同的观点和看法。托尔斯泰说过，幸福的家庭都很相似，不幸的家庭各有各的不幸。一个发展中国家，要想跨过"中等收入陷阱"变成发达国家，实现从不幸到幸福，关键是什么？现有的经济理论提出以下三个比较关键的因素。

一是政策因素。这类观点认为跨过"中等收入陷阱"的国家和地区采取了正确的经济政策。比如，在日本、韩国等东亚"四小龙"的崛起过程中，进口替代政策可能起到了非常重要的作用。但这些"幸福"国家和地区的政策并不一定适用于其他国家。并且，陷入"中等收入陷阱"的国家，他们的经济政策也并不见得就是错误的。过去 30 年里，墨西哥经济增长没有什么起色，但是对墨西哥的经济政策逐一审视，看起来都是正确的政策。所以，政策本身很难解释为什么有的国家成功跨过"中等收入陷阱"，有的却失败了。至少并没有什么简单的妙方，只靠政策就能解决"中等收入陷阱"问题。

二是制度因素。制度学派的学者都公认，要保证长期经济增长，最核心、最关键、最重要的制度，就是好的产权制度。产权清晰，人们就会积极投资，积极创新。但无论是成功跨过"中等收入陷阱"的国家，还是长期陷入"中等收入陷阱"的国家，他们在产权保护方面的做法，并没有太大的差距。

三是结构因素。所谓经济结构，是指经济变量之间的比例。结构论在中国很流行，认为陷入"中等收入陷阱"是因为经济结构有问题。我把能找到的国家，用尽可能多的经济结构因素（包括政府的规模、衡量不平等的基尼系数、投资和消费比例、人口、人均进口、出口、通货膨胀、工业比重、服务业比重等）与这些国家是否跨过了"中等收入陷阱"做回归多元分析。回归结果表明，没有一个结构因素和这个国家是否跨过"中等收入陷阱"有任何的相关度，更不用说有直接影响。

到底什么是跨过"中等收入陷阱"的关键？回到经济学的本质，"中等收入陷阱"问题是长期经济增长里的特殊现象。经济达到中等收入水平后，增长动力好像就慢慢丧失了，这才是问题的本质。由此引出第二个问题：效率和公平的关系。

二、跨过"中等收入陷阱"的关键：效率和公平的相互促进

效率和公平的关系是经济学最重要的关系之一。经济学家很早就对效率和公平相互之间的动态关系做过大量分析，比如著名的库兹涅茨曲线。库兹涅茨发现，长期经济增长与公平之间是倒 U 型关系：起初经济发展水平很低，不平等水平也很低；当经济开始增长以后，不平等水平加大；到一定阶段，经济继续增长，但不平等水平开始下降。这个理论的逻辑其实很简单。以农业社会为起点，农业社会 GDP 水平较低，但相对于工业社会而言比较平等。工业化初期阶段，效率提升，经济增长，同时伴随着不平等的加剧，曲线开始往上走。到工业化中后期，经济进一步增长，效率继续提升，不平等程度开始下降，从而达到效率和公平都比较令人满意的状态。库兹涅茨曲线的拐点，往往在工业化中后期，究其原因：一是刘易斯拐点出现，劳动力不再廉价，劳动收入增加，供给失衡趋向平衡；二是教育的普及和提高；三是劳动生产率的提高，资本更加充裕，资源重要性下降，机会更加公平；四是政府的二次调节更加有效，社会保障、医疗、社会福利教育制度更加完善。

库兹涅茨规律总结得很好，但并不是每个国家都是完全符合这个规律。标准的库兹涅茨曲线纵轴是不平等的程度，我把库兹涅茨曲线倒过来，使倒 U 型变成 U 型，再把纵轴改成平等的程度，曲线的含义就变成随经济发展社会平等程度的变化。U 型曲线起点还是农业社会，前半段下行曲线是工业化初期，曲线底部是工业化的中期，后半段是工业化的中后期，社会平等程度随经济发展先下降后上升，

这是大致的规律。日本、韩国等国家的发展，都符合这个规律。

但是，西方发达国家1970年代以后的发展却并不符合上述规律。法国经济学家皮凯蒂写了一本《21世纪资本论》，他说西方国家原来的曲线都符合库兹涅茨曲线，但是1970年以后曲线开始掉头向下，平等程度一路下降。现在美国最富有的10%的人占有社会财富的百分之七十几，非常不平等。在皮凯蒂看来，资本主义社会很难避免资本回报率高于劳动生产率的问题：资本收入增长比劳动收入增长更快，富人财富就比其他人财富增长得快，财富不平等就越来越厉害。如果他的理论和数据正确，那意味着资本主义最后必然灭亡。

从库兹涅茨总结的所有发达国家经验来看，到一定阶段曲线应该往上走，实现经济增长的同时，平等的程度也要上升，实现效率和公平的相互促进。拉美国家陷入"中等收入陷阱"的根源就在于，它们的库兹涅茨曲线一直在底部徘徊，没有效率，经济增长乏力；没有公平，不平等程度有时候甚至还加剧，效率和公平无法相互促进，反而出现效率和公平的双重迷失。所以，中国未来能不能跨过"中等收入陷阱"，也在于能否实现公平和效率的相互促进：一方面在效率不断提升的基础上，劳动生产率水平越来越高，人们的收入水平越来越高，经济发展阶段越来越高；另一方面平等程度逐渐提高，不平等程度逐渐下降。

三、实现效率和公平相互促进的关键：社会流动性

实现效率和公平相互促进的关键是什么？我认为是社会流动性。

合理的社会流动性一方面能提供长期经济增长的动力源泉，不断提升经济效率，促进经济发展水平，同时还能实现社会和谐，提高公平程度。

这里的社会流动性是代际之间的垂直流动，即上一代的教育、收入、地位对下一代的影响。"龙生龙，凤生凤，老鼠生儿会打洞"，这是一个极端；科举制度是另一个极端。因为在科举制度下，只要一个人能考上状元、进士，无论他是什么出身，都可以"朝为田舍郎，暮登天子堂"，这体现了较强的社会流动性。

代际间的社会流动性怎样促进社会效率和公平呢？首先，它从微观和宏观两个层面促进了效率提升。在一个流动性强的社会，无论每个人出身如何，都能通过积极学习、工作、提高人力资本投资来努力改变命运，这样的社会就是一个有活力的社会，经济增长就有动力。而在一个流动性差的社会，家庭好的年轻人不用努力就可以坐享其成，家庭出身差的年轻人无论怎么努力也没有机会成功，这样的社会增长动力一定非常差。传统的制度经济学强调产权保护，但却忽略了对人力资本的产权保护，忽略了人力资本投资的积极性。人力资本蕴含在每个人自己身上，看似它的产权不需要保护。但实际上，人力资本投资积极性在跨越"中等收入陷阱"的过程中是最重要的。从微观角度讲，一个社会缺乏足够的流动性，就没有人进行人力资本的投资；从宏观角度讲，只有健康合理的社会流动性，人们才有必要、有积极性进行人力资本投入，劳动力的增长才有保证。

社会流动性还可以促进社会公平。一国走到库兹涅茨曲线的最低部，能否往上走，实现效率和公平的相互促进，取决于社会流动性。假设社会一直保持动态平等，即机会公平，人们不论家庭背景怎么样，都有机会改变自己的命运，静态不平等就会随着时间开始慢慢下降。持续保持动态平等，最终会进入静态和动态都比较平等的社会，比较典型的例子是北欧国家。北欧国家的静态不平等很小，基尼系数很小，社会动态不平等也很低，流动性高，经济增长很好，创新能力很好。这是最好的状态，也是世界各国都希望实现的社会。拉美国家有一些跨过了"中等收入陷阱"，有一些没有跨过，区别不在经济政策和经济制度，也不在经济结构，而在于社会流动性。跨国比较研究发现，在陷入"中等收入陷阱"的拉美国家，代际教育相关系数达到 0.6 以上，而发达国家仅为 0.3 或 0.4。

一个国家跨过贫困陷阱进入中等收入阶段，必然出现社会结构的变化。要素驱动经济增长的同时带来社会分层，此时公平竞争的市场规则尚未完全建立，政府的经济政策、社会政策很难有很好的前瞻性，社会对机会公平没有形成共识，这些因素层层叠加，导致社会不平等的加剧。并且，在经济增长初期，取得成功的阶层一定会利用政策缺乏前瞻性和制度的不完善，进一步扩大自己的优势。当这些优势足够大，其他的阶层的年轻人就没有机会了，就容易出现社会固化，社会流动性丧失。

要解决这些问题，我们就要用动态平等逐渐解决静态不平等。只关注静态不平等，无论政府怎么分蛋糕，永远不可能使所有人高兴，更多的时候却是使很多人不高兴。拉美陷入"中等收入陷阱"

的国家，典型的特点是民粹主义兴起，每一届执政者都承诺更高的福利水平，最终却无法兑现。但如果我们把问题的焦点从静态不平等转移到动态不平等，加强动态流动性，给每　个人通过努力改变命运的机会，人们对静态不平等的容忍度就会提高，社会矛盾也就不会那么激烈。

四、从社会流动性看"中等收入陷阱"：启发和意义

中国要想跨越"中等收入陷阱"，关键要找到一个好的结合点，实现效率和公平的相互促进，保持健康合理的社会流动性。要做到这一点非常不容易。中国现在的静态不平等和动态不平等都非常严重。各种研究证据表明，过去十年里，中国的社会流动性出现了急剧下降的趋势。此外，中国还有自己的特性：我们是从计划经济慢慢向市场经济转型，而且这个转型还没有结束。在原来的计划经济体制下，公共资源高度集中，一但出现阶层固化的趋势，固化速度就会非常快，就出现了我们看到的过去十年社会流动性的急剧下降。

现在中国正位于十字路口，未来发展是否能走向库兹涅茨曲线的另外一段：实现效率、公平持续促进，经济增长不断提升，公平程度上升，关键是要保持健康合理的社会流动性。同时，我们现在还面临的严峻挑战是：过去积累的静态不平等与"新常态"下经济增长速度下滑并存，造成静态不平等和动态不平等的叠加。这个问题不解决，不仅仅是未来几年经济增长的问题，甚至会造成未来二三十年都难以跨过"中等收入陷阱"。这个问题很复杂，绝对不能

简单依靠民粹主义，也不是劫富济贫就能解决的。

最近有两个著名学者的研究对我很有启发。第一个学者发现，世界各国教育水平越高、越有钱的家庭，越重视子女的教育；收入不高、相对清闲的父母花在每个子女身上的时间反而不如那些工作很忙和高收入的人。他还发现，政府一般性教育投资不仅不解决问题，还会加剧不平等。他的研究给我们的启发是，当静态不平等与动态不平等叠加时，解决教育公平必须向低收入家庭倾斜，教育回报率足够高，低收入家庭才愿意投资教育。另一个学者发现，代际流动

山西省晋中市多年坚持推进义务教育均衡发展，缩小城乡、区域间学校差距，形成了均衡协调、充满活力的教育生态。图为当地一所农村寄宿制小学的学生在练习威风锣鼓。（摄影 燕雁）

性在美国不同区域之间差别很大，有的区域流动性很好，有的地方很固化。在流动性好的区域里，有好的学校至关重要，相对来说中产阶级也比较多，社区建设比较好，文化氛围比较好，家庭稳定性很高。而流动性差的区域则相反。

这些研究给我们的启发是：对于中国目前的情况，首先要打破社会机制、政策和体制上的歧视。比如城乡二元体制，这是非常过时的机制。另外还有市场准入的限制，各种各样的考试以及劳动力市场的机会平等。例如对年龄、性别的歧视：女性不好找工作、退休年龄男女有别等，都是非常明显的歧视。没有基本的机会公平，没有公平的市场环境，只能使有优势的人优势越来越明显，静态和动态的不平等越来越严重。

更进一步而言，我们追求的公平竞争并不是简单的法律意义上的公平，而是赋予每个人提升自己能力的机会。所谓机会公平，不是谁最能干，谁就有机会。因为一个社会在发展过程中，有一部分人因为某种原因已经处于劣势，社会应该给这些人提供更多的机会，向低收入人群进行大幅度的倾斜，才能解决问题，才是公平的。

结语

对于中国，"中等收入陷阱"是一个至关重要的话题。长远来看，中国未来20年的发展，取决于中国能不能保持长期增长的动力，社会能不能越来越和谐，不平等的程度能不能下降，这就是跨过"中等收入陷阱"的命题。这个命题的关键在于，我们能不能真正走向库兹涅茨曲线的另外一端，能不能实现效率公平的相互促进，这取决于是否能保持健康合理的社会流动性。实现健康合理的社会流动性需要公平竞争的市场规则，需要公平的政府制度，需要整个社会非常公平，使那些处于劣势的群体有更好的教育、健康和工作的机会。只有全社会、政府、组织，直到我们每个人都愿意为此做出努力，我们才能实现这个目标。

中国跻身高收入国家有独特优势

林毅夫

林毅夫

全国工商联专职副主
席，中国民间商会副
会长，全国政协常委，
全国政协经济委员会
副主任。北京大学新
结构经济学研究中心
教授、主任。曾任世
界银行首席经济学家
兼负责发展经济学的
高级副行长。

　　我国在 1979 年开始改革开放时，是一个
人均 GDP 不及世界上最贫穷的撒哈拉沙漠以
南非洲国家平均数三分之一的低收入国家，
经过 20 多年的努力，到 2002 年人均 GDP 达
1100 美元，超过 1045 美元的门槛，成为一个
中等收入国家。2010 年进一步达到 4240 美元，
超过 4126 美元的标准，成为一个中等偏上收
入的国家。不过，2010 年以后，我国经济增
长速度节节下滑，从 1979 到 2010 年均增长
9.9%，下降到 2015 年的 6.9%，而且经济继续
下行的压力还很大。我国会不会和其他绝大
多数中等收入国家一样陷入"中等收入陷阱"？
是一个关系到中华民族伟大复兴的问题。我
国现在是世界第二大经济体，第一大贸易国，
自本世纪初以来一直是世界经济增长的引擎，
当前欧美日发达国家尚未从 2008 年的金融经
济危机中完全复苏，增长乏力，纷纷使用负

利率政策来刺激，我国能否跨越"中等收入陷阱"也关系着世界经济增长的前景。

一个国家的经济发展水平是以该国人均 GDP 和发达国家的相对水平来衡量的，一个中等收入国家如果人均 GDP 的增长速度不能高于发达国家，则将无法缩小和发达国家人均收入的相对差距，"中等收入陷阱"的现象就会出现。

一个国家人均 GDP 的增长是建立在以技术不断创新、产业不断升级为基础的劳动生产率水平不断提高上。西方发达国家从 18 世纪中叶的工业革命以来，收入水平远高于世界上其他国家，其技术和产业一直领先于世界，它们的技术创新和产业升级只能依靠自己进行成本高、风险大的发明来获得。自上世纪初以来西方发达国家平均每年人均 GDP 的增长速度达到 2%，加上人口增长，年均 GDP 的增长大约为 3%。

我国实现人均 GDP 的持续增长同样需要不断的技术创新和产业升级，和发达国家不同的是作为中等发达水平的国家，我国的技术创新和产业升级是在世界的技术和产业前沿之内进行，在技术创新和产业升级上，多数情况可以依靠引进、消化、吸收、再创新来获得，和只能依靠自己发明的发达国家相比，风险小成本低。利用这种技术创新产业升级的后发优势，一个发展中国家可以比发达国家取得更高的经济增长速度而实现向发达国家收入水平的靠拢。我国改革开放后所以能够实现 30 多年年均 GDP 接近 10% 的高速增长，就是充分利用了后发优势的结果。

从 2010 年以来我国的增长速度持续下滑，是否代表后发优势的潜力已经用尽，我国将告别高速增长的年代？国内外有不少学者认为世界上利用后发优势经济增长表现最好的日本和四小龙等东亚经济体，在维持了 20 年 8% 到 10% 之间的高速增长以后，经济增长速度都放缓，下降到 7%、6%、5% 甚至更低，我国已经维持了 30 多年的高速增长，后发优势的潜力已经利用殆尽。另外，有些国内外学者根据历史数据，发现当一个国家以 1990 年不变价的国际元来衡量的人均 GDP 达到 11000 美元时，经济增长的速度会降到 7% 以下，向发达国家的 3% 逼近。我国从 2010 年以来经济增长速度的下滑，似乎印证了上述观点。

不过，后发优势源于发展中国家和发达国家的产业和技术差距，这个差距如何衡量？最好的指标是按照购买力平价计算的发展中国家的人均 GDP 和发达国家人均 GDP 的差距。这是因为人均 GDP 的水平反映的是这个国家的平均劳动生产率水平，也就是平均的技术和产业附加值的水平；因此，人均 GDP 的差距反映的也就是人均技术和产业水平的差距。

2008 年，按照购买力平价计算，我国人均 GDP 是美国的 21%，相当于日本在 1951 年跟美国的差距，新加坡在 1967 年跟美国的差距，我国台湾在 1975 年跟美国的差距，韩国在 1977 年跟美国的差距。日本从 1951 到 1971 年平均每年增长 9.2%，新加坡从 1967 年到 1987 年平均每年增长 8.6%，我国台湾从 1975 年到 1995 年平均每年增长 8.3%，韩国从 1977 年到 1997 年平均每年增长 7.6%。在 "后发优势"相同的情况下，既然东亚的日本、新加坡、我国台湾和韩国可以实现 20 年年均 7.6%—9.2% 的增长速度，据此推算，从后发优势的视角来看，从 2008 年开始我国应该有 20 年平均每年 8% 的增长潜力。

上述的分析也说明，不能简单以人均 GDP 达到 11000 国际元作为经济增长速度会放缓的依据，因为同样是 11000 国际元，在不同年代跟最前沿国家的人均 GDP，也就是技术和产业的差距是不一样的。日本是在 1972 年达到人均 GDP 11000 美元，新加坡是在 1986 年，我国台湾是在 1992 年，韩国则是在 1994 年。当他们达到那个水平时人均 GDP 分别已经是美国的 67.3%、51.3%、48.3% 和 45.2%，我国达到同一水平时，则只有美国的 30% 左右，后发优势的潜力比上述经济体还会大得多。也不能简单以我国已经利用后发优势 30 多年来推论我国的后发优势已经消失，因为我国改革开放后的快速增长是在作为世界上最为贫穷的国家之一的基础上开始，在取得了 30 多年的快速增长之后，我国和发达国家的收入水平以及技术、产业的差距还很大。

如果我国从 2008 年以后还有 20 年年均 8% 的增长潜力，为何2010 年以来我国经济增长的速度持续下滑，2015 年仅 6.9%，而且继续下滑的压力还很大？

一般的看法认为这种增长的持续减速是由于我国经济的国有产权的低效、高杆杠率、人口老龄化、不可持续的投资拉动增长模式等内部结构因素所引起。这些结构问题一时难以根除，因此，国外一些唱空中国经济的学者认为，即使中国经济增长的潜力很大，经济仍将持续下滑，陷入"中等收入陷阱"，甚至发生崩溃将是不可避免。去年下半年以来股市、汇市的波动则进一步加强了人们对我国经济未来前景的悲观看法。

作为一个发展中、转型的国家，我国经济确实有许多有待解决的体制、机制、结构性问题。2013 年的十八届三中全会决议提出的全面深化改革和 2015 年中央经济工作会议提出的供给侧结构性改革就是要解决那些问题。然而，2010 年以来我国经济增长速度节节下滑，实际上主要是外部性和周期性的因素引起。2010 年和我国处于相同发展程度的其他三个金砖国家——巴西、印度、俄罗斯的增长速度分别为 7.5%、10.3%、4.5%，2014 年增长速度分别下降为 0.14%、7.3% 和 0.6%。增长下滑的情形和我国相同，甚至幅度更大。他们并没有国有企业效率低、人口老化、投资比重过高的问题。不仅如此，韩国、我国台湾、新加坡等高收入、高表现、外向型经济体，2010 年的增长率分别为 6.5%、10.8% 和 15.2%，2014 年则下降为 3.3%、3.5% 和 2.9%。这些高收入、高表现经济体不应该有多少体制、机制、结构性问题，但是，在同期增长下滑的情形比我国还严重。只有共同的外部性、周期性因素才能解释为何这些经济体在同一时期都遭遇相同的增长减速。

其实这种同期增长速度普遍下滑的现象并不难理解，从统计分析来说，一个国家的经济增长有三个来源：出口、投资和消费。首先，1979 年到 2013 年间，我国平均每年出口增长率是 16.8%，由于，美国、

国内制造业转型升级空间巨大。图为甘肃白银有色集团股份有限公司工人在查看自主创新研制的核聚变超导绞缆的生产情况。（摄影 范培珅）

欧洲等发达国家尚未从 2008 年国际金融经济危机中完全复苏，增长乏力，消费不振，导致我国出口增长锐减。2014 年的出口增长率下降为 6.1%，2015 年进一步下降到 -1.8%，其他新兴市场经济体和东亚出口导向型发达经济体同受此影响。其次，2008 年为应对国际金融经济危机我国和其他国家一样采取了积极财政去支持投资，启动需求，这些项目大多已经完工。在国际经济尚未恢复常态，外需不足的情况下，如果没有新的稳增长的投资项目，投资增长率必然出现周期性下降，"十一五"期间我国投资年均增长 25.5%，"十二五"期间投资增长降为 17.7%，2015 年则仅有 10%，按不变价计算也只有 12%。这种投资的周期性下滑也是在所有国家都共同发生。在出口和投资增长下滑的情况下经济增长的主要来源就只剩下消费一项，我国因为就业尚未受到多少影响，家庭收入和消费的增长还维持在 8% 左右，但其他新兴市场经济体和出口比重高的东亚高收入经济体家庭收入和消费增长也面临下滑，所以，GDP 增长下滑的幅度远比我国大。

自 2008 年全球金融经济危机爆发，至今已经 8 年，遭受危机冲击的美欧等发达国家出于政治的原因难以推行降低工资、减少福利、金融去杆杠、政府减少财政赤字等必要的结构性改革以提高经济的活力和竞争力，有可能出现和日本在 1991 年房地产和股市泡沫破灭以后同样的长期增长疲软，弱化了国际需求，我国未来的增长将更多依赖于内需。

"十三五"期间我国政府设定的增长目标是 6.5% 以上的中高速增长，以达到十八大提出的到 2020 年 GDP 和城乡居民收入在 2010 年的基础上翻一番的目标。由于外需增长疲软，上述增长目标的实现有赖于包括投资和消费在内的国内需求的增长。我国在这两方面潜力足、回旋余地大。

首先，从供给侧来看，产业升级的空间很大。我国是一个中等发达国家，即使现有的钢铁、水泥、平板玻璃、电解铝、造船等产业出现相对严重的产能过剩，传统的劳动密集型加工产业因为工资上涨失去比较优势，这些都属中低端产业，我国可以向中高端产业升级。我国在 2014 年进口的制造业产品就达 1.3 万亿美元，这些都是国内自己不能生产，或是质量比国内生产高的产品，在这方面可以投资的机会很多，经济回报率很高。

其次是基础设施，我国过去对基础设施的投资做了不少，但是，主要集中在连接一个城市到另外一个城市的高速公路、高速铁路、机场、港口等，城市内部的基础设施如地铁、地下管网等则还严重不足，这方面的投资可以降低交易费用，提高经济效率，社会回报和经济回报都很高。

再次是改善环境，我国在经济快速发展的过程中出现了严重的环境污染问题，环保方面的投资会有很高的社会回报。

最后是城镇化。我国现在城镇人口约占总人口的 56%，发达国家城镇人口一般占 80% 以上，随着我国经济发展，城镇化将不断推进，随之需要大量的住房、城市基础设施投资和公共服务投入。

上述都是很好的投资机会，具有较高的经济和社会回报。这些都不是传统凯恩斯主义的挖个洞补个洞，建成后不提高生产力水平的投资。而是补短板，在短期创造需求，增加就业，建成后可以从供给侧提高生产力，降低交易费用，改善环境质量，促进可持续发展，属于超越凯恩斯主义的举措。而且，产业升级是以企业家为主体按照比较优势和市场需求变化，进行产品升级换代的投资，政府的投资则主要是集中在为企业降低交易费用，改善生产、生活环境具有外部性的基础设施、环保投资和城镇化的建设上。

在经济面临下行时，国内尚有大量好的投资机会，这是我国作为一个中等收入水平国家跟高收入的发达国家最大的不同之处。发达国家的产业、技术已经处于世界的前沿，经济下行出现产能过剩，下一个增长点是什么很难找到，即使现在有了 3D 打印、电动汽车也只是一两个领域，不像发展中国家的产业有很人的升级空间。其次，发达国家的基础设施普遍完善，顶多是把老旧的基础设施改善一下，这种投资是挖个洞、补个洞，回报率低；发达国家的环境也相对较好，城市化已经完成。所以，在经济下行时，判断我国的发展前景和应对举措，不能简单拿发达国家的经验作为参考。确实，如习近平总书记 2016 年两会参加政协民建和工商联的联组会上所说的，我国经济的韧性强、潜力足、回旋余地大。

有好的投资机会还需要有好的投资条件，在这点上我国也同样具备许多优势：

首先，我国中央和地方两级政府积累的负债总额占 GDP 的比重不到 60%。大部分发展中国家和发达国家的政府负债都已超过100%，我国运用财政政策来支持基础设施投资的空间比其他国家大得多。现在主要的问题是地方政府通过投资平台借银行或影子银行的短期债务来进行长期基础设施投资，出现期限不配套。2015 年以来财政部允许地方政府发城建债来置换其在银行、影子银行的欠账，这是一个很好的措施，必要时可以加大这方面的力度来支持基础设施投资。

其次，我国的民间储蓄接近 GDP 的 50%，是全世界水平最高的国家之一，可以用政府的积极财政政策来撬动民间的投资，包括以公共私营合作制的方式来开放民间对基础设施的投资。

再次，投资需要用外汇从国外进口一些技术、设备和原材料，我国则有 3.3 万亿美元的外汇储备，居世界第一位。

以上三点是我国跟其他发展中国家最大的不同：其他发展中国家也有很多好的投资机会，但他们面临外部冲击和经济周期性下行时，经常受限于政府的财政情况不好、民间储蓄率低或外汇储备不足的瓶颈限制无法投资。我国在投资上则没有这些限制。

另外，我国的银行的利率和准备金率高，政府也可以用降低利率和准备金率等增加货币供给的政策来支持投资，不像欧美日等发达国家利率已经在零的水平，出现了流动性陷阱。

上述条件也就是总理在政府工作报告中所说的，我国作为一个中等发达国家，回旋的空间大、可用的政策措施多。这些有利条件在"十三五"期间都不会有变化，把我国这些条件利用起来，在必要时用积极的财政政策撬动民间投资，用货币政策增加信贷支持有效投资，改善供给侧的结构，就会创造就业，有了就业收入增长就能得到保障，消费随之也会增加，即使外部条件相对不好，出口增长疲软，在有 8% 增长潜力的条件下，依靠国内的投资和消费也有条件和能力在"十三五"期间实现年均 6.5% 以上的经济增长。在 2020 年时实现十八大提出的两个翻一番，完成"全面建成小康社会"的目标。届时，我国人均 GDP 将超过 1 万美元，跨过"中等收入陷阱"，向高收入国家迈进。我国也仍将是世界增长的引擎，每年为世界贡献 30% 以上的增长。

中国"耕有田居有屋"不会走向拉美化

佟绍伟

佟绍伟

国土资源部法律中心副主任，研究员，中国土地估价师与土地登记代理人协会副会长。多次参与中共中央、国务院有关土地管理文件和土地管理法律法规的起草修订工作，主持《不动产登记法》等重大研究工作。

随着改革开放的不断深入，我国已经步入中等收入国家的行列。如何避免落入"中等收入陷阱"，顺利推进工业化、城市化和农业现代化，是党中央国务院十分关注的问题。在这里，笔者充满自信地宣布，中国不会落入"中等收入陷阱"。笔者之所以如此自信，根本原因是我国以"耕者有其田，居者有其屋"为主要特征的土地制度，而"耕者无其田，居者无其屋"的土地制度恰恰是导致"中等收入陷阱"的主要原因。

一、为什么有的国家落入了"中等收入陷阱"

落入"中等收入陷阱"的典型是拉美国家，所以有人索性将"中等收入陷阱"直接称为"拉美陷阱"。拉美国家之所以落入"中等收入陷阱",就是因为这些国家机械地模仿北美洲的大农业。大地主把土地从租户手中收回,购买大型的农业机械自己直接耕种。虽然迅速扩大了生产规模,大幅度降低了生产成本,农业甚至比工业更早地实现了现代化,但是由于地主收回土地后,大量的农民一下子涌入城市,而工业化和城市化的发展不可能一下子提供如此多的就业岗位,不可能提供那样多的住房,这些农民在乡无田耕,在城无房住,大部分成为城市游民,无所事事,导致犯罪率激增,社会起伏动荡,迫使大量资本外流,失业率急剧增加,社会环境更加恶化,一度欣欣向荣的经济却变成百业凋敝,民不聊生,直至爆发农民起义,从而严重影响了现代化的进程,导致拉美的许多国家长期徘徊在中等收入国家的行列,陷入"中等收入陷阱"而不能自拔。

至今,南美一些国家的农民起义军仍是政府一大心病,而这些农民游击队所提出的政治主张就是实行土地改革,值得注意的是,委内瑞拉前总统查韦斯曾签署法令,决定征收大地主几十万公顷的土地,然后分配给无地和少地的农户。

二、为什么有的国家和地区没有落入"中等收入陷阱"

与上述拉美国家形成鲜明对照的是,与其处于同一起跑线甚至处于落后状态的日本、韩国、新加坡和我国的台湾地区、香港地区,却成功地跨越了"中等收入陷阱",顺利地实现了现代化。其主要原因是,由于实行以地权平均为主要特征的小农制,首先解决了农民就业,农民在就业的选择上能进能退。也就是说,随着工业化、城市化的加快，农民可以逐渐转移到城市，而一旦经济萧条，失业增加，又可以返乡务农。只有在拥有稳定的职业和固定的住所后，农民才会放弃土地，真正成为城市居民。这样，农村就由潜在的"火药桶"变成了"蓄水池"，从而为工业化和城市化创造了非常稳定的社会环境，大大降低了工业化和城市化所要支付的社会成本。最有说服力的是，日本、韩国和我国台湾省，自二战结束后从未发生过重大的农民运动，农民成为社会最稳定的阶层。为发挥小农制解决就业的重要作用，日本、韩国和我国台湾省都制定了严格的有关保护农民和农业的各种法令。如，禁止工商资本进入农业，实行"农有农用"的农地制度（即使在美国也有类似的规定）。虽然这些国家和地区已经实现现代化，农业人口非常少，农业在国民经济中的比重非常低，但对农业和农民仍然都给予特殊的保护。

曾几何时，日本、韩国和我国的台湾省等东亚国家和地区所实行的小农制，受到理论界的冷嘲热讽。认为这种小农制生产规模小、成本高，不利于现代科技的推广，不利于实现现代化。现在看来，与这些国家和地区的现代化的巨大成就相比，多支付的那些农业生产成本实在微不足道。

在城市，这些国家和地区对解决普通民众的住房问题也十分关注。新加坡为实现"居者有其屋"，政府垄断了大部分土地开发，将住房低价分配给中低收入的家庭，无偿提供室内室外装修，并且免费提供物业管理。只有一小部分的土地，交由开发商开发成商品房销售。香港特区实行的"廉屋""居屋"计划和台湾当局实行的"国

为满足日本社会对年轻一代新型农民的需求,日本明治大学在东京附近建立了学生农场。图为该校农艺系的学生在农场识别杂草。 (摄影 马平)

民住宅"计划,对解决当地中低收入家庭的居住问题都发挥了重要作用。日本和韩国政府也有类似的计划。

三、为什么中国不会落入"中等收入陷阱"

中国共产党始终高度重视土地制度建设。中国革命以土地革命为主线,最终废除了封建土地所有制,将地主的土地无偿分配给无地少地的农民,实现了"耕者有其田"。土地改革政策极大地推动了生产力的发展和社会的和谐。1952—1953年的时候,全国绝大多数的农户生活水平达到了解放前中农的水平。这意味着什么?这意味着实现了绝大多数人的就业，绝大多数家庭步入了"中产阶级"，都过上了衣食无忧的生活。"30 亩地，一头牛，孩子老婆热炕头"。中国社会出现了前所未有的和谐局面。如果照此稳步推进工业化和城市化，那会是多么和谐的工业化、多么和谐的城市化。只可惜，由于当时我们缺乏社会主义建设的经验，太想尽快发展生产力，太想尽快实现现代化，太想尽快提高人民生活水平，所以心态太急，误以为土地制度越公越好，土地规模越大越好，越大越公越能促进生产力的发展、现代化的进程和人民生活的改善。因此，在农业合作化中出现了曲折，违背农民意愿，强行剥夺农民的土地权利，结果造成了生产力长期停滞不前和社会的不和谐。

可喜的是，党的十一届三中全会以后及时拨正了方向，以土地承包经营为主要特征的农村家庭经济，将集体土地使用权赋予广大农户，再次实现了"耕者有其田"，极大地调动了广大农民生产积极性，不但促进了农村经济快速发展，还为我国工业化和城市化创造了非常稳定的社会环境。最典型的事例是，尽管改革开放以来，乡镇企业关关停停，下岗失业不在少数，从未发生过什么社会问题；而数以亿计的打工仔，遇到经济波动时也有大量失业，但也未发生过什么社会动荡。原因很简单，在家乡占有使用的土地是他们就业的最后屏障。在城市，国家实行安居工程，以解决中低收入家庭的住房问题，我国已经成为世界上自有房屋率最高的国家。尽管近些年城市有大量下岗失业人口，但也没有人流离失所，社会也没有出现动荡。因此，"耕者有其田，居者有其屋"的土地制度，不但有力地保障了改革开放以来经济社会的顺利发展，而且还将保证中国未来不会落入"中等收入陷阱"。

为避免中国落入"中等收入陷阱"，中央"十三五"规划的建议稿已经考虑得非常全面。比如，建议稿里明确要求："稳定农村土地承包关系，完善土地所有权、承包权分治办法，依法推进土地经营权有序流转，构建培育新型农业经营主体的政策体系。培养新型职业农民。深化农村土地制度改革。完善农村集体产权权能。""维护进城落户农民的土地承包经营权、宅基地使用权、集体收益分配权。深化户籍制度改革，促进有能力在城镇稳定就业和生活的农业转移人口举家进城落户，并与城镇居民享有同等权利和义务。""促进城乡公共资源均衡配置，健全农村基础设施投入长效机制，把社会事业发展重点放在农村和接纳农业转移人口较多的城市，推动公共服务向农村延伸。提高社会主义新农村建设水平，开展农村人居环境整治行动，加大传统村落民居和历史文化名村明镇保护力度，建设美丽宜居乡村。""实施新生代农民工职业技能提升计划。开展贫困家庭子女、未升学初高中毕业生、农民工、失业人员和转岗职工、退役军人免费接受职业培训行动。""实行全民参保计划，基本实现法定人员全覆盖。""全面实行城乡居民大病保险制度。"等等。只要我们扎扎实实地落实好这些举措，我们肯定不会落入"中等收入陷阱"。

四、中国不会落入"中等收入陷阱"不意味着就可以高枕无忧

必须强调的是，笔者之所以得出中国不会落入"中等收入陷阱"的结论，是基于党中央国务院确立的有关重大制度和重大举措能够得到有效实施。因此，我们必须高度重视实践中的一些苗头性倾向性的问题，不让这些问题累积发酵。否则，我们也会无法避免落入"中等收入陷阱"的厄运。

1. "规模经营"一定要适度。

随着工业化城市化的不断推进，许多农村人口逐渐移入城市，土地经营规模也会相应地逐渐扩大。但土地经营规模的大小与一个国家人口、土地资源、工业化城市化的水平紧密相连。同样是发达国家和地区，美国、加拿大、澳大利亚等国家的土地经营规模动辄上万亩甚至十万亩，而欧洲国家一般只有上千亩或者几百亩，日本、韩国和我国的台湾地区只有百亩左右。我国现有 2.3 亿农户，而根据第二次全国土地调查成果，我国共有耕地 20 亿亩。即使每个农户耕种 100 亩，2000 万户已经足够，剩余的 2.1 亿农户涉及 6 亿－7亿的人口不可能全部进入城市。因此，与发达国家和地区相比，在今后相当长的一段历史时期，小规模经营仍然是中国农业的常态。即使现存的 2.3 亿农户在今后有一半进入城市，其余的 1 亿多农户的土地规模平均也不会超过 20 亩。各级政府一定要准确理解中央关于"适度规模经营"的苦心，不折不扣地执行中央的要求，最重要的是要充分尊重农户的意愿，不可以"拉郎配"。

2. "小农经济"也能实现现代化。

许多人一说起农业现代化，便情不自禁地想到美国、加拿大、澳大利亚一望无际的大农场，总是将贫困、落后和封闭与小规模的家庭经营联系在一起。其实，小规模的家庭经营并不意味着贫困、落后和封闭。法国、荷兰、日本、韩国和我国台湾省农户的土地规模与美国的家庭农场规模相比仍然很小。但是，通过政府扶持的农民合作组织，众多分散的农户与市场对接起来。农民合作组织提供了从产前到产中、产后的一条龙服务，统一购买生产资料，统一销售农产品，还开展农产品的储存加工运输，为农户提供低息贷款和各种技术指导。经过若干年的发展，这些国家和地区的农业和农村已经实现了现代化，农民享受着比城市人还高的生活水平。荷兰人均耕地比中国还少，但荷兰的农业出口却在世界上名列前茅。当初我们认为一家一户土地规模小，不利于机械耕作，所以想通过集体化实现农业机械化，但事与愿违，好梦难成。实行土地承包后，农村涌现出许多农机专业户，农业生产的许多环节都已经实现机械化。其实，党和政府对此问题的态度一直非常明确。党的十五届三中全会通过的《中共中央关于农业和农村工作若干重大问题的决定》指出："家庭经营不仅适应以手工劳动为主的传统农业，也能适应采用先进科学技术和生产手段的现代农业，具有广泛的适应性和旺盛的生命力，必须长期坚持。"

3. 农业现代化关键是"农民的现代化"。

许多人把农业现代化简单地理解为土地经营规模的扩大化，一说起农业现代化，就情不自禁地联想到大型的农业机械在一望无际的田野上作业的情景。其实，要实现农业现代化，重要的莫过于"农民的现代化"。也就是要通过普及基础教育和大力推进农业职业技术教育，逐渐让广大农民摆脱愚昧和落后，成为"有文化、有技术、会经营"的新式农民。前文说到，美、加等国的大农场能够发家致富，日、韩等国的小农场也一样能够发家致富，说到底它取决于农民自身的素质。许多发达国家甚至规定，没有经过正规的农业高等教育，不能从事农业生产和经营。我们不得不承认，与我国农业的巨大进步相比，我国农民的素质却没有得到相应的提升。如果我们不奋起直追，尽快扭转这个局面，那么这些广大的农村人口，留在农村会成为农业现代化的障碍，进入城市会成为城市发展的累赘。

4. 大力推进农村各种合作经济组织，在农户和市场之间架起一座桥梁。

"耕者有其田"只是解决了农民的温饱问题，而要农民奔小康过更富裕的生活，就必须让农民逐渐摆脱以"自给自足"为主要特点的"自然经济"，发展以"专业化、社会化"为主要特点的"市场经济"。而要让众多的农户能够应对市场风险，必须大力扶植农村各种合作组织，统一购买农业生产资料，统一销售农产品，提供产前、产中、产后服务，避免各种中间商的剥削，使农户不仅能够在生产阶段得到利益，也能在流通渠道得到利益。农民富裕了，就会购买更多的工业品，从而拉动内需，增加就业，形成良性循环。在这方面，我们应该大力借鉴日本农协的成功经验。而近几年，虽然农产品价格不断上涨，但农户却未能得到多少实惠，真正的受益者还是那些中间商和那些农产品炒家。

5. 扎扎实实地推进社会主义新农村建设。

十六大以后,党中央就提出了建立社会主义新农村的重大决策。遗憾的是,与增加 GDP 和财政收入相比,社会主义新农村建设并未引起各级地方政府足够的重视,各种投入明显不足,使得农村社区日益衰落,农村对年轻人的吸引力越来越弱。因此,必须加大对农村教育、医疗、卫生、交通、水电等基础设施的投入,让农民感到在农村能够享受到并不逊色于甚至超过城市居民的生活水平,他们就不会盲目流入城市。

6. "城市化"一定要适度。

毋庸讳言,城市化是人类经济社会发展的必然结果。但凡事都要适度,城市化也不例外。城市化过程中出现的失业、贫困等许多问题,在落入"中等收入陷阱"的拉美国家以及广大的发展中国家自不必说,即使在发达国家的城市也已司空见惯。由于自动化的发展,城市的就业问题越发严峻,希腊危机就是过度城市化的结果。不论是在发达国家,还是在发展中国家,在城市形成了这样一个群体,又想享受舒适富裕的生活,又不想去勤奋劳动,动辄就给政府施加压力,成为许多国家的老大难问题。因此,我们一定要按照党中央的要求,切实推进人的城市化,将城市化与就业紧密结合起来。通过各种惠农政策,让农民尽量留在农村。只有在城市具备正当的职业和稳定的居所后,才真正转入城市。我们不可能像发达国家那样,通过工业化城市化让十几亿人口的绝大多数都生活在城市。即使要解决好现有城市人口的就业，都需要我们付出巨大的努力。据亚洲开发银行估计，20世纪80年代，中国每增加1%的就业岗位需要经济增长3%，到了90年代，达到同样效果，经济则需要增长7.8%，现在可能会更高。

另外，未来二十年或者三十年，我国60岁以上老年人口将达到4亿—5亿，如果大部分生活在城市，养老的成本会让整个社会不堪重负。即使韩国经济如此发达，据说有近一半的老年人沦为贫困人口。而在我国的香港地区，沦为贫困人口的老年人也占总数的30%。而在农村养老，成本会大大降低。

7. 基础教育全面职业化。

随着工业化城市化的不断推进，越来越多的农村人口将流入城市，就业将成为中国社会面临的最大挑战。要解决好就业问题，一方面，要通过"耕者有其田"的制度，让部分农民在农村就业，以减少城市就业的压力；另一方面，要通过"基础教育的全面职业化"，让全国人民"人人有技术、人人有手艺"，实现"大众创业，万众创新"。所谓"基础教育的全面职业化"，就是从幼儿园开始，将手工课、生产实践课、社会实践课列为中小学的主要课程，推行"半工半读，半耕半读"制，大幅度地提高孩子们的动手能力，实现"人人有技术、人人有手艺"。有人担心这样会耽误孩子们的书本学习，培养不出杰出的人才。实际上，我国现行的教育已经严重脱离实际，这是产生"钱学森之问"的主要原因。让孩子走出教室，深入生产和社会实践，才能避免鲁迅所嘲讽的"死读书，读死书，最后成了活死人"的现象，才能真正培养出各种创新人才。

8. 扶持好小商小贩。

小微企业和小商小贩是解决就业的主要渠道。韩国在亚洲金融危机前，50 家寡头企业的产值占据了全国 GDP 的 90% 多，但解决的就业不足总就业人口的 20%—30%，绝大部分就业还是要依靠小微企业和小商小贩。这种情况，在我国也不例外。但是，随着城市的发展，许多城市政府借口市容整洁、食品卫生、社会治安的需要，将许多小商小贩赶走，昔日许多热闹的街区已不见了踪影，取而代之的是大型超市和饭店，大大提高了城市居民的生活成本。要知道，一个摊位、一个店铺、一辆出租车就是一家的生计。我们一边喊着让农民进城，一边又寻找各种借口，不许他们做生意，我们的城市化岂不成了拉美的城市化？

中国跨越关口离不开金融改革

黄益平

黄益平

北京大学国家发展研究院金光经济学讲席教授。北京大学国家发展研究院副院长、互联网金融研究中心主任、央行货币政策委员会委员。

　　自 2011 年起，中国的 GDP 增长速度连年下降，2012 年、2013 年连续两年跌破原先 8% 的心理底线，2014 年、2015 年增速再度放缓，分别回落到 7.4% 和 6.9%。如此连续性的增长减速，自中国施行改革开放政策以来还是第一次。过去三十几年间，中国经济成功地保持了年均接近 10% 的高速增长，人均 GDP 已经从 1978 年的 200 美元提高到 2015 年的 8000 美元，处于全球中等偏上水平。　中国已经成为世界第二大经济体，每年对全球经济增长的贡献一直保持在三分之一左右。因此，中国经济保持可持续增长，对世界也很重要。

　　近期增长减速引发了各界对中国经济前景的忧虑，担心中国会像许多发展中国家一样陷入所谓的"中等收入陷阱"。"中等收入陷阱"是世界银行的一些经济学家根据二战以来各国的发展经历归纳出来的一个现象，即只有极少数中等收入国家能够成功晋身高收入经济。根据世界银行的数据，在1960年全世界有101个中等收入经济，在随后的半个世纪内，只有13个经济体达到了高收入水平。当然，"中等收入陷阱"究竟是否存在，在学术界是有争议的。有的学者指出低、中、高等收入水平是相对的概念，这个定义就决定了不是所有经济都能够变成高收入经济。还有的学者认为从中等收入上升到高收入并不一定比从低收入上升到中等收入更难。

中国经济能不能在不远的将来达到高收入水平？简单地把中国放在国际环境中做一个比较分析，我们可以发现有乐观的因素，同时也有不乐观的因素。从乐观的角度看，处于东亚儒家文化圈的几个经济体，主要是日本、韩国、中国台湾、中国香港和新加坡，在二战之后都成功地从中等收入水平迈入了高收入阶段。从不乐观的角度看，全球跨越"中等收入陷阱"的成功率确实很低，中国的近邻如马来西亚、泰国、菲律宾和印尼，几十年来一直在中等收入水平徘徊。因此，过去中国经济能够成功起飞，并不意味着将来一定也能成功。

跨越"中等收入陷阱"的关键在于转变经济发展方式。用一句话概括，就是经济发展到一定水平，基于低成本优势的粗放式发展难以为继，需要更多地依靠技术进步和产业升级支持经济增长。发展经济学中有一个被称为"刘易斯拐点"的概念，说的是劳动力市场从过剩到短缺的转变。刘易斯的理论模型把经济分为传统农村和现代城市两个经济部门，在低收入国家往往有很多农村剩余劳动力，因此工资很低，城市经济可以通过雇佣农村剩余劳动力来生产劳动密集型、低附加值的产品。但农村的剩余劳动力终会穷尽，这会导致工资大幅上升，这时候就需要建立新的有竞争力的产业维持经济增长。所谓"中等收入陷阱"，就是旧的产业失去了竞争力，新的产业却没有发展起来。目前的中国经济正处在这样一个关口上。

一、产业变迁与增长减速

"中等收入陷阱"的概念也可以帮助我们理解当前经济增长所面临的下行压力。当前对中国经济增长减速问题的讨论，主要是两个观点，一种认为周期性因素是主因，另一种则认为结构性因素更关键。反映周期性因素的一个代表性变量是出口增长，在2000—2007年间中国的出口年均增长22%。但最近几年，全球经济复苏乏力，出口增长速度持续下降，2015年出口同比还下跌5%。显然，未来如果全球经济能够回归较快的增长，中国的出口和GDP增长速度都有可能得到改善。但这个周期性变化可能也包含了一定的结构性的成分，很显然，即便中国的出口复苏，也很难再持续地回到22%的水平。

大多数专家认为当前的经济增长减速是结构性的、趋势性的。从全球范围看，经济发展水平高的国家一般增长速度低，这是一个普遍规律。我们可以把这个现象归纳为"后发优势"，一个低收入国家离全球的经济技术前沿比较远，可以相对容易地通过模仿和学习先进技术实现高速增长，当一个国家越来越逼近经济技术前沿，就需要更多地依靠自己创新实现技术进步。在改革期间，中国的人均 GDP 已经从 200 美元提高到 8000 美元，现在增长速度回落应属正常现象。世界银行和亚洲开发银行等国际组织以及国内外的许多学者都曾测算中国经济的增长潜力，主流观点是未来五到十年 GDP 增长潜力大概在 6%—7%。如果这些分析靠谱的话，说明目前的增长减速并无异常之处。

除了周期性和结构性两个因素，还有一个新、旧产业更替的过程也在对经济增长产生影响。过去几十年，中国的经济增长主要是由出口和投资两驾马车拉动的，消费相对比较疲软。支持出口增长的是东南沿海地区的劳动密集型制造业，而支持投资扩张的是西北、东北地区的资源型重工业，这两个产业就是中国这个全球制造业中心的基石，同时也造就了中国经济增长的奇迹。可惜的是，近年来这两个产业同时遇到了困难，劳动密集型制造业因工资大幅上升而失去了竞争力，资源型重工业则因产能过剩严重而举步维艰。根据日本一桥大学伍晓鹰的测算，中国工业全要素生产率的年均增长率已经从 1992—2001 年的 1.5% 放缓到 2002—2007 年的 1.2% 和 2008—2010 年的 0.2%。显然，过去的增长模式已经走到了尽头，要保持经济增长，就必须转变发展方式。

当前经济增长减速其实也是"中等收入陷阱"挑战的一个具体表现。用一句话来概括，就是低成本优势丧失之后，如何在较高成本的基础上培养、发展出新的有竞争力的制造业和服务业，支持经济的可持续增长。从这个角度看，中国经济中已经出现了许多积极的现象，在一些领域如家用电器、大型机械装备、通信设施、智能机器、互联网等产业，涌现了一批有国际竞争力的企业。经济结构失衡的问题得到了初步的改善，过去服务业发展明显滞后，现在服务业占 GDP 的比重已经超过了工业。过去消费占比不断下降，现在已经开始回升。更重要的是，尽管经济增长速度不断下降，但没有出现过去一直担心的大量失业的问题。

二、从需求端管理到供给侧改革

在这样一个新旧产业更替的经济中，旧产业的变化往往更容易吸引大众的注意力，因为这些都是过去支持中国经济增长的龙头产业，现在这些产业的增长不可避免地出现了"硬着陆"现象，如果我们看那些指示传统制造业活力的指标如发电量和货运量，很难不形成悲观的情绪。三十年前中国台湾和韩国也都曾经担心产业空洞化的风险。但旧产业的退出只是产业更替的一个方面，新的产业正在形成，所以总体经济形势可能并不像很多投资者想象的那么糟糕。以就业为例，虽然传统制造业在减少就业机会，但劳动人口已经开始萎缩，更重要的是新兴产业也在创造许多新的就业机会，比如阿里巴巴一家公司就创造了起码一千个就业岗位。

但增长下行的压力确实一直存在，表明新的产业的形成和发展尚不足以弥补旧的产业的衰落与退出。中国政府在应对增长下行方面是有不少成功的经验的，比如在东亚危机和全球危机期间，政府两度推出强劲的宏观刺激政策保增长，很快扭转了增长下滑的势头。

不过现在形势已经发生了很大的变化，无论是东亚危机还是全球危机期间增长下滑，都是外部冲击造成的结果，政府以货币和财政政策扩张逆势调控，尽快让增长回到正常水平。而现在的增速下跌既有周期性成分，又有趋势性成分，更重要的是产业更替过程的体现。这个时候如果再以宏观经济政策做需求端管理，虽然短期内有可能缓解增长下行压力，但很可能延缓旧产业退出和新产业发展的步伐，因而对长期经济增长非常不利。

从这个意义上说，政府最近提出推动供给侧改革的政策主张十分及时。虽然不同的专家对供给侧改革的核心内容有不同的解读，但大家都支持政府把政策重点从过去的需求端管理为主转向供给侧改革为主。政府提出的2016年经济工作的五大任务可以看做狭义的供给侧改革的内容，即去产能、去杠杆、去库存、补短板和降成本。而十八届三中全会关于全面深化改革的决定的六十条，则应该是广义的供给侧改革的内容，包括土地制度、国有企业、人口政策、户口制度、金融体系等多个方面的改革，改革的终极目标是让市场机制在资源配置中发挥决定性的作用。当然"有效市场"还需要"有为政府"配合。但政府的有为主要是为了弥补市场机制的不足，而不是干预市场机制的运行。

把供给侧改革放在跨越"中等收入陷阱"这个框架里来理解，任务非常清楚，就是促进新旧产业的快速、顺利地更替。一方面，政府要保障已经失去竞争力的产业和企业平稳地退出，所以"去产能、去杠杆和去库存"的任务十分重要。另一方面，政府也要支持新的有竞争力的产业和企业迅速地形成并发展，"补短板和降成本"就是其中必不可少的政策步骤。不过，在落实这五大任务的过程中，仍然存在一个主要靠政府还是主要靠市场的问题，比如有些地方通过政府层层分解任务的手段去房地产业的库存。以增加而不是减少行政干预的方法来去库存甚至去产能，最后能否达到产业平稳更替的目的，可能是存在疑问的。

三、金融改革与僵尸企业的退出

为了跨越"中等收入陷阱"，政府需要一套完整的供给侧改革政策体系。至于说什么是最为核心的改革措施，相信不同的学者也有不同的解读。我个人觉得最为核心的应该是金融改革。这有三个方面的原因。一是金融是市场经济的心脏，中国经济要走市场化的道路，一个有效的金融体系必不可少。二是中国的金融体系虽然经过了三十几年的改革与发展，但政策扭曲与效率损失依然十分普遍。三是过去以银行为主的金融体系无法适应产业变迁特别是科技创新和产业升级的需要。简单地说，当前的金融改革需要达到两个目的，既要改善金融资源在不同部门之间配置的效率，又要发展新的融资渠道支持产业升级。

改革开放刚刚开始的时候，中国只有一家金融机构，当时的中国人民银行既是中央银行又是商业银行。计划经济年代金融不重要，因为资金流转基本上都是由中央计划决定的，金融机构只是起到辅助性的作用。但今天，中国已经拥有体系完备、规模庞大的金融部门。从机构组成看，中央银行、商业银行、政策性银行、证券公司、保险公司、基金公司等等，应有尽有。其中的一些金融机构如四大国有商业银行已经成为全球名列前茅的大公司。从市场规模看，广义货币发行量与 GDP 之比已经达到 200%，远远高于绝大多数发达和发展中国家的水平。近年我国债券市场特别是企业债市场的市值和融资规模都排在全球前三位。

与此同时，政府仍然保留了大量的对金融体系运行的各种干预，包括对利率、汇率的干预，对资金配置的引导，对跨境资本流动的管制和对金融机构的控制等等，美国的麦金农将这样的政策干预统称为金融抑制。国际货币基金组织的经济学家们曾经构建了各国金融抑制的指数，在他们能够搜集到数据的九十多个国家中，中国金融抑制的程度排名第四。这个数据表明，虽然中国的金融机构很多，资产规模很大，但市场机制并未真正发挥作用。

最近两年来，中国政府一直试图解决中小企业融资难、融资贵的问题，采取了一系列的政策措施，包括强制要求商业银行增加中小企业贷款和整治银行的各种收费等等，可惜的是实际效果并不理想，中小企业的融资困难并未得到根本性的扭转。但实际上这些问题的根源都是体制性的，比如，商业银行一般不愿意为中小企业提供贷款，除了这些企业风险大、不稳定和硬信息少等一般问题外，还有个产权歧视的问题。银行给国有企业的贷款出现不良比较容易说清楚，但民营企业的贷款出现不良则不容易说清楚。另外，贷款利率没有市场化也是重要原因。中小企业风险大，只有较高的利率

中小企业的发展需要灵活的金融政策支持。图为长春市北湖科技园内一家生物科技公司的工作人员在进行造血干细胞分离。（摄影 张楠）

才能覆盖风险。从这个意义上说，政府强制降低融资成本反而进一步恶化中小企业融资难的问题。

中国金融体系的另一个特征是以银行为主，这个在过去有力地支持制造业的粗放扩张。但现在产业升级需要更多的创新、创业，传统的银行就难以胜任为它们提供融资的责任，而需要发展多层次的资本市场，建立大量的私募、创投和天使投资基金等机构。

因此，金融体系必须改革和创新，让市场机制发挥决定性的作用，才能有力地支持中国经济跨越"中等收入陷阱"。我们所说的金融创新，并非设置很多故弄玄虚的、放大风险的衍生品，而是形成新的更有效率、更适应产业升级需要的融资渠道和融资产品。

但金融改革和创新需要一个重要的前提，就是打破刚性兑付，其中僵尸企业的平稳退出至关重要。僵尸企业的存在，不但严重影响了金融支持实体经济的力度，也严重阻碍了利率市场化、汇率市场化和资本项目开放的步伐。金融体系有效运作需要严格的市场纪律，优胜劣汰。我国目前在钢铁、煤炭、建材等领域存在的大量的过剩产能和僵尸企业不能退出，继续占用大量的生产资源，挤出了许多本来有可能快速成长的新兴企业，甚至扰乱市场秩序，造成劣币驱逐良币现象。因此，在2015年的五大经济政策任务中，去产能应该是首要任务。而去产能不能完全依靠地方政府决策，中央政府在安置就业和化解债务方面发挥积极的作用，是稳步推进去产能进程的重要条件。

跨越"三座大山"
方可避免落入"陷阱"

厉以宁

厉以宁

北京大学社会科学学部主任、北京大学光华管理学院名誉院长、全国政协常委。是我国最早提出股份制改革理论的学者之一，还主持了中国证券法和证券投资基金法的起草工作。

"中等收入陷阱"是指，不少中等收入国家经济长期停留在中等收入阶段，原有的增长机制和发展模式中的矛盾爆发出来了，原有的发展优势渐渐消失了，它们迟迟不能进入高收入国家行列。亚洲的菲律宾、马来西亚、印度尼西亚就是这样的例子，拉丁美洲的墨西哥、阿根廷也一样，它们都长期陷入了"中等收入陷阱"。世界银行 2007 年报告中所提出的"中等收入陷阱"概念，正是总结了 20 世纪后半期以来一些已落入"中等收入陷阱"的发展中国家的教训。

"中等收入陷阱"实际上包括了"三座大山"，它们分别是：第一，"发展的制度陷阱"；第二，"社会危机陷阱"；第三，"技术陷阱"。

一、深化改革绕开"制度陷阱"

已经或正在落入"中等收入陷阱"的发展中国家主要是从传统社会走向工业化社会的国家。在它们从低收入国家行列进入中等收入国家行列时，不一定经历了传统制度的激烈变革阶段，而可能还保留着较多传统社会的特征，传统势力和传统的社会组织形式还起着很大的作用。这些特征和势力往往在农村，尤其是经济落后的山区、边缘地区表现得相当顽强，它们成为这些国家发展的制度障碍，也就是"发展的制度陷阱"。

除了土地问题以外，发展的制度障碍或"发展的制度陷阱"还表现在以下这些方面：

第一，传统组织和氏族、家族势力根深蒂固，阻碍了市场化的持续推行，地方政权大多数受到这些势力的操纵，成为大地产主或种植园主的工具，地方政府官员成为大地产主或种植园主的代理人。公平竞争的市场秩序在广大农村地区尤其是偏远地区难以建立。

第二，这些国家中，传统社会的限制和土地制度的不合理，使农业劳动生产率低下，农村的收入增长率大大低于城市的收入增长率。农村购买力普遍低下，造成内需不足，限制了工业化的继续推行，市场化步伐受到严重限制。

第三，发展中国家要进一步发展经济，必须有财政的支持。然而在这些国家，由于市场经济发展受阻，财政通常十分困难，形成了财政赤字与经济增长率低下交替的恶性循环。

第四，在这些国家，肩负着支持经济发展重任的金融业，其发展通常是畸形的：一方面是资本找不到合适的投资机会，没有出路；另一方面是资本严重不足，高利贷盛行。造成这种畸形金融状况的制度障碍主要是金融机构或者被外资控制，或者被官僚和权贵们控制，民间金融不得不转入地下活动。

第五，在这些国家，发展的制度障碍还在于社会垂直流动渠道被严重阻塞了。社会垂直流动渠道的严重阻塞，主要是制度性的问题，可能和垄断的存在、利益集团势力强大以及社会上种族歧视、身份歧视、宗教与文化歧视、性别歧视等有密切关系。

如何克服发展的制度障碍？如何避免落入"发展的制度陷阱"？对发展中国家而言，唯有通过对传统体制的改革才是出路。这里包括对不合理的土地制度的改革、完善市场经济体制的改革和从制度上消除各种歧视。

然而，深化改革对这些发展中国家而言，绝不是一件容易的事情。阻力越来越大，主要原因是：改革拖得越久，利益集团的力量越来越强，改革付出的代价也越来越大。

二、妥善处理"社会危机陷阱"

陷入"中等收入陷阱"的这些发展中国家经常遇到失业和通货膨胀难题，这就是所谓的"社会危机陷阱"。

对发展中国家而言，就业压力始终是存在的。经济发展到一定程度后，农村中的青壮年，包括农村妇女在内，走出农村寻找工作的人越来越多，因为更早离开农村在城镇中找到工作的人产生了示范效应，会吸引更多的农村男女青年向往城镇，不断走出来，求职人数超过城镇的就业岗位数，所以就业成为城镇不得不面临的巨大压力。

同样的道理，在经济发展到一定程度后的发展中国家，由于投资需求增大，财政支出增大，便有了需求拉动型的通货膨胀。由于土地、原材料、燃料供给紧张，房地产价格上涨，生产成本上升，又有了成本推进型的通货膨胀；加之，在发展中国家经济发展过程中同国际市场的关系日益密切，它们越来越卷入全球化的浪潮，所以无论从商品流通渠道看，还是从资本流通渠道看，它们都有可能发生国际输入型的通货膨胀。通货膨胀使发展中国家国内民怨增长，使公众增加了对贫富差距扩大的不满，对政府的不满，对执政党的不满。

如果发生的是成本推进型的通货膨胀或国际输入型的通货膨胀，那就会同失业交织在一起，形成失业与通货膨胀并发，也就是通常所说的"滞胀"。"滞胀"必将使这些国家的中产阶级受到打击，更重要的是使失业者和低收入家庭愤怒、绝望，"社会危机陷阱"不可避免地形成了。

三、结合创新突围"技术陷阱"

一些落入"中等收入陷阱"的发展中国家之所以长期经济停滞，摆脱不了困境，也同技术上难以有重大突破有关。它们认识到，如果技术上没有重大突破，缺少自主创新，缺少产业升级，缺乏技术先进的优势产业，那就难以使人均国内生产总值（GDP）越过中等收入阶段与高收入阶段之间的门槛。但在这方面，它们往往无能为力。为什么？这主要是因为：技术创新必须同资本市场创新结合。如果缺少这种结合，这些发展中国家，即使已有一定的制造业基础，要想在尖端技术方面有重大突破，也是可望而不可即的。这种情况就是"技术陷阱"。

要知道，在不少发展中国家，尖端人才仍然是不足的。为什么会发生这种情况？一是由于社会垂直流动渠道的严重阻塞，利益集团势力强大，通常缺乏鼓励人才脱颖而出的机制，所以科技领域的高端人才被埋没了，受压制了。二是由于工资待遇、福利待遇、社会保障和工作环境的影响，不少在国外学有所成的人才不愿回国工作，而愿意受聘于国外，留在国外长期不回。三是本国培养的人才受到同样的吸引力，流向国外。这样，尖端人才的不足是很自然的。

一些发展中国家之所以在尖端技术领域和产业升级方面有巨大困难，是由于本国的资本市场发育不全。简单地说，那里的资本市场是先天不足，后天失调，再加上金融专业人才不足，金融监督松弛，腐败丛生，投资者望而生畏，把创业投资视为畏途。

这些国家的富人尽管拥有较多的财富，但从来都把持有不动产看作是首要目标。即使从事实业投资，也一直把采矿业、建筑业和劳动密集型制造业作为重点，很少涉及风险较大和自身又不存在优势的先进技术设备制造和新兴产业，因为他们在这方面并无把握。

在发达的西方市场经济国家，从来都要依靠较完善、较完整的

中车青岛四方机车车辆股份有限公司从"追赶"到"领跑",打造出中国高铁品牌。图为 CRH380A 高速动车组在中车四方院内整装待发。(资料照片)

资本市场体系来为技术创新的开展与推广发挥融资作用。然而在这些发展中国家,如上所述,既由于资本市场不完善,又由于富人作为投资主体不愿涉及风险较大的行业,所以不仅资本市场发展不起来,而且高端技术、自主创新、新兴产业也难以取得重大进展。富人作为投资主体,太急功近利了,只想迅速获得暴利。如果股市看涨,他们常常带着投机的想法,大量涌入,增加资产泡沫;一旦股市看跌,他们又匆匆撤离资本市场,造成资本市场无声无息,不起作用。这在一定程度上归因于发展中国家一直缺乏有战略眼光、有志于振兴民族经济的企业家。另一方面,这也在一定程度上归因于一些发展中国家的政府几乎从不关心改善资本市场的现状，使得资本市场既先天不足，又在后天缺乏政府的关注和扶植，这样资本市场也不能在技术创新和新兴产业崛起中发挥应有的作用。

四、中国完全可以跨越"陷阱"

中国至今仍然是一个发展中国家，而且由低收入国家行列进入中等收入国家行列的时间并不久。在中等收入阶段继续前进时，中国会不会遇到"中等收入陷阱"并深陷其中，这已经成为人们关注的热点问题之一。中国将会落入这一"陷阱"，这是唱衰中国经济的一些人的意见，甚至是他们的愿望。中国不会落入这一"陷阱"，这虽然也是一种愿望，但也只是一种假定，因为这里还有若干假设条件，需要探讨。

假设之一：在中国经济发展的现阶段，如果遇到发展的制度障碍，该怎么对待？是继续推进改革，清除这些制度障碍（如城乡二元制度、市场的不公平竞争、环境等等），还是犹豫不决，不敢或不打算采取有效措施，或者认为这些方面的障碍在现阶段的格局下不可能阻碍中国经济的继续前进？如果采取第一种对策，即下定决心，大力推进相关的改革，那就可以绕开或越过发展的制度障碍而不致于因此落入"中等收入陷阱"。

假设之二：要对中国现阶段和在经济继续发展过程中社会冲突的状况和趋势做出实事求是的估计，正确对待已经露头的社会不和谐迹象，既不能视而不见或听之任之，也不要惊慌失措。正确认识，正确评价，正确对待，是最重要的。如果认为贫富差距、城乡收入差距、地区收入差距等等问题确实已经到了必须正视而不能忽略的程度，那就应当采取有效的措施来一一缓解，以增加社会的和谐程度。这样就可以防患于未然。否则，不是没有可能导致社会不安定和社会矛盾激化，落入"中等收入陷阱"的。

假设之三：在中国今后经济发展过程中，如果绕不过"技术陷阱"，不能在自主创新、产业升级、新兴产业壮大和尖端技术方面有重大突破，如果资本市场依旧是不完善、不完整的体系，技术创新得不到资本市场有力支撑，也就是说，中国的产品不能以"中国创造"代替"中国制造"，那么就会停留在中等收入阶段，而不能迈入高收入阶段。中国资本市场并没有发挥出在促进技术创新中的应有作用。

假设之四：在中国，必须摆脱过去长时期内支撑经济增长的模式——主要依靠政府投资的旧模式，转而实现投资与消费并重的模式，进而实现消费需求带动为主、投资需求带动为辅的拉动增长模式。这才会形成经济的良性循环增长模式，才能避免经济的大起大落，避免失业与通货膨胀的交替出现，也才能避免失业与通货膨胀并发状况的发生。

假设之五：中国民间蕴藏着极大的积极性，中国之所以在改革开放之后能够在发展中取得这样显著的成绩，全依靠改革开放以及由此调动了民间的积极性，一个重要的原因是民营经济作为国民经济的重要组成部分迅速成长壮大了。如果今后循着这样一条道路走下去，致力于发展民营经济，培养一批又一批有战略眼光的、有志于振兴民营经济的企业家，中国一定能跨越"中等收入陷阱"进入高收入国家行列。反之，如果认为民营企业的发展到此为止了，那么民营经济将受到抑制，民间积极性将受到挫伤，这不仅阻碍了中国经济的继续成长，而且还会引发一系列社会问题，最突出的是失业问题、贫困地区未能脱贫致富的问题，以及城镇化推进中存在的问题等等，中国落入"中等收入陷阱"也将成为事实。

从世界上某些发展中国家的发展经历可以了解到，世界银行报告中提到的"中等收入陷阱"是明确存在的。而通过上述分析，中国完全可以绕开或跨越"中等收入陷阱"这一判断，也是有根据的。从另一个角度看，在经济发展的任何收入阶段，都会有门槛，都会有"收入陷阱"。能不能闯过去，要看有没有适当的制度调整，有没有社会的安定，有没有技术创新和资本市场的密切结合。

今天，中国完全可以绕开或跨越"中等收入陷阱"，难道以后不会遇到"高收入陷阱"吗？当我们绕开或越过"中等收入陷阱"之际，应当站得更高些，看得更远些，为以后绕开或跨越"高收入陷阱"早做准备。

创新和教育是中国转型升级关键

海闻

海 闻

北京大学校务委员会副主任，北京大学汇丰商学院院长，北京大学经济学教授、博士生导师。曾任北京大学副校长，北京大学深圳研究生院院长。

经过三十多年的改革与发展，中国跃升为世界第二大经济体。人民生活水平大大提高，已进入了中等收入阶段。同时，中国经济也遇到了在中等收入阶段的特殊挑战，即所谓的"中等收入陷阱"。过去五年来，中国经济增长速度持续下跌，2015年为6.9%，低于7%。那么，中国经济现在的问题到底出在什么地方？是因为过去的发展有问题，还是因为现在到了一个新的历史阶段，遇到了新问题？中国能跨过"中等收入陷阱"吗？

一、"中等收入陷阱"产生的根源

要避免跌入"中等收入陷阱"，首先要了解产生"中等收入陷阱"的主要原因。比较流行的说法是：经济发展后社会分配不公，收入差距太大，弱势群体消费不足，造成经济增长缺乏动力。另一方面也有不少人认为，跌入"中等收入陷阱"是因为过去的发展模式不可持续，那种资源扩张型的发展模式再也继续不下去了，所以需要有新的增长动力。

很多人把以上两点解释为产生"中等收入陷阱"的原因，但我认为它们都是现象或结果，而非原因。真正的原因是经济发展到中等收入阶段后产业结构调整的滞后。

具体来说，就是经济发展到了中等收入阶段后，人们在基本的物质需求得到满足后开始追求生活质量，需要高科技的制造业和各类服务业的发展，而这类产业没有得到及时发展。结果既造成了经济增长缺乏新的动力，也因为传统产业萎缩和新兴产业不足造成结构性失业，从而扩大了收入差距。所以说，造成"中等收入陷阱"的真正原因是经济进入中等收入阶段后，产业结构没有及时调整。

中国现在的问题，就是经济已经到了中等收入阶段，但是产业结构还没有及时地进行调整。中国现在不是消费能力不足的问题，中国人在海外的购买力相当强，但在国内却拿钱买不到很多商品和服务。中国目前的经济下行，不是普通的宏观经济周期，而是周期性的经济放慢和中等收入阶段结构调整的一种重合。周期性的经济下行或衰退主要是总需求不足，通常表现为各个行业、各个地区都不太景气。而中国现在的经济是冰火两重天：一部分产业产能过剩，经营惨淡，例如低端制造业；但是另一部分产业却欣欣向荣，供不应求，例如金融和电商等服务业。另外还有地域不平衡的情况。一方面，像华北地区，目前经济很不景气；但是另一方面，像深圳和重庆等地，一点没有经济衰退的迹象。

二、需求升级倒逼产业转型

可以分析一下过去三十多年来中国产业结构的变化。上世纪 70 年代末，人们的需求主要是温饱，所以农业最重要。然后到了 80 年代，温饱问题基本解决以后，人们开始要求提升吃穿的品质，需求就变成了服装、缝纫机、自行车、手表、玩具等。因此，包括服装等在内的轻工业和餐饮业拉动了 80 年代的经济增长。到了 90 年代以后，人们的需求又升级一步，开始追求耐用消费品，于是冰箱、彩电、洗衣机、空调等耐用消费品成为发展最快的产业，拉动了当时中国经济的增长。本世纪以来，人们的需求又升级到了对汽车和住房的需求，房地产和汽车工业成了支柱产业。

中国现在处在从传统的农业经济向发达的工业经济转换的起飞阶段，产业结构在不停地变化，在每一次产业转型的过程中，速度总是会放慢一点。不过，目前的产业结构转型与以往不尽相同。1978 年改革开放以来的几次产业结构转型都还只是在不同的物质生产之间，即从服装和轻工产品到耐用消费品再到汽车、住房，这种转型对企业来说相对容易一些。现在人们的物质生活基本得到了满足，人们开始追求生活质量，主要体现在对高质量、高科技的制造品和对健康、文化、环境等的要求。这种转型升级就不那么容易了，这不仅需要大量的资金技术，还需要优质的劳动力以胜任这些工作。这种转型只有在达到中等收入后才会出现，也就是"中等收入陷阱"的问题。

到了中等收入以后的需求是什么？是生活质量，是服务业。从以物质生产为主的产业结构到以提高人们生活质量为主的产业结构转型比较困难，要求比较高一些。中国经济正遇到这个"坎"，所以，经济放慢也是一个正常的或者可预见的情况。

三、应更大程度开放服务业

中国应如何跨越"中等收入陷阱"呢？最根本的，中国要加快产业结构的转型升级，发展适应中等收入阶段的产业，调整制造业的技术和规模。从政府角度来说，不是直接地去做这些事，而是通过改革开放，让市场来完成这一使命。

首先，服务业要改革和开放。开放发展服务业，又必须要深入改革。

中国现在面临的产业过剩和结构畸形的问题是与政府规划和行为有关的。当前过剩的产业，多是由政府，特别是地方政府的集体行为造成的，这是中国体制的弊病。地方政府积极招商引资的行为在发展初期起了推动经济增长的作用，但是也造成了目前的产能过剩。中国地方政府的经济行为还带有浓烈的政治色彩，比如，中央提倡发展金融产业，各地就都开始建设金融中心；中央说要发展汽车工业，各个地区都上马汽车工业。这种不顾客观条件、不考虑供求关系的行为是违背经济规律的，其结果是大量的重复建设和产能过剩。比如汽车行业，以美国、日本、韩国为例，多数发达国家一般也就有三到四家的大型汽车公司，而中国的汽车企业多达130多家，有 27 个省、市和自治区都在生产汽车，这怎么可能不出现产能过剩？而且各地的企业还不同程度上得到地方政府的保护，这种产能过剩的消除要比其他国家需要更多的时间。

部分产业缺乏供给的问题也是这样。由于改革滞后，某些需求日益增长的产业没有得到及时的发展。比如，到了以服务业为主、以提高生活质量为目标的发展阶段时，医疗、文化、体育、休闲、教育等都成为非常重要的产业。美国的医疗与健康产业基本上要达到国内生产总值（GDP）的 20%，与制造业差不多。但是由于中国的体制改革滞后，医疗健康、文化体育，甚至教育等产业都没有得到很好的发展。

中国的文化产业其实是大有前途的。美国也好，欧洲各国也好，日本也好，它们的文化产业都占到 GDP 的 10% 到 15%。美国、日本的文化产业不但是面向本国，而且还向外出口。中国的文化产业现在受到的限制还很多，也缺乏人才、投资、创新。比如，美国的电影有很多是讲未来的，充满了想象力，既有感人情节，又有未来科技。现在生活中的很多产品，都是在十年前美国电影上出现过的。文化上的创新推动着科技和制造业的创新。相比之下，我们的文艺创作则主要集中在历史上，多是宫廷剧、言情戏，对创新和未来发展的作用甚少。

当然，还有金融业的改革。一方面要放开，一方面要管住。因为金融业还是一个很特殊的行业，它不同于其他行业，是牵涉整个经济的一个体系。我把它称之为经济的血液系统。所以对它的监管

针对农民工的培训对于扩大就业和制造业升级都非常重要。图为河南嵩县一个汽车修理培训班的实习车间内，教员向学员们讲解汽车维修技术。 （摄影 王颂）

与别的行业完全不一样。

总而言之，改革和开放对整个服务业的发展是非常重要的。目前，在世贸组织（WTO）的框架下，中国对商品的生产和贸易还是放得比较开的，但是对服务业的开放还有很多限制。这也是目前中国受到一些发达国家质疑的一个主要方面。我们现在必须更大程度地开放服务业，不是为了应对别人，而是为了自身产业结构的调整，只有通过进一步改革开放，中国的服务业才能高质量、高速度发展并成为经济增长的主要动力。

四、以创新推动制造业升级

其次，制造业要转型和升级。中国能否成功跨越"中等收入陷阱"，还取决于制造业能否成功完成转型升级。制造业的转型升级，一要靠科学技术，二要通过兼并重组。目前中国的制造业企业多、规模小、科技含量低、产品质量差。提高产品质量，企业必须搞研发。但是，最根本的创新，尤其在原创技术方面，既要有大量的科研人才，还要有大量的资金投入。

美国的制造业企业有很多核心技术，除了长期积累外，它们每年都有大量的科研投入。根据几年前的报道，美国大公司每年的研发投入，辉瑞制药公司将近100亿美元，福特汽车公司约80亿美元，IBM公司约55亿美元，苹果公司超过40亿美元。目前中国的制造业企业很难有这种意识和魄力，也很难有这种实力。

中国的制造业企业必须加强科研投入，而获得这种实力的途径之一是加快行业内的兼并重组。中国的制造业企业普遍小而全，现在到了需要兼并重组的时候。只有通过兼并重组，企业才能够有实力去搞研发，搞技术升级，同时也可以淘汰低效率企业，获得规模经济，降低企业的产品成本。

企业的科技创新还需要科研体制和教育体制的改革，科研体制要鼓励和保护创新，教育体制要能培养创新性人才。跨越"中等收入陷阱"不仅是产业结构转型问题，背后还有人才的问题，不仅是高科技人才，也包括从事新兴产业的普通劳动者。

我们的教育如何激发学生创新的精神？如何为学生的创新准备

必要的知识技能？我们的高等教育，尤其是本科教育，应该是以激发学生的兴趣和创新为核心，而不是仅仅被动地去考试、单向学习技能和知识。新型的制造业和服务业的发展需要大量有知识、有能力的员工。为了适应未来产业的需要，中国必须要有高质量的医学院、商学院、法学院、工学院。现在这类学院很多，但是总体质量不高，普遍存在急功近利的情况。在发达国家，这几个学院都非常重要，因为它们是服务业和高端制造业发展的基本保证。现在金融界既掌握专业技术，又具备广阔视野的人很少。服务业的发展，除了改革开放之外，人才的培养也非常重要。

还有一个极其重要的方面，就是对农民工或者说对现有制造业工人的职业培训。现在产业结构转型，如果没有一个系统的人才培训体系，就会一方面没有足够的人去从事服务业或高科技的制造业，另一方面却又面临大量的结构性失业。为什么南美一些国家没有成功转型，而东亚国家和地区——包括日本、韩国、新加坡以及我国的台湾地区，则成功地跨过了"中等收入陷阱"？其中一个很重要的原因，就是东亚这些国家和地区的教育非常普及，非常受重视。据介绍，现在台湾地区的每个县至少有一所大学。

中国现在的教育远远不能满足需求，一方面是高等教育仍然不足，另一方面就是对农民工的培训严重缺乏。2.5亿农民工到城里来，原来从事的多是劳动密集型的物质生产。物质生产虽然各有技能，但基本性质差不多。原来生产自行车也好，盖房子也好，即使生产电视机或手机，基本上都是在装配线上工作，都是跟物质打交道。

但是现在要转型到高科技制造业或服务业领域来,这是需要培训的。

　　所以对转型而言,针对农民工的培训非常重要,千万不要小看,否则新兴行业招不到合格的人,而以前从事物质生产的人又找不到新的工作。正如前面讲到的,陷入"中等收入陷阱"而出现的贫富差别,很大的原因就是一部分人没有能力来适应这种新的产业和行业而陷入贫困。

　　总之,中国正在面临一个新的历史阶段,社会需求已经进入一个追求生活质量的阶段。在这个阶段里,有两个目标是比较重要的,它们也分别代表了两个产业:一是服务业的发展,二是制造业的提升。中国如何达到这两个目标,能否跨越"中等收入陷阱",改革创新和发展教育是关键。

中国须从供给侧寻找改革突破

查显友

查显友

中国人民大学副校长。

未来十年是中国发展能否跨越"中等收入陷阱"、迈入发达经济门槛的关键期。历史经验表明，自 20 世纪以来能够突破这个瓶颈的后进国家不超过 10%，大部分国家都因为增长停滞，止步于现代化的最后屏障，而通观各个国家的增长停滞原因，关键还在于供给质量长期在低水平徘徊。事实上，早在党的十三大，中央就已发现了这个问题：中国将长期处于社会主义初级阶段，其主要矛盾是人民群众日益增长的物质文化需要同落后的社会生产之间的矛盾。这一主要矛盾既揭示了经济发展的根本目的，也指明了经济增长的根本动力。

近 30 年过去了，重温对这个主要矛盾的认识仍是有必要的。当前，中国经济正面临"三期叠加"和"四降一升"的严峻挑战，在经济增速的换挡期、结构调整的阵痛期、前期刺激政策的消化期，经济增速下降、工业品价格下降、实体企业盈利下降、财政收入增速下降、经济风险发生的概率上升等交织发力，只有从"落后的社会生产"入手，着力推进供给侧改革，才能保持经济的持续稳定发展，助力中国跨过"中等收入陷阱"。笔者认为，这是 2015 年 11 月 10 日，在中央财经领导小组第十一次会议，习近平总书记提出"在适度扩大总需求的同时，着力加强供给侧结构性改革，着力提高供给体系质量和效率，增强经济持续增长动力，推动我国社会生产力水平实现整体跃升"的一个重大背景。

一、供给质量提升，已成为目前中国发展的当务之急

我们知道，供给与需求是经济运行过程中共生共存的两翼，也是宏观调控的两个轮子。当需求疲软程度超过经济波动的正常范围时，就不能固守传统的需求管理模式，要从供给侧寻找新的动力源。这主要来源于以下几个方面：

第一，传统动力源的衰竭，使中国经济正面临巨大的下行压力。

2011 年以后，我国经济告别两位数增长状态而进入潜在增长率"下台阶"的新阶段，2012 年首次"破 8"，降至 7.7%，2014 年又降至 7.4%。2015 年，中国经济下行压力持续增加，增速又首次"破 7"，降至 6.9%。其他一些指标也显示了巨大的下行压力，比如固定资产投资增速比上年回落 2.9%，进出口总额比上年下降 7%，全年居民消费价格指数为 1.4%，徘徊在通货紧缩的边缘。工业企业状况更不容乐观，工业品出厂价格指数比上年下降 5.2%，工业生产者采购价格

指数比上年下降 6.1%。需求下降与土地、劳动力等要素成本上升相结合，挤压了工业企业利润，使它们在亏损的边缘游走。2015 年规模以上工业企业利润总额同比下降 2.3%。

经济增长的传统动力正在衰竭。投资方面，长期以来高投资的增长模式遇到了瓶颈，投资的边际效益在递减。同时，受到地方债务风险加大的约束，国内投资增长乏力。消费方面，受部分行业经营困难、部分人群收入增长缓慢等因素的影响，社会消费品零售总额增速总体上有所放缓。2008 年社会消费品零售总额同比增长 22.7%，2015 年增速仅为 10.7%。出口方面，由于受欧美日经济疲软的影响，再加上新兴经济体货币贬值所带来的竞争压力，2015 年进出口均出现下滑。可以说，现在三驾马车的动力渐显疲弱。

与此同时，过去支撑中国高速增长的要素红利也正在消失。人口红利消失、全球化红利和改革红利减弱，加速了传统的经济增长源泉的衰竭。特别是人口红利，自 2012 年起劳动年龄人口不断下降，到 2014 年已累计减少 960 万人。相应地，农民工的增速自 2010 年起已连续 4 年下滑，新增农民工数量从 2010 年的 1245 万下降到 2014 年的 501 万。

第二，传统发展模式下环境压力凸显，水、空气、土地等资源投入难以为继。

资源与环境压力、生态失衡，是长期以来忽略供给侧管理的粗放型发展方式的必然结果。中国的人口密度、能源与资源消耗密度，不断地向经济发达地区集中，进而形成了发展过程中的资源环境压力。当经济社会发展突破环境、生态与资源供给上限时，就会引发一系列的问题，水、土壤、空气等污染不断加重。

2012 年冬，我国 1/4 国土面积、约 6 亿人受雾霾影响；2013 年，平均雾霾天数创 52 年之最；2014、2015 年，大范围雾霾依旧频频造访。现在，中国不仅是世界上最大的二氧化碳排放国，人均排放量也超过了世界平均水平，单位 GDP 排放量是发达国家数倍，比印度等发展中国家也要高。土壤、水资源的污染状况也同样不容乐观，一些地方人畜饮水都出现困难，我国 600 多个城市有一半以上缺水，90% 以上城市水污染严重，地下水污染状况更甚。土壤污染虽不那么直观，但其危害和不利影响更为长期，土地的生产能力大打折扣，食品安全受到直接威胁，而且治理的难度和代价更大。2014 年，环境污染治理投资总额已经达到 9575.50 亿元。可以说，传统的基于需求管理思维的以高投资为主导的发展模式，是造成高能耗、高污染、高排放的根本症结所在，这种发展模式无法持续。

第三，传统的需求管理模式更注重总量，忽视了结构，造成大量的过剩产能。

在工业快速发展时期，高增长、高利润吸引了大量投资涌入工业领域。2004—2011 年，工业固定资产投资保持了 24.3% 以上的增长速度。其中，2009 年，工业固定资产投资增长速度达到 30.4%，占全社会固定资产投资的 41.5%。投资形成了大量工业产能。金融危机时期，工业增长速度快速下滑，大量企业关停限产，产能利用率大幅下降。但 2009 年，在 4 万亿投资政策的刺激下，加上拉动的各类配套资金，对冲了金融危机带来的巨大冲击，在短期内将国内经济重新拉入到较高的增速轨道，2010年和2011年工业产能利用率一度回升。随着近几年进入政策消化期，工业增长速度持续下降，产能过剩的问题再次成为制约工业发展的难题。钢铁、电解铝、水泥、建材、造船等行业的产能利用率已下降到70%左右。

产能过剩严重浪费了社会生产资源，也使企业陷入泥潭。根据国家统计局的最新数据，2015年全国钢铁行业利润同比下滑67.8%，黑色金属（铁矿石）利润下降43.9%。钢铁企业的日子很难过，以上市公司韶钢松山为例，公司2012年净利润亏损19.52亿元，2013年的净利润为1.01亿元，2014年的净利润亏损13.88亿元，而2015年前三季度公司的净利润亏损17.83亿元，目前已面临退市风险。在此背景下，很多企业开始减产或限产，2015年全国粗钢产量为8.038亿吨，同比减少2.3%，为多年来首次减产。

综上所述，过往在拉美国家陷入"中等收入陷阱"所表现出来的征兆与教训，在中国身上均有了某些"可疑"的迹象：比如，自主创新能力急切需要提升，增强全要素生产率对经济增长的贡献；传统的结构性缺陷已严重地影响到民众的收入增长，等等。这些现象的解决急切要求中国需要从供给侧入手，寻求新一轮改革的成功突破口。

二、跨过"中等收入陷阱"，关键在于满足人民的物质文化需求

习近平总书记指出，人民对美好生活的向往，就是我们的奋斗

目标。随着人们生活水平的提高，特别是温饱问题基本解决以后，大众的消费需求层级在不断提升并出现多样化、个性化的要求，传统的供给方式并不能满足这些新的需求。人民群众日益增长的物质文化需求与生产力的有限性之间的矛盾依旧突出。有时消费需求表现不足时，并不是没有需求，而是因为供给错位，需求没有相应的供给来匹配。如果我们的政策只是按照"头痛医头脚痛医脚"的思路去解决需求"不足"的问题，不找出真正的"病因"，我国经济社会发展将会走更多弯路。

事实上，与通常认为的需求"疲软"不同，从电影票房的数据我们就可以看到人们文化消费的巨大潜力：2015 年全国内地院线总票房达到 439 亿元，放映 5438 万场次，观影人次 12.6 亿，刷新多项票房记录，《港囧》票房达到 15.7 亿元，《捉妖记》单日票房更是超过 4.25 亿元，《美人鱼》则突破了 30 亿元中国电影票房纪录。其中不乏一些电影，前面观众一片骂声走出电影院，后面的观众还在义无反顾走进去，因为人们在精神文化消费需求上的选择还十分有限。如果有更多的文化精品上市，市场容量将是十分可观的。

在健康领域，人们对身心健康的需求越来越多，但目前的供给水平与人们的要求之间还有很多不匹配，就医难、健身锻炼不方便等情况尚未得到根本改善，为人们量身定做健康保健方案更是不足。事实上，人们很愿意为健康花钱，但钱似乎并没有很好的去处。

随着人们生活水平的提高，旅游消费增长强劲。据商务部数据，2014 年我国出境旅游人次首次"过亿"，达到 1.07 亿人次，其中

与增长迅猛的出境游相比，中国入境游市场仍有进一步拓宽空间。业内专家在3月9日开幕的第50届柏林国际旅游交易会上表示，中国若想吸引更多海外游客，还需内外兼修，既要加强中国形象海外推广，也要重视行业规范，改善旅游环境。图为与会者在中国展区交谈。（摄影 张帆）

70%流向港澳台地区。2015年出境旅游人数再度增加，达到1.2亿人次，比上年增加12%，出境旅游消费达到1.5万亿元，其中购物消费即达7000亿-8000亿元，在世界经济不景气的情况下，中国游客在全球带来越来越大的影响。但与此同时，国内旅游的消费环境不佳，影响了人们的消费体验，也抑制了旅游消费增长。

在教育等其他很多领域亦是如此，由于供给不合理，也由于民粹主义对教育平等的病态追求，很多有效需求得不到相应满足，导致其要么消失，要么被迫转移到国外，对国内经济增长没有发挥应有的作用。

然而，相比于需求的旺盛，中国经济的供给环节出现竞争无序现象，恶意竞争，违法成本低，扰乱市场秩序，影响消费信心。

根据经济学家斯蒂格勒的产业组织理论，供给的有效性首先取决于市场结构的有效性。由于种种原因，我国市场秩序还很不健全，违法成本低，许多违法者被取缔不久即在他地换个马甲重新出现，恶劣的竞争环境危及了产品和服务的质量，打击了消费者的消费信心。就以旅游市场为例，违法的"一日游""青岛天价虾欺诈事件""云南最牛女导游强迫游客购物事件""哈尔滨天价鱼"等频频见诸报端，影响恶劣。食品领域更是如此，由于国内食品安全监管不力，"瘦肉精""毒豆芽""染色馒头""三聚氰胺"等食品安全事故频发，让消费者很难在国内放心消费，于是争相购买进口产品。以奶粉为例，2014 年我国进口奶粉消费就接近 50 亿美元。更为滑稽的现象就是抢购日本的马桶盖。去年春节中国游客在日本抢购智能马桶盖，后来调查发现，这些马桶盖大多产自我国浙江地区。自从去年中国游客到日本抢购马桶盖的消息传出后，中国智能马桶盖厂家犹如打了鸡血，产量猛增。但是前不久，国家质检总局的一份抽检报告显示，在抽检的智能马桶产品中，有四成不合格。在其他领域也存在类似的问题，宣传不实、以次充好问题突出。小米手机、锤子科技等厂家多次因虚假宣传而受到处罚，虚假广告、质量问题不断打击着消费者的消费信心。

更糟糕的是，有效供给受到成本制约，商品流通中间环节多，费用高，税费重。居民消费都讲究性价比，再响的品牌，再好的质量，价格太高居民都不能接受，都不能算有效供给。同样品牌的汽车、箱包、化妆品、日用品，甚至食品，我们的价格比国外高出许多，一些名牌产品价格甚至相差数倍。每到中国大陆的黄金周，周边的韩国、日本，包括之前的中国香港，其购物场所经常被大陆游客挤爆。之所以出现境外购物潮，价格差是主要原因。

商品价格受到成本制约，除了土地、原材料、劳动力等要素价格上升的影响外，还有很多外在因素，包括税费、销售成本、名牌产品的地区定价策略等。就税费来说，按照经合组织的"货物和服务税"统计口径，我国货物和服务税（包括增值税、营业税和消费税）占税收总收入的比重高达 50%，而西方主要发达国家货物和服务税的占比绝大多数在 15%-30% 之间，其中美国 17.7%、日本 18.0%、法国 24.5%、德国 28.5%、英国 28.9%，我国税负水平明显偏高，偏高的税费最终要反映在价格中并由消费者买单。其次是流通环节的费用，一是流通的中间环节多，商品被层层加价，二是运输成本高。比如，运输环节中的路桥收费，增加的流通成本，最终还得消费者掏腰包，同时也诱发超载，引发安全事故。再比如，商场费用。商品进入沃尔玛等顶尖超市，就要缴纳几十万、上百万的进场费，再加上其他名目繁多的收费、提成等，让企业苦不堪言，望商场而兴叹。一些品牌商品的价格还受到地区定价策略的影响。这些供给端的需求问题相当明显，迫切需要我们整个市场的均衡调整与体制改革。

三、供给质量的提升，要着眼于体制机制建设

结合中国当前情况，供给侧结构性改革的重心并不在于刺激要素供给，而是改善要素效率，其核心是解放和发展社会生产力，推动供给结构优化调整，增加有效优质供给，剔除无效低质供给，增强供给对有效需求的适应性和灵活性。供给侧改革，虽然也有近期目标和措施（如去库存），但更多应着眼于中长期，着眼于体制机制建设，着眼于维护良好的市场环境，培育市场信心，形成经济社会发展的良性循环。

第一，要完善社会主义法治体系，加强市场监管，辅之以企业与行业自律，维护市场经济秩序和市场信心。

供给侧结构改革的最终目的是提高生产力，提供更多更好符合人们需求的产品和服务。当然，生产什么，生产多少，我们不可能回到计划经济的老路上，由政府来确定，而只能依赖市场机制发挥决定性作用。市场机制的效率来源是充分完善的竞争，政府有责任保障市场竞争环境的公正公平公开，完善社会主义法治体系，完善相关法律制度，从而激发市场主体提供符合需求的多样化产品和服务，并能因此获得合理回报。

第二，要发挥产业规划的导向作用和财政政策、货币政策的引领、调控作用，引导企业合理投资。

产业规划的目的就是把要素引向符合需求的、高效率的、有前景的产业，避免重复投向低效率产业。通过制定主导产业规划，给企业以明确的指引信号，然后再辅之以相应的手段引导各类经济主

体理性投资。调控手段应以利益引导为主、行政手段为辅。比如，通过财政、税收、金融等方面的手段，对新兴产业的投资进行更大力度的扶持，而对传统过剩产业的重复投资减少扶持力度甚至进行惩罚。这样，既能加快新兴产业发展，也能防止产能过剩问题扩大化，使得投资更加有效，结构更加合理，与社会需求更加适配。

第三，要完善体制机制，鼓励创新，发挥技术创新在产业升级中的核心作用。

技术创新需要一个好的创新体制机制，因为技术创新总会面临着很大的风险，前期投入很大，但收益却未必能完全内化，即可能会出现收益外溢。这是一个市场失灵的问题，依靠市场自身无法完全解决。借鉴发达国家普遍的经验，首先是强化知识产权保护，保障创新者的合法收益，从而鼓励企业和个人的创新投入。其次是政府应加大对技术创新的补贴，降低研发阶段的私人成本与投资风险，同时加强对技术创新后私人收益的保护，尽量使私人收益与社会收益对等。上个世纪 80 年代美国政府为了保护创新型中小企业的技术收益，专门颁布了《技术创新法》《中小企业专利程序法》等法律，用强制手段来打击知识产权侵权行为。还有一些国家，比如日本会先动用政府力量进行研发创新，并创办企业试运行，等培育成熟后，再将其拍卖给民营力量来运营。

第四，简政放权，发挥市场的决定性作用，着眼于满足人们物质文化需要，引领新业态。

为了更好发挥市场作用，在完善法治的前提下，政府要勇于自我革新，进一步推进简政放权，使企业真正成为负责任的市场主体，能够根据市场变化自主决策，享受市场红利，自主承担市场风险，从而激发企业创新活力，增强投资信心。让企业不仅成为经济社会发展的主体，创新的主体，也是满足人民群众日益增长的物质文化需求的供给主体。当然，简政放权，并不是说政府可以放手一切不管了，政府不仅是宏观经济政策的制定者，还应该是市场规则的主要供应者和执行者。

第五，加强信息体系建设，减少中间环节，降低流通成本，打造物美价优的有效供给。

加强信息体系建设，目的是保证生产者之间、生产者与消费者之间、消费者与消费者之间信息的对称性，减少决策的盲目性和片面化，特别是让消费者有渠道得到关于商品与服务相关的全面信息。建设商品生产者和消费者之间的中间环节，降低中间成本和信息不对称成本，促使物价保持理性水平。政府要加快推进税制改革，推动结构性减税，优化流通环节征税，避免重复征税，切实减轻企业税负，降低商品税收成本。

第六，发挥社会政策托底作用，让困难群众共享改革发展成果，维护社会和谐稳定，为全面深化改革创造良好社会环境。

搞好供给侧结构性改革，其中重要的一环是做好"减法"，即去落后产能。为此，一些企业和职工难免要经历一番阵痛，这是改革必须承受的代价。我们既不能让企业和职工个人承受全部代价，也不能简单由政府接手大包大揽，而要通过完善社会保障体系，帮助困难企业和职工渡过难关。当前，一要发挥养老、医疗、失业、工伤等社会保险的基础性作用，保障处于调整期的企业职工的基本生活。二要做好特殊时期的社会救助，对少数因病致贫、因灾致贫、因学致贫的困难群体予以特别救助。三要适当提高社会保障统筹层级，对一些老工业基地等在产业转型升级过程中出现的区域性、短期性困难，中央财政应以专项基金的形式予以资助。总之，要通过社会保障政策，解决困难企业和职工的相关问题，化解改革可能带来的社会风险，为改革创造良好环境，这才是真正跨越"中等收入陷阱"之本。

中国有巨大潜力跃升高收入国家

郑新立

郑新立

中国国际经济交流中心副理事长，曾任中央政策研究室副主任，多次参加中央文件、政府工作报告和五年规划起草工作，被中国《经济学家周报》评选为2013年度中国十大著名经济学家。

2015 年我国人均 GDP 已达 8000 美元，跨入人均 1.2 万美元的高收入国家行列，尚需要迈上一个大台阶。从国际经验来看，这是一个难度较大的台阶，不少国家在这一台阶前徘徊多年也未能跨上去。我国能不能顺利跨越这道门槛，是对中国特色社会主义市场经济体制和中国共产党执政能力的考验。按照党的十八届三中全会《决定》要求，聚焦于三项重大改革，释放三方面的巨大潜力，形成三大经济增长引擎，足以驱动中国在 2022 年左右跃升为高收入国家。

一、聚焦城乡一体化改革，形成农业现代化、新农村建设和新型城镇化的强大动能

分析正反两方面经验，所有进入高收入行列的国家，都是在基本消除城乡发展差距之后；而所有落入"中等收入陷阱"的国家，城乡差距大成为其显著特征。韩国在 40 多年工业化过程中，城乡收入比始终保持在 1：0.9 左右。其主要原因有两条：一是从上世纪 70 年代开始，成功实施了新农村建设运动；二是农民通过出让土地分享到了城市化过程中土地增值的财产性收入。我国目前城乡收入比为 2.7：1，城乡二元结构特征明显。这既是跨入高收入国家的主要障碍，也是当前经济增长的主要潜力所在。造成城乡发展差距大的主要原因有三：一是城乡居民财产权和户籍权益不平等，制约着农民收入水平的提高。城镇居民的房地产已经商品化，但农民的房地产仍然非商品化，使农民分享不到城市化过程中不动产增值的收益，这是导致城乡居民收入差距拉大的重要原因。农民工尽管为其所在城市做出了重大贡献，但其农村户籍使其分享不到附加在城市户籍上的各种公共服务。二是城乡市场之间存在的政策壁垒，严重阻碍了生产要素的双向自由流动和农业劳动生产率的提高。农村的劳动力、资金、土地等可以源源不断流入城市，而城市的资本、人才、技术流不进农村。三是政府公共服务和基础设施投资的重点在城市，城市越建越漂亮，与农村形成巨大反差。

党的十八届三中全会《决定》对农村承包地、宅基地、集体经营性建设用地管理体制有了重大突破，允许其用益物权抵押、担保、转让。粗略计算，仅承包地的经营权转让，每年可获得转让费 1 万多亿元；宅基地的总价值达 50 多万亿元。若以这三块地为质押，在"十三五"期间撬动银行贷款和社会资金 20 万亿元，投入农业现代化、新农村建设和农民工市民化，在城市资本堰塞湖上炸开一道缺口，必将产生瀑布效应。耕地经营权的流转有助于发展集约化、现代化农业，对农业机械等农用生产资料提出更多需求，并能吸引高素质劳动力从事农业经营，从而大幅度提高农业劳动生产率，使农民真正成为一个体面的职业。新农村建设将改变农村生活条件和生态环境，使农村变得比城市更宜居、更漂亮，并将对建材、家电、汽车等提供新的巨大市场。农民工市民化将使2.7亿农民工和留守农村的6000万儿童、4300万妇女、4000万老人共4亿多人实现全家团圆梦，并对城市建设和服务业发展带来巨大需求。必须认真落实习近平总书记提出的逐步实现"城乡居民基本权益平等化、城乡公共服务均等化、城乡居民收入均衡化、城乡要素配置合理化"的要求，推进城乡一体化改革发展，使农村面貌有一个大的变化，城乡居民收入差距迅速缩小，从而为2020年全面建成小康社会提供强大支撑。

推进城乡一体化改革，关键是要破除一些认识误区。农村土地实行所有权与用益物权分离，允许用益物权抵押、担保、转让，不是对土地公有制的否定，而是对土地集体所有制实现方式的完善。通过所有权与用益物权分离，土地成为可交换、整合的生产要素，才能实现与市场经济对接，发挥市场对土地资源配置的决定性作用。当然，土地流转有一个用途管制问题，农业用地转为非农业用地，必须依法合规。国务院2016年2月印发的《关于推进新型城镇化的若干意见》，提出要"全面实现城市建设用地增加与农村建设用地减少相挂钩的政策"，是对三中全会精神的具体落实。实际上，农村土地制度的改革，也是借鉴了国有资产管理体制改革的经验。党的十四届三中全会提出赋予国有企业对其所占有的国有资产以法人财产权，从而使全民所有制经济与市场经济实现了有效对接。十八届三中全会又进一步提出对国有资产要从管资产为主向管资本为主转变，使全民所有制经济与市场经济的融合更加紧密。长期以来，农村土地非商品化，已经严重制约了农村经济与市场经济的融合，阻碍了农村生产力发展。十八届三中全会指明了农村土地制度改革的方向，需要不折不扣地落实。

重庆市 2015 年地区生产总值同比增长 11%，在全国各省（区市）中名列第一。重庆以西部山区的困难条件，何以领跑全国？主要就是连续七年实行城乡一体化改革，释放出巨大的增长潜力。近几年，重庆的户籍人口城市化率提高速度在全国所有城市中是最高的。通过建立全市统一的地票市场，使退出宅基地的农民分享到重庆市区的级差地租，获得一笔可观的财产性收入。通过市场机制和政府支持，等于送给每一个进城落户的农民 10 万元"安家费"和 5 件"新衣服"，包括享受市民的医疗、养老、住房保障，子女入学入托政策和城市居民所有的公共服务。重庆的经验如能在全国推广，必将为整个国民经济注入巨大活力，成为跨越"中等收入陷阱"的根本举措。

二、聚焦以 PPP 模式为重点的投资体制改革，使公共产品成为新的投资热点和经济增长点

目前，我国生产资料和个人消费资料几乎全部处于产能过剩状态，唯有公共产品包括公共服务供给不足，包括环境、交通、市政、教育、医疗、养老、信息、文化等，远远满足不了广大居民的需要。公共产品供给不足的原因，是长期以来主要依靠财政投资。财力不足导致发展滞后，农村的发展更落后于城市。解决这一问题，必须加快投资体制改革，推行政府与企业合作模式，通过政策设计，使投资公共产品能够获得合理回报，并通过公开招标，挑选有资质的企业承担建设、经营任务。在具体方式上，可以有多种选择，包括"建设—经营—转让"（BOT）、"建设—转让"（BT）等。采用这种模式，解决城市交通拥堵、停车难、看病难、入托难、进敬老院难以及垃圾、污水处理等问题，就是一件容易做到的事情。此外，抓紧建设覆盖全国的高铁网、城市群内部和市区郊区之间的轨道交通网，建设覆盖城乡的新一代互联网，将为未来发展奠定基础。如何把节能环保产业打造为一大支柱产业，是 2016 年政府工作报告提出的重大任务。这就要改变认为治理环境会延缓经济发展的传统观念，把环境治理培育为新的投资热点和经济增长点。为此，要真正落实三中全会提出的"谁污染、谁付费，推行第三方治理制度"。政府要制定统一的污染物排放标准，并严格监督执行，使所有企业处于同一起跑线上，改变治理污染的企业吃亏、弄虚作假的企业赚钱的状态。应当看到，目前治理各种污染物的技术和装备都是成熟的，大部分立足国内即可解决，只要肯付出一定的成本，认真地而不是敷衍了事地去做，战胜雾霾、还我蓝天的目标完全能够早日实现。通过上述供给侧体制改革，激发投资活力，优化投资结构，不仅体现以人为本的发展

2015 年 9 月 28 日，贵州首条采用 PPP 模式建设的铁路项目开工。这条从瓮安至马场坪的铁路由社会资本联合体出资 51%，贵州省和黔南州两级政府出资 49%，标志着社会资本进入铁路市场迈出重要步伐。（摄影 王昌尧）

目的，对近期稳增长和长期持续发展，进而跨越"中等收入陷阱"，都将发挥至关重要作用。

推行 PPP 模式，必须有多个部门协调配合。优选建设项目，是规划和行业主管部门的职责，财政需要提供引导资金支持，银行信贷资金应当跟进，只有相互配合，才能达到事半功倍的效果。否则，单靠哪一个部门，都是难以完成的。选择投资主体，对国有企业、民营企业应一视同仁，平等竞争。鼓励各类所有制企业组建股份制的项目公司，建立强有力的领导指挥机构，承担投资风险。要坚持过去行之有效的项目业主负责制、招标投标制、施工监理制等，确保工程质量。要加强对 PPP 项目从建设、经营到资金偿还的全过程管理，避免出现违约和债务风险。

三、聚焦科技、教育体制改革，以自主创新带动产业升级和结构转换

跨越"中等收入陷阱"，必须实现产业结构从以劳动密集型、资源密集型为主向以资本密集型、技术密集型、知识密集型为主的转变。这就必须加大技术研发投入，以具有自主知识产权的技术提升产业结构和产品结构。依靠外资公司带来的技术，是不可能跨入高收入国家行列的。因为，谁掌握了技术，谁就掌握了利润的分配权。要实现民富国强，除了提高技术研发能力和国际竞争能力，没有别的出路。

从国际比较来看，美国之所以长期居于全球科技领先地位，有许多成功经验。2015 年，美国申请国际专利 5.7 万项，比上年减少 6.7%；中国申请 3 万项，比上年增加 16.8%。美国的申请量是中国的 1.9 倍。而在 2011 年，美国国际专利申请量为中国的 6 倍。中国同美国在国际专利申请量方面的差距正在迅速缩小。在国内发明专利申请量方面，2006 年以来我国已连续超过美国，居全球首位。要想在科技创新能力上赶上和超过美国，至少应当在以下五个方面向美国学习：一是美国有充分竞争的市场。企业不创新，就意味着很快会倒闭。所以，美国的企业都把创新作为生存之道。美国大学

之间也有激烈竞争。好的大学才能吸引到优质生源，教师的薪酬才能高一些。美国考核大学办的好坏，主要看对相关产业发展的影响度，即一个学院或一个系在多大程度上带动了相关产业的技术进步。美国的硅谷主要是依托斯坦福大学和加州大学伯克利分校发展起来的。这两个学校的理工科专业，所有的老师和学生都搞科研，都有自己的专利甚至企业。大学是科技进步的策源地，是创造技术专利的基地，教师站在科技进步的最前沿，培养出的学生也是创新型的。二是美国政府在不同时期提出一些重大科技工程，政府与企业合作攻克，带动了世界技术进步。如政府提出的曼哈顿工程，带动了核电工业发展；星球大战计划带动了航天航空业发展；信息高速公路工程带动了互联网的发展；最近提出的新能源和再工业化计划，正在取得进展。三是完善的风险投资体系。包括天使投资、种子基金、创业投资基金（VC）、私募股权投资基金（PE）、纳斯达克市场等。在斯坦福大学旁边，有一个风险投资小镇，集中了一大批风险投资公司。学校的老师学生有一个创新构想，马上就会有一批风险投资家围上来，帮助分析深化研究的路径、技术工程化和产业化的前景，并提供资金支持。许多创新可能失败了，但少数成功的创新所带来的收益远远弥补了失败的损失。四是吸引全球人才。美国通过提供优厚的报酬和良好的研究条件，吸引了全球创新人才。在硅谷每年新创办的企业中，有一半左右是由亚裔主要是华人、印度人创办的。美国的大学用优厚的奖学金吸引全球的尖子生来留学，毕业后挑选优秀者留下工作。我们提出要"择天下英才而用之"，美国实际上早就是这么做的。五是军民融合的工业体系。美国国防部每年有3000亿美元以上的军事科研课题和军品订货，接受课题研究和订货的企业，除了满足军方需求外，其技术成果可以无偿转为民用，带动了民用高科技产业发展。我们在科技创新上正处于追赶美国的过程中，认真研究借鉴美国的经验，虚心当好学生，是非常必要的。

要继续强化企业作为创新主体的作用。令人高兴的是，在全球企业按国际专利申请量排名中，华为、中兴已经连续几年居于前三位。在进入前10名的企业中，中国企业已占一半左右。应该鼓励企业把更多的利润用于研发投入，特别是要发挥国有企业在自主创新中的骨干和带动作用。对一些高度依赖进口的高科技产品，如芯片、发动机、碳纤维等，应组织产业集群，实施协同攻关，成果共享。

科技成果转化率低，是当前我国的一个突出问题。其原因是一些技术成果不够成熟；对技术成果工程化、产业化的重视程度不够，投入不足；有一些职务发明，由于技术转让收入的大部分要上缴财政，技术发明者对转化的积极性不高。应当针对这些问题，采取有效措施，从多方面努力，加快研发成果向现实生产力转化。

改革教育体制，创办高水平、创新型大学，培养大批创新型人才，是提高自主创新能力、实施创新驱动发展战略的基础工程。改革30多年来，我们通过改革科技体制，努力使企业成为创新主体，解决了长期存在的科技与经济两张皮问题。然而科技与教育两张皮的问题尚未破题，主要表现在大学的创新能力薄弱，对产业技术进步的影响力微乎其微，大学每年提交的专利申请量在全球大学中几乎可以忽略不计；具有创新能力的师资极度缺乏，教材内容陈旧，向学生大量灌输早已过时的落后技术和知识；大学之间和学校内部缺乏竞争机制，近亲繁殖，培养不出拔尖人才和领军人才；学校与风险投资体系、企业之间缺乏紧密联系机制，人才培养结构与市场需求脱节。

改革教育体制，首先应建立大学之间和大学内部的竞争机制。建立大学质量的第三方评估制度和大学教授的聘任制。鼓励社会办学、中外合作办学。美国加州理工学院已连续5年在全球理工科大学排名中居第一位，是帮助我国选拔和培养了钱学森这样杰出人才的学校。其重要经验之一，就是本校毕业的本科生不得报考本校研究生，研究生毕业不得留校任教，以避免近亲繁殖。这个机制值得借鉴。其次，以优厚待遇从全球选拔具有创新能力的师资。斯坦福大学和加州理工学院对教师的选拔都极为严格，只有在全球同行评议中被公认为前几名的学者才予以聘任，宁缺毋滥。这项制度如果全面推行有困难，可先在部分学校实行，逐步扩大范围。第三，建立大学与风险投资的对接机制。完善从天使投资到创业板市场的风险投资体系，实施创新全过程的跟踪服务。鼓励大学的教师、学生创造专利等科技成果，并以自己的成果创办高新技术公司。第四，从基础教育到大学教育都要改变填鸭式、应试型教育为启发式、创新型教育，培养学生树立改变世界的雄心壮志和创新思维方式。扩大职业教育比例，重视对学生动手能力的技能培训。赋予大学在学科选择、教师选拔、教学内容、培养方式等方面的自主权。

跨越"陷阱"须助力
中小企业成长

张燕玲

张燕玲

中国银行原副行长，
国际商会（ICC）执行
董事，"一带一路"
国际总商会副主席。
中国人民大学重阳金
融研究院高级研究员。

改革开放 38 年来，中国经济高速增长，
人均国内生产总值（GDP）从 1978 年的 155
美元跃升至 2015 年的 8000 美元。按照世界
银行的划分标准，中国已成功跨越下中等收
入阶段的末端。未来 10 年左右，中国发展既
面临前所未有的向高收入国家行列跃升的重
大机遇，也面临落入多数新兴国家都有可能
陷入长期经济停滞的"中等收入陷阱"的风险。

站在新的历史起点上的中国，为跨越"中
等收入陷阱"，除了要在体制改革、技术创新
等诸多方面打造新的经济增长动力体系，还
需要从金融改革支持实体经济发展的角度，
大力发展直接融资，拓宽融资渠道，降低融
资成本，分散金融风险，调校投融资结构。
只有这样，决定中国广大老百姓收入提升基
础的企业，尤其是中小企业才能有继续发展
的成长环境，国民经济持续增长才有更多的

可能性，民众福祉的提升也增加了更多砝码。

一、必须让更多人富起来

基于对中国经济下行压力加大、潜在增长率下降的预期，国内外有观点认为中国将不可避免地落入"中等收入陷阱"。诚然，深入研究各经济体跨越或陷入"中等收入陷阱"的经验教训，可以发现如阿根廷、巴西、"亚洲四小虎"等陷入"中等收入陷阱"的经济体；但与此同时，也有像日本、"亚洲四小龙"等成功跨越"陷阱"的案例。事实表明，"中等收入陷阱"并非宿命，相反，中国正在驶入通往高收入国家的"快车道"。在这个过程中，关键在于解决好我国中低收入人群的增收、创收问题。

回顾改革开放以来中国国民收入水平的发展历程，可以看到三大拐点：2000年我国人均GDP超过1000美元，我们用22年时间走出了"贫困陷阱"；2010年我国人均GDP达到4000美元，这一次，我们用10年时间跨越了"下中等收入阶段"。在这个30多年的过程中，中央推行"让一部分人先富起来""先富带动后富"的政策明显收到了效果。

如今，站在"中等收入阶段"的中国，正在向高收入国家迈进。如果经济增长能够达到"十三五"规划纲要中所设定的6.5%以上的中高速水平，那么到2020年我国人均国内生产总值将接近高收入国家水平，基本跨越"中等收入陷阱"，也将在"十四五"期间步入高收入国家行列。也就是说，在不久的将来，"中等收入陷阱"将像改革开放之初所谓的"贫困陷阱"命题一样，成为历史。按照历史经验，这就必须要让更多人富起来，尤其是现在还没有富起来的民众能够从"中低收入"行列，进入到"中高收入"行列，进而带动整体国民收入的增长。

二、中小企业是创收关键

解决中低收入人群的增收、创收问题，中小企业是关键。北京、上海、江苏等省市之所以能够率先跨越"中等收入陷阱"，很大程度上缘于其发达的中小企业网络。目前我国中小企业占比超过 97%，对 GDP 的贡献超过 60%，同时还提供了 80% 的城镇就业岗位，在促进我国经济繁荣、增加就业、活跃市场、推动创新、催生产业等方面，发挥着重要作用。

中小企业对稳增长、保就业，打赢跨越"陷阱"攻坚战的重要性显而易见。然而，从融资情况来看，中小企业直接融资在我国大概仅 5%，远远低于国际上的 70% 水平，融资难、融资贵对中小企业而言已经是老生常谈的现象，表现为直接融资渠道不通畅、间接融资渠道狭窄。

从过去的现象看，中小企业发展一直存在着"发展与困难并行"的巨大悖论：一方面中小企业迅速发展，历年来中小企业的新注册比例都在以两位数增长，另一方面中小企业在迅速发展的同时又面临诸多困难，特别是深受资金短缺的困扰，破产比例、公司注销比例也相当高。

横向比较，中国中小企业的寿命远远短于日本和欧洲国家。在后者，寿命长达百年的中小企业比比皆是，其原因在于这些国家投融资体制相对完善，对中小企业的社会资金扶植与运作力量相当充分。从这个角度看，中国经济的下一步发展要求对中小企业融资予以充分重视，应在投融资体制上做出动真格的改革措施。

经济保持中高速增长是跨越"中等收入陷阱"的必然要求。长期以来，中国一直强调"脱虚向实"，金融要服务实体经济，但金融体系仍然存在结构失衡的突出现象，主要表现为社会融资渠道高度集中于银行的间接融资。银行信贷风控较为严格，众多资信不够、实力不强的中小企业以及初创企业难以获得融资，而国企与地方融资平台则因具备强大的政府资信极易获得资金，当大量银行资金流向这两大相对低效、耗能的经济部门时，其后果是其他部门比如中小企业的生存发展空间被严重挤占，这些资金对大企业而言是锦上添花，但对于中小企业却是雪中送炭。

问题还在于，公众投资渠道有限，只能把钱存进银行。银行又把钱投到低效的行业和部门，形成了恶性循环。因此，从大众投资者的角度来看，也应尽快发展直接融资市场。投资者对哪些企业有信心，就买哪些企业的股票和债券，资金提供者和需求者不需中介而直接形成了债务－债权关系，"有福同享、有难同当"的背后体现的是对实体经济的支持。

从发达经济体的经验可以看到，苹果、谷歌、亚马逊等之所以能从车库里的中小企业阶段走出来，最终成为全球大公司，并解决了大量的就业，让不少现在网络上流行的"屌丝"成功通过创新"逆袭"，主要原因就是美国直接融资市场能及时顺畅地为这些小企业输血。发展直接融资、增加融资渠道，最终的体现是创造新的经济增长。金融是经济运行的血脉，目前投融资结构失衡的问题导致这一血脉运行不畅。

另一方面，受到全球经济复苏乏力和国内经济下行的双重影响，在国际上所流行的一些综合金融服务方式，比如，保理行业，即由保理商（提供保理服务的金融机构）基于一些企业现在或将来的货物销售/服务合同所产生的应收账款，提供资金融通、买方资信评估、销售账户管理、信用风险担保、账款催收等一系列服务的综合金融服务方式，也受到了相当程度的抑制。

2012 年以来，行业性、区域性风险事件持续发酵，民间借贷、担保链风险传染等事件时有发生，企业资金链条持续紧张、道德风险有所上升，社会整体信用环境有所恶化。因包括保理业务在内的贸易融资业务期限短,腾挪空间有限,较早地受到了经济下行的冲击，企业道德风险的上升削弱了贸易融资产品的自偿性，各家银行贸易融资业务的风险事件均有所增加，开展保理业务更加谨慎，大量中小企业持续发展都受到了巨大的挑战。

三、需完善直接融资环境

发展直接融资市场应是一个有目标、有重点、分层次、分步骤的工程，应以维护我国金融稳定为目标、为中小企业顺利输血为重点、以政府为指导建设外部金融文化环境为先，然后建设多层次基本市场的内部机制。目前，稳定高于一切，金融稳定更是重中之重。如果金融不稳定，损失的不仅是利益，更可怕的是民众信心的丧失及政府信誉扫地。应逐步增加直接融资的市场份额，提高间接融资效率，使直接融资和间接融资并行发展，创造金融市场的竞争机制，实现金融资源的有效配置。

社会主义市场经济体制下，应当发挥市场机制对投融资活动的基本调节作用。尽管金融资源存在一定的市场失灵，但政府对其实施的调控也只能建立在宏观调控方面，通过货币政策、财政政策以及产业政策等政策手段对社会投融资活动进行弹性调控。现阶段，没有中国政府这只"看得见的手"，直接融资市场不可能发展起来。直接融资市场的健康运作必须仰仗良好的外部环境，包括法律监督、社会诚信以及金融文化等，前期必须由政府来主导。目前看来，只有具备相当公信力的政府能够完成这一外部环境建设的任务。

政府应首先理顺本地经济资源，再根据需要构建相应的金融市场。比如：一些二、三线城市的资源根本容不下太多金融机构，超量发展的后果就是低价、无效的竞争。从中央与地方政府的关系来看，各地政府被赋予更多权利，在创设地方金融生态环境、监管权力方面发挥主动性。与此同时，地方一定要由中央辅导，中央应先去摸清地方家底，给地方设置不允许出系统性金融风险的底线。良好的外部环境建立起来后，政府可以逐渐退出。

政府今后的角色定位应转变为"规划师"，监管要摒弃"一刀切"

的思路，进行差异化管理，成为地方金融文化的创建者、诚信倡导者、政策制定者和经济持续发展的领导者。另外，应建立一个类似于美国总统身边智囊团一样的机构，去填补顶层设计与基层建设之间的真空层，让国家的大政方针能在基层真正落地。基于此，以下三个方面很重要，也很迫切。

首先，增进信用制度。信用是金融的基础，也是金融业发展的前提。从总体上看，我国信用制度的建立滞后于社会主义市场经济体制发育的进程，在有效的法律法规支撑、社会的认知和参与程度、信用信息的共享和开放以及失信惩戒力度等方面均存在短板。特别是近几年来，我国信用约束机制在很多方面进一步弱化，社会经济生活中不讲信用、无视信用和破坏信用的现象经常发生。因此，建立诚信体系的约束，可以大大降低市场风险。在这方面，有些农村对诚信体系进行了有益探索，比如，广东省郁南县，每个农民都有自己的信用评定记录，参军加分，盗窃、黄、赌、毒减分，贷款一年额度为 500 元—2000 元，不用审批、担保，仅凭信用记录，没出过问题。这些有益的诚信体系经验都可以在全国范围内推广，对中小微企业的效果也将大大突显。

其次，完善投融资渠道。应推进发行小微企业金融债券、三农企业专项债券。发展资产证券化、衍生产品、项目融资、股权投融资。部分项目应私有化，以股权形式向国内私企开放一些基础项目，特别是服务业，如医疗、金融、教育等。与此同时，创新融资担保方式也应成为重要的完善投融资选项。在很多发达国家和地区，政府扶持在中小企业融资体系中都占据主导地位，最主要的形式还是提供担保支持。美国专门成立小企业管理局为小企业贷款提供担保，担保上限可达到75%－85%，大大降低了商业银行的后顾之忧；德国各州至少拥有一家担保银行，资金来源主要由企业工商协会、商业银行及国家、州政府发行公债募集。但从国内情况来看，中国政府虽已采取多项措施，不断培育适合我国保理业务发展的土壤，但保理业务在中国市场的需求不断扩大。

再次，丰富投融资机构体系。发展政策性金融与合作性金融，鼓励地方政府出资设立或参股融资性担保公司，建立风险补偿基金，探索发展并购投资基金，鼓励建立私募股权投资基金、风险投资基金、小型零售银行、消费金融公司、金融租赁公司，鼓励民间资本设立民营银行和村镇银行。投融资方式的多元化是现代金融运作的基本内容，投融资主体为追求高效益低风险的资产组合，客观上需要多元化的投融资方式。投资者只有在能够掌握足够多的投资工具的情况下才能够进行有效的资产组合。因此，在金融市场开放的推动下，加快我国的金融创新，实现投融资方式多元化和较高的金融效率是必然的方向。

总而言之，中国仍处在大有可为的战略机遇期，有足够的发展潜力和巨大的发展空间。从"消费国－生产国－资源国"的全球产业链分工的角度来看，"中等收入陷阱"反映了在全球价值链上升级失败的结果，因而跨越"中等收入陷阱"，难点是提高在全球产业链条上的定位，而这里的关键就在于抬升国内中低收入者在全球产业链条的价值含量，此时，帮助中小企业不断成长，就成了撬板。对此，国家必须持续对症下药，稳定经济增长速度，同时借助 G20 推进全球经济治理改革的契机，推进国内金融改革，调校投融资结构，助力金融支持实体经济健康发展，真正使中低收入者更多享受国家发展红利，最终跨越"中等收入陷阱"。

跨越"陷阱"需要金融改革新突破

巴曙松　廖慧

巴曙松

中国银行业协会首席经济学家，香港交易所首席中国经济学家，金融学教授，博士生导师，兼任香港特别行政区政府经济发展委员会委员、中国"十三五"国家发展规划专家委员会委员等。

"十三五"时期，促进经济转型成为我国经济政策的主线之一。实际上，经济转型的过程，也就是中国经济跨越"中等收入陷阱"的过程。虽然关于中国是否可以跨越"中等收入陷阱"的问题依然存在一些争议，但是，研究表明，中国当前有足够的政策空间，来跨越"中等收入陷阱"。

一、促进转型成为经济政策主线

从世界范围来看，许多低收入国家在成为中等收入国家以后，经济增长出现停滞甚至回落，难以继续发展成为高收入国家，可能会陷入所谓的"中等收入陷阱"。拉丁美洲的巴西、墨西哥、秘鲁等国家是典型的陷入"中等收入陷阱"的国家。根据世界银行2014年的划分标准，人均收入1045美元以下为低收入国家，1045美元到4125美元为中等偏下收

廖 慧

经济学博士，上海证券交易所资本市场研究所研究员。

入国家，4125 美元到 12736 美元为中等偏上收入国家，12736 美元以上为高收入国家。在全球 215 个经济体中，低收入经济体有 31 个，高收入经济体有 80 个，中等偏下收入和中等偏上收入经济体分别有 51 个和 53 个。可以看到，将近 50% 的经济体属于中等收入范围，它们能否跨越"中等收入陷阱"广受关注。

经济发展理论表明，经济体不同发展阶段的发展模式不同，比较优势差异较大。低收入国家在劳动力成本方面更有比较优势，可能受益于出口导向型的经济发展战略；高收入国家更可能是知识型的经济体，受益于创新驱动的发展战略。许多中等收入国家在此时易遭遇劳动力由过剩到短缺的转折点——"刘易斯拐点"，同时产业内的资源再分配比产业间的资源再分配显得更加重要。从促进经济健康持续发展的角度来看，此时中等收入国家通常的做法是采取一种混合策略，一方面在全球化背景下继续发挥经济体的比较优势，另一方面积极创新，推动经济结构转型升级。

当前，中国经济的不同行业分化十分显

著：一方面是服务业、高端制造业等增长状况良好，这通常被视为代表中国经济未来转型方向的"新经济"；另一方面则是过剩产能的消化进展比较困难，部分行业去杠杆进展也不明显，这通常被视为是需要重点促进转型的"旧经济"。从这个角度看，未来需要重点推进的改革，一方面要支持新经济的继续发展，另外也要重点促进旧经济的转型，也就是说，需要重点推进的是有利于推动转型、提高供给侧经济效率以及有助于释放经济增长潜力的改革。

可以说，"十三五"时期，促进经济转型成为经济政策的主线之一，这将有助于推动中国成功跨越"中等收入陷阱"。中国经济正从粗放向集约、从简单分工向复杂分工的高级形态演进，必须加快转变经济发展方式，加快调整经济结构，加快培养形成新的增长动力，当前的供给侧结构性改革为中国的经济结构调整提供了重要的制度支撑。供给侧结构性改革的一个重点是要改革要素市场，应破除一些不合理的体制和政策限制，支持土地、资金、人员等生产要素在不同行业之间、在同行业内部进一步优化配置。从培养新的增长动力方面来看，中国将创新摆在国家发展全局的核心位置，这都需要金融领域的相应改革来提供支持。

二、创新需要高效金融体系支持

若将跨越"中等收入陷阱"看作经济结构转型成功的衡量标准，那么寻求有效率的金融服务来支持经济结构转型就显得异常重要。从某种意义上讲，"中等收入陷阱"本质上是缺乏创新，从而缺乏经济增长的新动力。影响创新的因素很多，包括基础设施、制度质量、人力资本等，但一个有效的金融体系来支持创新活动也同样重要。

从高收入国家的特征来看，其技术前沿能够往外扩张，主要是由该国的创新能力决定的，而创新能力的培养绝非一朝一夕之功。从技术创新的特点来看，首先，技术创新具有预期价值的不确定性，这种不确定性会产生潜在的技术风险、财务风险、市场风险等众多风险；其次，技术创新过程中信息不对称问题严重，技术创新者拥有其他主体不知道或无法验证的信息和知识；第三，通常技术创新面临着资金不足等问题，企业技术创新在其发展的各个阶段需要有不同的融资制度安排，只有通过高强度的启动投资以及不断的追加投资，才能保证创新过程的延续。据调查，无论是高新技术中小企业，还是市场存续期较长的大中型企业，普遍将缺乏资金列为影响企业技术创新活动的首要障碍。

从中等收入国家的金融结构特征来看，基于自身的产业结构和要素禀赋结构，这类国家拥有的主要是以银行为主导的金融体系，服务对象更多的是有正常现金流、发展到较为成熟阶段的产业，并不能够很好地满足高风险创新活动的融资需求。有研究表明，在一些发展中经济体和转型经济体中，金融抑制制约了企业的创新活动。因此，对于中等收入国家而言，应该积极调整金融结构，探索合适的融资方式来支持经济结构转型，来支持企业的创新活动。

以成功跨越"中等收入陷阱"的韩国、新加坡等案例来看，它们在经济转型过程中均采取了恰当的融资方式来支持本土的创新活动。例如，韩国是采取政府主导的财团模式来支持本土的创新活动。韩国政府采取出口导向型发展战略，支持财团发展汽车、电子、化学制药以及造船业等。为了获取韩国政府较低甚至负的实际利率贷款的支持，各财团必须加大研发投入，尽可能获取海外的市场份额。在此过程中，有一些韩国企业经营失败，被兼并重组，但也出现了一些有世界影响力的企业，比如韩国的现代汽车、三星电子、现代重工等。

三、中国金融市场仍处初级阶段

从中国的实践来看，当前多层次资本市场在逐步完善，在支持产业升级、科技创新方面逐步发挥作用。

目前，我国覆盖股权和债权的多层次资本市场已经初步形成，由主板、中小企业板、创业板、新三板、区域性股权市场组成的多层次股权市场、由银行间和交易所债券市场为主组成的债券市场为服务实体经济发挥了重要作用。截至 2015 年底，沪深市场主板、中小板、创业板上市公司分别为 1559 家、776 家和 492 家，新三板市场挂牌公司 5129 家，37 家区域性股权市场共有挂牌股份公司 3375 家、展示企业 4.15 万家；交易所债券市场和银行间债券市场合计的债券存量，国债 10.7 万亿元，地方政府债 4.8 万亿元，金融债 17.7 万亿元，公司信用债近 15.3 万亿元。

同时，风险资本市场也发挥积极作用，将金融创新对技术创新的助推作用放在了重要位置。截至 2015 年底，中国股权投资市场活跃的 VC（风险投资）/PE（私募股权投资）机构超过 8000 家，管理资本量约 5 万亿元人民币；2015 年 VC/PE 市场投资总额约 5300 亿元，2015 年共完成并购案例数 2693 起，披露金额的并购案例总计 2317 起，涉及交易金额共 1.04 万亿元。同时，资本市场 IPO 新股发行、并购退出、股权转让、股东回购、管理层收购等多种功能，为风险资本提供了有效的退出机制，能够激励风险资本加大对创业创新产业的投资。清科集团市场调研数据显示，预计 2016 年风险投资以并购方式退出的比例高达 46.6%。

然而，中国金融市场仍处于发展的初级阶段，同中国经济发展和结构转型、促进创新的强烈需求相比，金融市场仍然存在一些障碍，主要体现在以下几个方面。

第一，支持创新的能力有待提升。新兴产业与众多创新型企业，往往呈现出前期投入大、盈利周期长，而且股权结构、组织架构和治理结构比较特殊等特征。中国证券发行环节依然存在较多的管制，市场在资源配置中的决定性作用发挥不充分。现行发行审核制度，更多地考虑了传统产业的特点，缺少针对新兴产业与创新型企业的有效制度安排，使这些企业难以进入资本市场。现行以"盈利"为核心的股票发行条件，重"历史业绩"、轻"未来成长"，大量发展潜力较大的创新型企业由于达不到发行条件中的盈利要求，无法在国内资本市场融资，导致这些企业转而到海外市场寻求融资和上市。

第二，多层次资本市场结构不完善。近年来，在中国以主板、中小板、创业板以及新三板为重要组成部分的多层次股票市场结构中，一些市场层次缺乏差异化，发行条件与投资者准入等要求与标准大致相同，服务于不同成长阶段企业的融资工具也趋于一致，部分市场层次同质化现象严重，缺乏转板机制，市场层次不够清晰，多层次资本市场结构不完善。很多创新型企业分散在主板、中小板、创业板、新三板等不同层次市场，与其他企业同台竞争，缺乏必要支持，融资工具和服务方式不完全适合创新型企业需求，融资受到限制。

四、应加强多层次资本市场建设

基于上述分析，在守住不发生区域性系统性风险底线的前提下，在着力加强供给侧结构性改革时，应加强多层次资本市场建设，从金融角度支持中国经济结构转型，支持顺利跨越"中等收入陷阱"。

第一，健全多层次资本市场体系。目前，中国以主板、中小板、创业板以及新三板为重要组成部分的多层次资本市场体系已经形成。为了进一步发挥资本市场的作用，一方面，要积极完善各板块功能定位，确定差异化的发行条件和投资者适当性标准，提供适合各板块企业需求的差异化融资工具，建立健全转板机制，更好地支持创业创新型企业的融资。另一方面，在实施创新驱动发展战略和深入推进"大众创业、万众创新"过程中，创业创新企业数量众多，发展迅速，融资需求强烈，需要重点鼓励代表经济增长新动力、新亮点的新兴产业公司多渠道上市，为中小市值、创新型高科技企业提

"创客"们在北京中关村创业大街的 3W 孵化器内工作，在这里他们能够获得天使投资，甚至 A 轮投资。（摄影 罗晓光）

供融资服务，形成统一开放、竞争有序的市场体系。

第二，应进一步加大对风险资本市场发展的政策支持力度。2015 年以来，各种政府主导和市场化的孵化器、创客空间如雨后春笋般成长起来，极大地推动了中国创新创业事业的发展，但也存在政府主导孵化器激励不足、市场化孵化器缺乏资金支持，软硬件服务条件不到位的问题。市场化孵化器将是未来的发展方向，政府需要在资金和政策方面予以大力支持。一方面仍需要大力加强多层次资本市场建设，为项目的退出提供更便利的通道，同时，鼓励政府通过引导基金的方式，加大对天使投资、VC 投资的支持力度；另一方面，推动并购基金的设立，加速国内存量资产的优化配置，同时，积极支持海外并购，尤其是并购海外的高新技术、高端装备项目，使我国企业能够在较短时间内在某一行业占据领先地位。

金融助力跨越"中等收入陷阱"

董希淼

董希淼

恒丰银行研究院执行
院长、中国人民大学
重阳金融研究院客座
研究员，著有《有趣
的金融》。

中国长达 30 多年的经济高速发展，被称
为"中国奇迹"。在这个过程中，我国国民
收入也获得快速增长，人均国民收入从 1978
年的 160 美元增加到 2015 年的约 8000 美元，
成功地从"低收入经济体"进入"中高等收
入经济体"行列。但是高速增长的背后也引
发不少问题，其中一个让人担忧的问题是"中
等收入陷阱"。

世界银行在 2007 年《东亚经济发展报告》
中，首次提出了"中等收入陷阱"概念，其基
本含义是指：只有少数中等收入国家成功跨
越了中等收入门槛，成为高等收入国家，而
大多数国家往往会陷入经济增长的停滞期甚
至面临经济衰退的风险。

从世界范围看，中等收入国家主要分布
在拉丁美洲与加勒比、欧洲与中亚、东亚与
太平洋、中亚与北非，而由于拉美地区很多

国家很早就达到中等收入水平但至今未成功跻身高等收入国家行列，成为研究"中等收入陷阱"的经典案例。从历史经验看，成功跨越"中等收入陷阱"的概率的确不高。在 1960 年的 101 个中等收入经济体中，只有 13 个到 2008 年成为高收入经济体，其余的 88 个国家或地区要么继续停留在中等收入阶段，要么下降为低收入国家或地区。

从经济规律看，"中等收入陷阱"通常发生于一国或地区在经济发展增长方式转型过程中，因此一般表现为人均 GDP 到达一定发展阶段后产生出一些经济问题。改革开放后的三十多年时间，中国经济呈现出几何级的增长，但也随之出现了社会内部与经济内部的结构性失衡。经济结构方面，附加值较低的制造业占比较高，高端制造业、现代服务业、现代农业以及文化产业发展不足；经济增长动能方面，传统投资、出口难以支撑处于中高速经济增长的庞大体量；经济质量方面，高污染、高耗能行业急需转向高技术和战略性新兴产业。在全球经济下行时期，只有通过迅速孵化并培育出新的增长点，才有可能在下一轮全球经济周期逆转之时，实现弯道超车，领先其他国家。

从西欧曾经历"中等收入陷阱"的国家和地区来看，由于在"二战"后，西欧不少国家抓住第三次科技革命契机，通过建立福利国家体制，尊重和保护人权，强化社会分工和促进社会和解，加强对外开放等措施，将民生与消费作为度过"中等收入陷阱"的重要支撑，将开放市场与有效政府结合共同发挥作用，重建社会保护机制，深化社会和经济领域的全方位改革，政府实力增强后重视对基础设施、教育、医疗等公共服务方面的投入，逐步稳定、扩大、深化内需，实现经济增长方式的变革和转型。此后，欧洲国家的经济发展获得继工业革命之后的再一次飞跃和高速增长，快速通过"中等收入陷阱"。

对我国而言，跨越"中国收入陷阱"同样也不容易。财政部长楼继伟曾表示，中国在未来的 5 年或 10 年，有 50% 以上的可能性会滑入"中等收入陷阱"。在全球经济陷入疲软、国内经济面临下行压力的当下，我国如何才能一鼓作气跨入高收入经济体行列，为各界高度关注。早在 2013 年，《关于深化收入分配制度改革的若干意见》中提到一个重要目标，就是中等收入群体持续扩大，逐渐形成高收入者和低收入者占少数、中等收入者占多数的"两头小、中间大"的橄榄型分配结构。2016 年 5 月，习近平主席在中央财经领导小组第十三次会议上强调，扩大中等收入群体，关系全面建成小康社会目标的实现，是转方式调结构的必然要求，是维护社会和谐稳定、国家长治久安的必然要求。

由于世界经济复苏迹象仍未企稳，国际贸易持续低迷，现阶段中国经济增长速度进入换挡期，结构调整面临阵痛期，前期刺激政策消化期"三期叠加"的阶段，我国面临着多种矛盾与困难，例如产能过剩与有效供给不足、去产能去库存与稳增长、"走出去"与国际金融市场震荡等。面对复杂严峻的国内外经济形势，我国要在经济发展越过下中等收入阶段后，继续保持经济平稳较快增长，实现增长方式的顺利转型和过渡，应对现代化生产方式所带来的社会风险，还需要深入实施供给侧结构性改革，推动经济增长，逐渐平稳过渡到高收入的后工业化阶段。

我国要再一次实现经济飞跃，突破"中等收入陷阱"的发展瓶颈，不断扩大中等收入群体，需要采取多方面的政策和措施。金融是经济的核心，加快推进金融体制改革，构建一个更加完善的金融体系，对于合理配置资源、促进经济增长、维护社会公平乃至最终跨越"中等收入陷阱"具有重要意义。

我国长期以来处于经济学理论上的"金融抑制"状态，金融市场自由化程度低，金融机构市场机制不足，政府对金融体系严格管制，对利率、汇率等干预较多。应该说，"金融抑制"作为一国金融制度安排，有它合理和必要的一面；而金融自由化，也并非促进经济增长的利器。实证研究表明，在我国市场化程度不高的情况下，通过行政上的信贷配额反而能更有效地配置金融资源，从而能更有效地促进经济增长。这也从一个侧面解释了我国过去三十多年的高速增长。相反，正如拙作《有趣的金融》一书所言，拉美和东南亚一些国家，实施金融自由化改革后却迎来了严重的金融危机，经济增长缓慢甚至停滞不前。

曾经在过去较长一段时间，在长期"金融抑制"的环境下，我国银行体系内积聚大量的资金，资本市场欠发达，银行贷款是主要的社会融资渠道，金融创新和有效供给不足，投资渠道狭窄，社会保障体系不完善，消费市场低迷。十八届三中全会提纲挈领地指出要加快经济结构调整和金融体制改革，通过金融创新扶持创业型企业，加大对实体经济的有效投入。随着全面深化经济体制改革和完善金融市场体系的战略不断推进，金融要素市场化改革进程提速，一个具有有效市场机制、健全基础设施、完备监管体系的现代金融市场初现雏形。我国金融体系将逐渐在稳增长、调结构、惠民生、促改革之间找到平衡点。在利率市场化方面，存款利率浮动区间进一步扩大，存款保险制度等利率市场化基础设施及配套改革稳步推进；人民币汇率方面，汇率波动弹性大幅增加，外汇市场对人民币汇率的行政性干预逐步减弱，人民币国际化体系建设加速推进；债券市场方面，以银行间市场为主、交易所市场和银行柜台为辅，场内和场外市场相互融合的债券流通市场体系不断完善，债券品种的期限和收益率机构日益优化，债务市场体系不断完善；银行业市场改革不断深入，民营资本进入银行业取得重大政策性突破，外资银行准入和经营人民币业务的条件适度松绑，银行业对外开放步伐不断加快。此外，以移动支付、网络借贷和股权众筹等模式为代表的互联网金融迅速崛起，带动了整个支付体系、银行经营模式、金融服务体系等方面的深刻变革

由此可见，经过多年努力，我国市场经济体制逐步建立，金融业发展迅速，利率和汇率市场化改革进展明显。在这种情况下，如果继续"金融抑制"将对经济增长带来更多的负面影响，不利于国民收入快速增长和中等收入群体的扩大。因此，如何适时推进金融体制改革、适度放松金融管制，成为我国跨越"中等收入陷阱"重要选择。下一步，我们应该进一步深化金融体制改革，从优化金融市场体系、深化银行业改革、大力发展普惠金融、规范互联网金融、

加强金融监管体制改革、完善金融基础设施建设等方面，采取相应措施：

一是优化金融市场体系。在一个成熟的金融市场体系中，各个市场参与主体合理分工、互相补充，保持长期稳定、均衡发展。但我国金融市场以银行为主导，超过80％的社会融资直接或间接来自银行体系。这一方面使得中小企业融资难问题未能有效缓解，另一方面也导致银行体系积累大量风险。因此，我国应该继续优化金融市场结构，着力发展多层次资本市场体系，深化创业板、新三板改革，优化企业债务和股本融资结构，提升资本市场对科技创新支持力度，大力提高直接融资特别是股权融资比例。这样不仅有利于分散金融风险，而且可以拓宽投融资渠道，帮助中小企业走出融资困境，进一步发挥它们在解决就业、提高收入等方面的重要作用。

二是深化银行业改革。银行业仍将是金融业主体，要通过改革逐步构建多层次、广覆盖、有差异的银行机构体系：股改上市后的大型商业银行要进一步完善公司治理，稳步实施综合化和国际化战略，提升经营效率和风控水平；股份制商业银行要以市场为导向，发挥机制灵活、敢于创新等优势，在子公司分拆、差异化经营等方面积极探索；稳步推进农村金融尤其是省农信联社改革，强化省联社服务功能；鼓励政策性、开发性金融机构在各自优势领域发挥更大作用。要以投贷联动试点为契机，探索信贷投放与股权投资有机结合。同时，进一步发挥民间资本积极作用，拓宽其投资渠道，在改善监管前提下降低准入门槛，鼓励民间资本积极进入银行业金融机构。

三是大力发展普惠金融。以《关于印发推进普惠金融发展规划（2016—2020）的通知》出台为契机，立足商业可持续原则，以可负担的成本为有金融服务需求的社会各阶层和群体提供适当、有效的金融服务。首先要提高金融服务覆盖率，基本实现乡乡有机构、村村有服务，乡镇一级基本实现银行物理网点和保险服务全覆盖，巩固助农取款服务村级覆盖网络，推动行政村一级实现更多基础金融服务。其次要提高金融服务可得性，大幅改善对城镇低收入人群、困难人群以及农村贫困人口、创业农民、创业大中专学生、残疾劳动者等初始创业者的金融支持，完善对特殊群体的无障碍金融服务。同时，提高金融服务满意度，提高各类金融工具的使用效率。

四是规范发展互联网金融。互联网金融的根本使命，在于更加有效率地将货币、资金配置到经济部门和个人，更好服务于实体经济和社会发展。过去几年互联网金融更多是靠技术创新推动，接下来将更多依赖制度创新驱动。要依法加强和改进对互联网金融的监管，尽快制定和完善多个业态的监管细则，深入开展互联网金融专项整治，引导互联网金融在服务实体经济中保持规范发展。传统金融机构和互联网公司还要加强合作，充分运用大数据、云计算等技术，深入分析客户消费模式和风险偏好，提供更加贴近客户需求的金融产品。要借助互联网技术，减少经济活动中的信息不对称，覆盖长尾市场，进一步提升小微企业和个人金融服务的"可获得性"。

五是加强金融监管体制改革。改进金融监管，应该围绕"三张清单"来解决问题:从政府角度上,要拿出"权力清单",明确政府该做什么;从企业角度上,要拿出"负面清单",明确企业不该干什么,把握风险底线;从市场角度上,要理出"责任清单",平衡宏观调控与市场规律的"两只手"。具体而言,金融监管体制改革有职能整合与机构整合两种路径:职能整合,即以"双峰监管"为原则,围绕加强和完善宏观审慎监管制度这个中心,将"三会"承担的宏观审慎监管职能集中到央行,"三会"集中精力负责行为监管;机构整合,由央行负责货币政策与宏观审慎监管,在"三会"基础上组建金融监管委员会负责行为监管,提升监管的协调性。

六是完善金融基础设施建设。继续完善存款保险制度,尽快从统一费率过渡到差别费率,使金融安全网更加完善。完善国家支付清算体系,扩大金融 IC 卡应用向公共服务领域广泛渗透;大力推广"云闪付"品牌,提供更安全易用的移动支付服务。培育征信市场,完善金融信用信息基础数据库,助推社会信用体系建设。尤其是要大力构建农村征信体系,提升农村信用基础水平。建立政府主导的小微信贷担保体系,改善小微金融的风险补偿环境;完善农村金融基础制度,改进对土地经营权、宅基地使用权、设备财产使用权等财产权益的确权、登记、流转等制度。同时,积极推动金融法制建设,及时制定、修订法律,为金融业发展营造良好的法制环境。

诺贝尔经济学奖得主罗伯特·希勒在《金融与好的社会》中强调:"通过大大小小各种类型的创新,进一步完善金融机构和金融工具,将使财富覆盖的范围扩大,从而逆转社会不公平现象加剧的趋势。"而在我国，采取多种举措继续深化金融体制改革，将有助于提高金融服务实体经济的能力和效率，进而有助于推动国民经济和社会继续健康快速发展，扩大中等收入群体，实现国民收入从中等收入到高收入的跨越。

习近平主席在 2014 年 APEC 会议上表示，对中国而言，"中等收入陷阱"是肯定要过去的。对此，我们充满信心。

破解"增长陷阱"须改革国际秩序

王 文

王 文

中国人民大学重阳金融研究院执行院长、中国金融学会绿色金融专业委员会秘书长。近著有《美国的焦虑》《大国的幻象》等。

中国经济经过三十多年的高增长，成功地从"低收入经济体"进入了"上中等收入经济体"行列。在习惯了高速增长、近两年却面临增速下行压力时，中国人对将来能否成为高收入经济体的担忧与焦虑开始增多。

这种焦虑感一方面来源于跨过"中等收入陷阱"是低概率的历史经验（在 1960 年的 101 个中等收入经济体中，到 2008 年只有 13 个成为高收入经济体，其余的 88 个国家和地区要么继续停留在中等收入阶段，要么下降为低收入国家和地区），另一方面也源于目前中国可持续性崛起受到了来自创新与增长双重乏力的国内外压力，尤其是国际秩序的重建与动荡期对中国增长带来的不确定性挑战。

当前唯一的全球超级大国美国的焦虑主要在于如何应对崛起大国与其他群体性力量的挑战，而全球最有代表性的崛起大国中国的焦虑，就在于如何维护中高速的增长，成功迈过"中等收入陷阱"。正因为此，中国政府明确提出，化解各种矛盾和风险，跨越"中等收入陷阱"，实现现代化，根本要靠发展，而发展必须有合理的增长速度。

作为人口占全球近 20%、2015 年国内生产总值（GDP）占全球总量 15.5% 的巨型经济体，中国的发展以及人均 GDP 的上升过程，不只会正向地改变全球经济结构和标准制定，也会反向地受到全球经济体系的制约。所以，跨越"中等收入陷阱"之路，需要放在全球视野来看，才可见其全貌。

一、以平常心看待"陷阱"

2016 年，全球人口总数超过 73 亿，其中 27 个人口超过 5000 万的国家拥有全球 75% 以上的人口。除去这 27 个国家，其余经济体的平均人口数只有 850 万，相当于中国许多省会城市的人口规模。人口相对较少的经济体，尤其是后发的、人口规模较小的国家，受到现行国际经济秩序的抑制、冲击会相对较大，甚至很难做到经济自主，有时国家存续都存在问题。

可以说，在全球经济体竞争激烈的常态下，能够跨过"中等收入陷阱"的经济体案例，天生就是小概率事件。从这个角度看，国内舆论不必被跨过陷阱的小概率历史经验所吓着。

另一方面，即使越过中等收入门槛、进入高收入国家阶段，并不代表国家发展就能高枕无忧了。这些年，美国、欧洲国家和日本都陷入了低增长的困境，国内风险频发，有的欧洲高收入国家还因财政困局而陷入国家破产的境地，面临沦为"第三世界国家"的风险。从这个角度看，所谓"中等收入陷阱"中的"陷阱"，是永远存在的，那就是一个国家如何构建国内外有利于可持续增长的环境，让发展成为一种永续的状况。

更重要的是，国内外不少研究已证明，在低收入、中等收入、高收入三类不同的经济体，都有可能陷入增速低迷状态，即所谓"增长陷阱"。相比之下，在三类经济体的"增长陷阱"之中，中等收入国家的增长困境反而是最小。通过这种比较，国内舆论就能以平常心看待"中等收入陷阱"的概念。

当然，平常心看待"增长陷阱"，不意味着要掉以轻心。毕竟，对于这个高难度的任务，中国需要从国际国内两个大局出发，从长计议，转换发展动力，才能经受实现长期发展目标的考验。

二、增长放缓是全球难题

在经济开放、价值链全球化的当代世界，每个经济体的增长都与全球经济不可分割。国际贸易、国际金融、跨国基础设施网络、跨国公司以及国际组织等全球化元素，都与每个经济体的增长息息相关，却又有其自身运行方式，不能仅从主权国家的世界观去分析。每个经济体的增长陷阱问题，都需要看到其中的全球化元素。

在当今世界，波及每个经济体的全球性"增长陷阱"正在变得日益严峻，这就是金融危机深层化发展带来的复苏乏力，并且在

2016 年进入了更严峻的新阶段。21 世纪第二个 10 年的"增长陷阱"的性质堪称全球经济的"新增长陷阱"。造成每一个经济体增长放缓的原因，最多的是来自"输入型"经济风险，比如国际金融危机、战乱、强国金融制裁、他国经济不稳定等国际因素，而非仅仅是内部原因。

当下的"新增长陷阱"起源于 2008 年国际金融危机。占全球货币发行量九成的西方经济体无节制的"印钞救市"行为，带来国际资产价格泡沫以及全球实体经济通缩，经过深层化发展，能够在 2016 年看到的显著后果，就是全球"负利率"、西方"零增长"以及金融市场波动、汇率市场震荡、大宗商品低迷等全球经济系统性问题。2015 年初，国际货币基金组织（IMF）对当年的全球增速预期为 3.1%。但 2016 年全球经济增长预期已被调低至 2.9%。

2014 年 11 月，在澳大利亚布里斯班举行的二十国集团（G20）领导人峰会上，G20 国家提出了增长目标，即到 2018 年前使 G20 整体 GDP 额外增长 2% 以上。测算可知，要完成这一目标，需要让全球经济在 2015—2018 年平均增速达到 3.2% 以上。按照目前全球经济情况，这一目标恐怕面临落空。

毫无疑问，无论什么类型的经济体，未来的增长面临"新增长陷阱"的病灶其实在全球全身，各个经济体均面临着克服增长陷阱的全球难题。

一是主要经济体人口"老龄化"难题。当前，发达经济体劳动力年龄中位数约为 43 岁，中国约为 36 岁。这就意味着主要经济体都面临着不同程度的人口老龄化，由此带来长期增长动力不足、社保与医保负担过高、财政赤字加大等普遍难题。

二是全球财富分配“新鸿沟”难题。法国经济学家皮凯蒂在其专著《21世纪资本论》中指出，资本投资的长期年均收益率大大高于劳动报酬的长期年均增长率，存量社会财富的差距日益扩大，导致“富者愈富，贫者愈贫”。在“新增长陷阱”条件下，这一现象愈演愈烈成为“新鸿沟”，由此带来消费动力不足问题。

三是全球技术创新“中梗阻”难题。由于当前全球经济秩序中生产活动大多来自以中国为代表的新兴经济体，而以知识产权为代表的创新获利权却被发达经济体垄断，进而形成知识产权的暴利。垄断性技术扼制了新技术的创新，由此导致通过创新带动全球经济增长之路的“中梗阻”现象。

四是全球强势货币“风暴潮”难题。相比于2008年的“金融海啸”，当前全球经济中存在的天量热钱“全球漫游”现象，潜在危害更加巨大。1997年的金融危机中，一个像马来西亚这样的中等规模经济体，都会在一夜之间失去几乎一代人的发展成果，当今的游资若是形成“风暴潮”，后果难以想象。

五是地缘政治风险“互反馈”难题。叙利亚危机、难民潮与恐怖主义，都是当今世界面临地缘政治风险日益上升的表征。而这些地缘政治风险之间存在着互动，“互反馈”迅速放大，进而危害到各个经济体旅游、生产以及各类消费，形成新的增长瓶颈，成为每个经济体都不得不大力应对的挑战。

面对五大难题，全球经济只有找到合作应对的新框架，才能共同跨越"增长陷阱"。

三、提升中国国际话语权

"两个一百年"是中国发展的奋斗目标。为了实现第一个"一百年"目标，即在"十三五"末的 2020 年全面建成小康社会，党的十八大提出，到 2020 年我国的 GDP 和城乡居民人均收入比 2010 年翻一番。

根据这一目标，"十三五"期间，中国的 GDP 和人均国民收入年均增速应保持在 6.5% 以上。假如上述目标顺利完成，并且在"十四五"期间即 2021-2025 年间，GDP 和人均国民收入增速能够保持在 6.0% 以上，则可以肯定中国将在 2023 年前后越过所谓的"中等收入陷阱"。退一步说，万一经济增长受全球影响而长期乏力，在未来 15 年保持在 5% 左右的增长，中国也能在 2030 年前后进入到高收入经济体行列。

解除对"中等收入陷阱"过于焦虑的情绪，以及避免"高收入无陷阱"认知误区，我们就能够认识到，中国面临的真正挑战，并非能否跨越中等收入阶段，而是能否保持长期可持续增长，从而实现"两个一百年"的宏伟目标。同样地，对于当今的高收入经济体来说，它们面临的是零增长甚至负增长局面。长期这样下去，一些高收入经济体将来有可能重新落入"中等收入陷阱"之中，这绝非危言耸听。

无论对于中国，对于发达经济体还是其他经济体来说，共同应

世界贸易组织总干事罗伯托·阿泽维多、经合组织秘书长安赫尔·古里亚、世界银行行长金墉、德国总理安格拉·默克尔和国际货币基金组织总裁克里斯蒂娜·拉加德等（从左至右）。（美联社）

对"增长陷阱"才是实现可持续发展的第一要务。作为全球经济治理的首要平台 G20 峰会的 2016 年主席国，中国有责任也有能力为全球经济找到一条新的可持续发展之路。

在 2015 年 11 月的 G20 安塔利亚峰会上，G20 领导人达成了堪称中国"十三五规划"国际版的共识。这些共识，不仅在全球发展理念上（如绿色、开放、包容等）与中国具有高度一致性，在实施措施上也与中国所提倡的方法相当吻合（如要有长期规划、讲求创新等）。

2016 年，中国杭州 G20 峰会将是让全球经济合作走出"增长陷阱"的一次良机。一些来自中国"十三五"规划，并能够与国际经济相对接的举措，将为全球经济增长注入不同以往的活力。

一是加强国际协调与沟通。中国正在通过参与越来越多的全球治理机制，展示"合作共赢"所能带来的增长潜能。中国建立了联通全球的自贸区网络，还建立了亚投行、丝路基金、金砖国家新开发银行等新的国际金融机构，创造出各国合作发展的新空间。通过中国打造一带一路的"样板间"，世界经济也应该看到新希望。

二是构建全球创新体系。让创新要素在全球配置，鼓励在新技术推广中创新商业模式，促进新的价值链、产业链、供应链、物流链形成。这些创新行为使全球经济可持续增长产生新的动力。

三是塑造开放型经济。中国正在推进的"一带一路"倡议，就是为了国力提升以后分享国际公共产品，建立和加强沿线各国互联互通伙伴关系，并促进经济要素有序自由流动、资源高效配置和市场深度融合，推动沿线各国产能合作，实现经济政策协调，开展更大范围、更高水平、更深层次的区域合作，共同打造开放、包容、均衡、普惠的区域经济合作架构，既是大势所趋，也是中国经济增长的动力所在。

四是强调规划的落实性。再好的计划，也要靠执行。计划的执行力，应该成为G20治理模式的根本方法论。中国在气候变化、经济增长、减贫、社会稳定等发展议题上为全世界各大经济体起到了表率与榜样作用。

当今世界，无论人们身处何国、信仰什么、是否愿意，实际上已经身处同一个“人类命运共同体”中，发展的道路上，你中有我，我中有你。任何一个国家要想跨越“增长陷阱”，都需要考虑全球因素。

而在全球经济陷入“新增长陷阱”的大环境下，只有改革现行国际经济秩序，使之朝着更加公正合理的方向迈进，在新的框架下找到合作实现增长的“最大公约数”，才能找到可持续增长之路。而增加中国的制度性话语权，不但是保证中国增长的“战略机遇期”延续性的必需手段，也是保证全球经济火车头持续拉动力的必然途径。

中国突破"陷阱"不能
照搬西方模式

罗思义

罗思义

中国人民大学重阳金融研究院高级研究员，英国经济评论家，曾任英国伦敦市经济与商业政策署署长。

中国如何突破"中等收入陷阱"，实现从中等收入到高收入经济体的转变，已成为一个热门话题，并写入"十三五"规划。但遗憾的是，部分新自由主义者建议，中国要避免"中等收入陷阱"，就应听从世界银行与国际货币基金组织（IMF）所倡导的政策——国际上熟知的"华盛顿共识"，这不符合中国成语所说的"实事求是"。

一、可借鉴亚洲成功经济体经验

林毅夫在其文章《中国经济学家非得学习西方吗》中，谈及"华盛顿共识"就曾精准地指出："到现在为止，我还没有看到一个发展中经济体按照西方主流的发展理论来制定推行政策获得了成功。少数几个发展绩效比较好，或者转型绩效比较好的经济体，它们推行的政策从主流的经济学理论来看都是错误的。"

林毅夫认为，上世纪 70 代主流经济学界有一个"华盛顿共识"，它主张私有化、市场化和自由化。但是 20 多年过去了，按照新自由主义、"华盛顿共识"推行政策的国家普遍是经济崩溃、停滞，危机不断。80、90 年代被称为"发展中国家迷失的 20 年"。

事实上，推行"华盛顿共识"的国家所遭遇的情况，甚至比林毅夫所说的更糟。相对而言，大多数国家变得更不发达，即它们更进一步落后于大多数发达经济体。只有极少数发展中经济体实现了经济持续快速增长，以及从低收入到中等收入再到高收入经济体的转变。但实现最快速增长的所有经济体都来自亚洲，这一事实，有利于近水楼台先得月的中国从中借鉴经验。

从发展中国家实现经济持续快速增长，过渡到高收入经济体的国家如此凤毛麟角，意味着绝大多数发展中国家遭遇失败。也就是说，在亚洲之外深受新自由主义推崇的"华盛顿共识"，事实上已被证明为失败的发展理论。因此，中国应学习实事求是的方法而非失败的理论。

从正面角度而言，应侧重分析实现经济快速增长、成为高收入经济体的那些少数发展中国家的成功经验；从负面角度而言，应侧重分析听从了世界银行/IMF 倡导的"华盛顿共识"，而未能实现经济快速增长，未能成功过渡到高收入经济体的那些国家的失败教训。

事实证明，依据事实的发展战略才能取得成功，也是任何理论取得成功不可或缺的前提条件。理论必须符合事实。不应罔顾事实或为适应错误的理论改变事实。

这对中国具有重要的现实意义，因为中国与其他任何国家一样，都不能违背经济规律。如果中国依据如何过渡到高收入经济体的错误理论实施政策，那么这种政策必将失败，由此带来的负面后果将波及逾十亿中国人，阻碍中国实现民族复兴。因此，论述发展中经济体成败经验的事实，是判断一种理论正确与否的前提。

应该指出的是，西方曾就是否事实上存在"中等收入陷阱"展开过重大的讨论。例如，英国《经济学人》杂志曾刊文讨论过这一问题，并得出结论："并不存在'中等收入陷阱'。"

文章说："支持'中等收入陷阱'理论的人认为，中等收入国家的经济增长率往往低于富裕国家和贫穷国家。其实并非如此，相反，它们增长得更快。它们根据佩恩表对各国1950年至2010年间的收入进行了对比。人均收入在1.3万至1.4万美元（根据购买力平价，即中等收入国家）间的国家在下一个10年间的平均增长率基本为2.9%，快于其他任何收入水平国家的平均值。发展是一个漫长而艰巨的过程。在此过程中，经济体的规模会持续不断发展。潜在的陷阱隐藏在各种收入水平的经济体。单单拿中等水平说事没有道理。"

不过，我无意用更多篇幅谈论这种争论。我只想说明，发展中国家跻身高收入国家非常困难。因此，为何仅极少数国家实现经济快速发展，从低收入到中等收入再到高收入经济体的转变，这个问题将被视为一种实证检验。

二、许多发展模式没有参考价值

毫无疑问，第一个问题是何谓高收入经济体标准。从国际上来看，有68个国家和地区符合世界银行界定的"高收入经济体"的官方标准——人均国内生产总值（GDP）为12736美元（约合82478元人民币）。但支持中国借鉴这些经济体的经验具有明显的误导成分，主要原因有两个：

首先，这68个高收入经济体中的大多数都是非常小的国家和地区，35个国家和地区的人口不到500万。仅22个高收入经济体的人口超过1000万。许多国家和地区成为高收入经济体，完全是由于其拥有非常少的人口以及是避税天堂，比如开曼群岛、摩纳哥、列支敦士登、百慕大群岛、马恩岛等国家和地区；或者由于拥有大量的单一商品石油，比如沙特、阿联酋等国家和地区。

显然，这种类型经济体的发展模式不适合中国，因为中国既不具备人口少的条件，也不能推行避税天堂的战略，更不具备以石油为主的经济条件。

这样的事实说明，部分中国媒体有时讨论中国的国际排名时非常具有误导性，因为它们未将人口基数、经济规模或者一个国家和地区的经济是否是以石油出口为主考虑在内。中国实现向高收入经济体的过渡这样严肃的问题，不能依据草率的统计，而是需要准确的信息。

首先谈经济发展事实。英国、美国、德国、法国等已跻身最重要的高收入经济体数十年了。它们自跻身高收入经济体后已有数十年以上（通常都超过一个世纪），一直以相对慢的速度增长。例如，就整个 20 世纪而论，美国的人均 GDP 年均增长率仅为 1.9%，德国为 1.8%，英国为 1.5%。显然，这样慢的增长路径不适于中国作为发展模式，因为中国计划到 2020 年实现小康社会，在未来 5—10 年达到高收入经济体的国际标准。

接下来谈中国自 1978 年启动改革开放以来的发展条件。可以指出的是，事实上大多数大型发展中经济体在此期间进一步落后于美国。以人口至少不低于 500 万的国家和地区以及 1978 年其人均 GDP 相当于美国的 40% 为例，1978—2015 年符合此类条件的 53 个国家和地区中，28 个国家和地区的人均 GDP 进一步落后于美国，25 个国家和地区的地位则相对美国有所提高。

也就是说，大部分发展中国家和地区相对于美国更不发达了。这说明，经济持续快速增长存在难度。

但也应该注意到，在较长的时期内，许多前发达经济体退步为发展中经济体地位，或者遭受了灾难性的挫折。例如，阿根廷的人均 GDP 从 1938 年相当于美国的 67% 到 2015 年跌至 30%；智利的人均 GDP 从 1910 年相当于美国的 60% 到 2015 年跌至 50%；俄罗斯的人均 GDP 从 1975 相当于美国的 43% 到 2015 年跌至 28%。

特别引人注目的是，仅有少数几个国家和地区的人均 GDP 相对美国大幅增长。自中国大陆 1978 年启动改革开放以来，只有 6 个至少有 500 万人口的国家和地区（中国大陆、马来西亚、中国台湾、中国香港、新加坡与韩国），与美国人均 GDP 的差距至少缩小了

中国的发展成就举世瞩目。图为在美国圣玛利诺市亨廷顿图书馆，人们参观新华影廊"美丽中国"图片展。（摄影 张超群）

20%。这 6 个经济体都是来自亚洲。

1978—2015 年与 1950—2015 年，中国大陆的人均 GDP 增速快于任何国家和地区。亚洲四小龙（韩国、新加坡、中国台湾、中国香港）的人均 GDP 起点均远高于中国大陆，而且已实现了中国的目标——从低收入到中等收入再到高收入经济体的转变。

就快速增长的经济体数量而言，亚洲经济体占据压倒性优势。世界增速最快的所有 10 个经济体全部来自亚洲。亚洲经济发展取得巨大成功，并非是因为推行了世界银行与 IMF 所倡导的"华盛顿共识"。这说明，中国要确保成为高收入经济体，就不能听信世界银行的教条，而是要侧重学习何种因素能确保经济增速超过所有其他国家，然后要学习何种因素导致亚洲经济快速增长。

三、中国大陆缩小与亚洲四小龙差距

既然中国的人均 GDP 增速快于其他任何经济体，为何其仍未达到高收入经济体的国际标准？答案当然是取决于不同经济体的起点不同。

1929 年，中国是世界上最不发达的国家之一，其人均 GDP 仅相当于美国的 8%，彼时印度的人均 GDP 高于中国 30%。就经济发展而言，清朝与 1911 年后成立的中华民国在追赶发达经济体上是失败的——1900 年中国的人均 GDP 相当于美国的 13%，1913 年这一数据为 10%。

自日本侵华到 1950 年，中国几乎是世界最贫穷的国家，当时中国的人均 GDP 仅相当于美国的 5%。1950 年，世界 141 个经济体中只有 10 个国家的人均 GDP 低于中国，它们是非洲的 8 个国家（博茨瓦纳、布隆迪、埃塞俄比亚、几内亚、几内亚比绍、莱索托、马拉维和坦桑尼亚）和亚洲的两个国家（缅甸、蒙古）。

自 1978 年以来，中国的经济增速快于其他任何国家，也快速缩小了与所有发达经济体和快速增长的经济体的人均 GDP 差距。1978 年时美国的人均 GDP 是中国的 30 倍，2015 年时这一差距缩小至 4 倍。中国在多项数据上已缩小与所有快速增长的发展中经济体之间的差距，有些数据甚至已超过后者。

但亚洲四小龙的人均 GDP 起点均高于中国大陆，这是它们早已达到高收入经济体的国际标准、仍领先中国大陆 5—10 年的原因。

从 1978—2015 年，中国大陆与亚洲四小龙的人均 GDP 差距均有所缩小，具体情况如下：

中国大陆与中国台湾的人均 GDP 差距已从逾 8 倍缩小至略超过 3 倍；与中国香港的人均 GDP 差距已从 15 倍缩小至 4 倍；与新加坡的人均 GDP 差距已从逾 20 倍缩小至不到 6 倍；与韩国的人均 GDP 差距已从近 6 倍缩小至不到 3 倍。

综上所述，自 1978 年以来，中国大陆的经济表现远优于亚洲四小龙，但后者经济增速继续远快于老牌发达经济体。因此，中国大陆最终要缩小与亚洲四小龙的人均 GDP 差距，就必须要继续长期（数十年）保持良好的表现。

四、"华盛顿共识"是一种失败战略

综上所述，全球经济发展状况显而易见。因此，任何突破"中等收入陷阱"的经济理论和战略，必须符合事实。可以看到：

如果目标是追赶发达经济体，那么全盘照搬发达经济体的任何模式都是错误的。主要发达经济体的模式是数十年（超过一个世纪）维持缓慢增长。

中国采用这样的缓慢增长模式，就无法在 5—10 年后达到高收入经济体的国际标准，或者缩小与发达经济体的差距。因此，中国必须利用已被普遍证明的快速增长经济模式——成功的发展中经济

体就是采用这种模式。

中国经济发展的任何理论与政策必须立足于克服"中等收入陷阱"。就全球经济增长而论，任何经济理论与发展战略，必须能对下述三个基本事实给出答案。这三个决定性的问题如下：

为什么中国的人均 GDP 增长率会优于所有其他经济体？

为什么人均 GDP 起点高于中国，已达到高收入经济体国际标准的少数亚洲经济体表现不如中国，但优于所有其他发展中经济体？

为什么遵循"华盛顿共识"的大多数发展中经济体的经济未能实现快速增长，或者成功跻身高收入经济体，反而大多数情况下进一步落后于大多数发达经济体？

中国经济发展的任何政策，都不能以"华盛顿共识"教条为基础，因为全球增长数据显示，"华盛顿共识"是一种失败的发展战略。相反，实现经济快速增长的那些国家，并非基于"华盛顿共识"。应对如何克服"中等收入陷阱"这样严肃问题的唯一正确方法，是实事求是。

国际篇

如何跨越"中等收入陷阱"？

——专访"中等收入陷阱"概念提出者、世行专家英德米特·吉尔

王宗凯

王宗凯

新华社前驻华盛顿财经记者。

经历30多年的改革开放，中国经济社会发展突飞猛进。如今随着中国人均国内生产总值（GDP）接近1万美元，按照国际标准，中国已经成为中等收入国家。回顾其他国家的发展历程，许多中等收入国家在向高收入国家行列迈进的过程中触碰瓶颈，发展长期陷入停滞，也就是落入经济学家所说的"中等收入陷阱"。

世界银行经济学家英德米特·吉尔是"中等收入陷阱"这一概念的提出者，《参考消息》记者2013年3月对他进行了专访。他详细叙述了当年提出这一概念的过程和意义。对于中国如何顺利跨越"中等收入陷阱"，吉尔说，关键在于继续深化市场化改革，增加中等收入群体比重，并全面推进城市化建设和完善法制建设。

一、拉美陷落日韩跨越

记者："中等收入陷阱"是在什么情况下提出来的？

吉尔：我从 2005 年至 2007 年在世行东亚与太平洋事务局任首席顾问，当时带领该局首席经济学家办公室的研究团队对东亚经济增长做了一项主题研究。通过对比东亚 5 个高收入经济体与拉美 8 国的发展路径，我们发现日本、韩国、新加坡、中国香港和中国台湾等东亚经济体与巴西、阿根廷、哥伦比亚、委内瑞拉、秘鲁、智利、墨西哥和厄瓜多尔等拉美经济体几乎同时在 20 世纪六七十年代进入中等收入时代，但日、韩一直保持高速发展并进而成长为发达经济体，而拉美经济体至今仍停留在中等收入阶段。

我们将拉美经济体遭遇的情况定义为"中等收入陷阱"，具体是指当一个经济体的人均收入达到世界中等水平，即人均 GDP 达到 3000 美元之后，其所依赖的从低收入经济体转变为中等收入经济体的战略，不能继续指导其向高收入经济体攀升。在这一阶段，以往快速发展中积聚的各种矛盾集中爆发，如果不能实现发展方式的转变，将难以产生新的经济增长动力，进而导致社会问题突出，经济增长回落或长期停滞。

按照 2009 年的标准，人均 GDP 在 996 美元以下的为低收入国家，人均 GDP 在 996 至 3945 美元的国家为较低收入的中等收入国家，人均 GDP 在 3946 到 12195 美元间的国家为较高收入的中等收入国家。人均 GDP 超过 12196 美元的为高收入国家。

拉美经济体是落入"中等收入陷阱"的典型代表。这些经济体在上世纪 50 年代到 70 年代的 30 年间经济发展势头迅猛，在人均 GDP 突破 1000 美元关口之后，很快奔向人均 GDP 1000 美元至 3000 美元的起飞阶段。但在上世纪 80 年代，当人均 GDP 达到 3000 美元之后，其增长机制逐渐暴露出大量弊端，由于未能及时调整发展战略，这些国家的经济出现 20 多年的停滞徘徊。

东亚经济体则是跨越"中等收入陷阱"的典型。其中，日本 1966 年人均 GDP 是 1050 美元，1973 年达到 3800 美元，1985 年则超过 11000 美元；而韩国 1977 年人均 GDP 是 1040 美元，1987 年接近 3500 美元，1995 年则超过 11000 美元。

二、三大差异决定成败

记者：为何有些经济体跨越了"中等收入陷阱"，有些却失败了？

吉尔：从东亚经济体经验来看，发展模式经历了三个转型，即从多样化向专业化转型，从投资驱动向创新驱动转型，从低收入向高技术转型。

通过对比东亚与拉美，我们发现三大差异。一是中产阶级或者说中等收入群体比重。在进入中等收入阶段后，日、韩中等收入群体比重约为 40% 至 50%，而巴西和阿根廷仅为 15% 至 20%。

二是城市化发展。世界上所有发达经济体都不是以农业经济为主，而城市经济才是高收入经济体的共同特征，也是推动经济发展的主引擎。然而，城市与城市区别巨大。巴西和阿根廷的城市化进程虽然将人口从农村吸引到城市，但主要原因是农村缺少基本的现代教育和医疗等服务，而城市又无法提供大量高收入的工业和服务业工作岗位，导致许多城市充斥着贫民窟，交通堵塞等城市病突显，抑制了城市经济生产力。相反，日、韩的城市则更加包容与高效，城市经济也更具有活力。

三是法制与人治。经济在快速发展过程中不可避免会出现收入差距拉大的情况，每个人产出可以不同，但机会平等需要得到保证，否则会拖累经济进一步发展。日、韩都具有一套健全高效的法律体系和分权制度，而拉美经济体则腐败现象严重，经济社会发展易受政府随意性的干扰，缺少一套客观公正的运行机制。

三、中国处于关键节点

记者：中国该如何跨越"中等收入陷阱"？

吉尔："中等收入陷阱"并非命中注定，要想跨越，中国政府需做出改变。我认为中国正处在一个关键的时间点。有许多经济学家认为中国增长模式要从依靠外需向立足内需转型，从投资拉动向消费驱动转型。我认为转型的关键就是继续深入市场化改革，以此增加中等收入群体比重，全面推进城市化建设和完善法制建设。这三方面相互联系相互促进，是一个有机整体。

令人担忧的是，目前中国中等收入群体比重与巴西和阿根廷类似，仅有 12% 至 15%。提升这一比重需政府从城市化和法制建设上加大力度。

城市化包含三个方面内容，一是土地城市化，二是劳动力城市化，三是人口城市化。过去 30 年来，中国城市化进程发展迅猛，但也暴露出一些问题。中国城市化进程之所以比其他国家要快，主要得益于国有土地制度，而且主要是土地城市化，劳动力和人口城市化速度缓慢，户口制度限制了劳动力与人口自由流动。加上社会和医疗保障等基础服务并没有跟上，许多在城市中工作和生活的人并没有过上标准意义上的城市生活，消费少且单一。如果这一问题得到解决，内需自然会更快增长。

其实中国内需并非没有增长，不过只是北京、上海和广州等大城市消费增速很快，而小城市则相对缓慢，这主要是由于小城市处于法制建设的薄弱环节，地方治理有许多不透明之处。

我现在担任世行欧洲与中亚事务局首席经济学家，通过分析欧盟国家经济发展实践，发现前社会主义国家波兰和捷克等加入欧盟后，市场机制得到加强，这促进了经济与欧盟其他国家深入融合并快速发展，如今已步入高收入国家行列。

许多拉美国家尝试大力刺激经济发展，以此避免落入"中等收入陷阱"，甚至默认了要取得经济增长可在一定时期忽视分配不公。在这种理念指导下，不少拉美国家实行了先经济增长再收入分配的政策，长期以来只注重财富增长而忽略了财富分配。因此，机会不公平现象越来越多，收入差距也越来越大，最终导致拉美国家中间阶层"空心化"，造成内需不足，增长乏力，对可持续发展形成强大阻力。而以法制替代人治，重树市场的资源配置作用，才是确保公平和对抗腐败的最佳途径。

过去 30 多年来，中国领导人成功带领中国走出贫困，但未来要想取得更大的成就，保持经济增长动力，中国政策制定者必须做出艰难改革。

中国现在已经学会利用市场力量指导商品生产等经济活动，但土地、劳动力和资本市场仍不同程度地由政府控制，这抑制了增长潜力，也导致一些社会矛盾。因此，中国未来需继续确保市场在生产要素分配上的指导作用。

跨越"中等收入陷阱"须转变发展模式

伍海燕

伍海燕

新华社前驻墨西哥城记者。

墨西哥国会亚太关系委员会主席科尔索2013年3月就中国经济发展面临的挑战接受了记者采访。他说,中国发展遇到的突出挑战包括:转变经济增长模式、提高创新能力、避免"中等收入陷阱"和"城市化陷阱"、扩大内需、可持续发展及环境保护等。

科尔索说,中国经济在过去20多年里高速发展,创造了经济发展奇迹,但近年来原有经济增长模式显现弊端,再加上全球经济危机导致外部需求降低,中国必须转变经济增长模式以保证经济可持续发展。

他说,过去中国经济发展主要依靠工业特别是重工业、出口和投资,以劳动力和能源价格低为优势吸引外资,实现了经济的快速发展。但这种发展模式带来的负面影响不可忽视:资源透支、生态环境恶化、收益低等。这些因素已经制约了中国经济健康发展。中国在国际贸易中也失去原有的竞争优势。一方面,中国成为中等收入国家后,劳动力和能源成本上升,价格优势不再,在低端市场难以与低收入国家竞争;另一方面,中国仍然处于产业链末端,自主研发能力无法和高收入国家抗衡。在这两种因素的作用下,中国经济增长乏力。他说,中国发展遇到的挑战还包括"城市化陷阱",如收入差距扩大、发展不平衡、房价高、就业难以及养老和食品安全等问题。

科尔索说,包括墨西哥和阿根廷在内的一些拉美国家也面临"中等收入陷阱"和"城市化陷阱"困境。但他认为中国具有人口总量大、金融稳定、国际地位显著提高、市场潜力大等优势,这些都是中国经济可持续增长的有利条件。中国政府为避免掉入"中等收入陷阱"和"城市化陷阱"已经采取了正确的措施,如重视经济可持续发展,提出转变经济增长模式和产业升级,近年来非常重视环境保护和使用可再生能源,还加大了对养老、医疗和教育的投入,并提出要合理分配财富,使百姓从国家发展中受益。

科尔索曾六次访问中国,最近一次是2013年2月初。他认为中国还存在地区发展不平衡、腐败和破坏自然环境等挑战,而中国政府出台了一系列政策就是为了纠正发展中出现的问题,他相信中国将成功避免"中等收入陷阱"和"城市化陷阱"。

他说,跨越"中等收入陷阱"的关键是转变经济发展模式,从低水平到高水平、从低质量到高质量、从加工到研发,从不可持续发展到可持续发展。另一方面还要提高居民收入水平,特别是低收入人群的收入水平，使扩大消费成为经济增长的新引擎。他建议中国政府加大对社保和社会福利的投入以缩小贫困差距，增加人才培养和科技创新投入，提高高科技产品在出口产品中的比重以获得更多利润。

亚太国家跨越"陷阱"的成败得失

赵江林

赵江林

中国社会科学院亚太与全球战略研究院研究员、国际经济关系室主任、博士生导师。

今天中国跨越"中等收入陷阱"已不成为问题，此时我们更应关注的是：为迈向高收入国家，中国下一步应该做些什么？

一、对亚太国家"中等收入陷阱"的技术性考察

跨越"中等收入陷阱"不仅具有经济学上的意义，也具有政治学上的意义。从中等收入迈向高收入不仅表明一国创造新的经济价值的能力发生质的变化，同时也带来社会整体稳定和政治安定，也因此，成为高收入国家成为当今世界普遍接受的基本理念和共同追求的目标。

在经济发展的不同阶段，一国往往会面临不同的"收入陷阱"，如"贫困陷阱""中等收入陷阱"等。所谓的"收入陷阱"是指在某一个发展阶段，一国人均收入水平因增速

不稳或放缓而长期徘徊在某一区间范围内，或者说在可预计的时间内难以跨越下一个收入水平的门槛。一国出现"收入陷阱"问题时，其实是经济增长出现了问题，也就是说一国用于增长的各类"经济资源"创造新价值的能力在下降，使得该国难以顺利迈向下一个发展阶段。这里需要说明的是，从中等收入迈向高收入行列表面上看跨越的是一个数量指标，实质上是一个质量指标，是一国经济增长的"发动机"的全新更换，经济增长方式需要以创新为主并建立起相应的制度。

"中等收入陷阱"出现的背后是一国没有很好地执行这一发展阶段应该完成的任务，即如何从过去依靠低成本优势转向依靠创造高附加价值的经济增长方式转变。由于中等收入国家处在一个"三明治"夹心层位置上，一方面失去低成本优势，难以与低收入国家进行成本较量，另一方面因技术能力储备不足而难以与高收入国家较量。实际的经验更印证了上述看法。通过观察世界各国人均收入水平变化可以发现，自工业化进程开启以来，多数国家经过一段时期发展之后停留在中等收入状态上，仅有少数国家有机会迈向高收入，也因此中国在 2000 年左右进入到中低收入阶段之后，就不断被警告要避免跌入"中等收入陷阱"中。

一些研究结果表明，从中低收入向中高收入行列迈进的时间大约为 30 年，而从中高收入迈向高收入行列的时间大约是 15 年。中国仅用 17 年的时间就从中低收入国家转为中高收入国家，依照目前的发展态势，中国成为高收入国家只是一个时间问题。经验上说，从目前算起，中国成为高收入国家还有大约 10 年的时间，我们可以从那些中高收入转为高收入的亚太国家汲取哪些经验和教训？我们该如何做好下一步的准备工作？

尽管亚太国家众多，但是正处于中高收入的或已经进入高收入的国家却不是很多，这里主要选取了日本、韩国，智利、马来西亚和泰国作为参考范本。迅速完成转型的国家是日本和韩国，正常完成转型的国家是智利，尚未完成转型或者仍处于爬坡阶段的国家是马来西亚和泰国，具体情况参见表 1 和图 1。

二、来自部分亚太国家的启示：人才储备、技术投入和正向制度缺一不可

为什么处于同一起跑线上的国家最终的结果却如此不同？为什么有的国家如日本和韩国很快从中高收入进入到高收入行列，而有的国家如马来西亚和泰国至今仍停留在中高收入水平上？

高收入国家经济增长主要依靠的是尽可能让"人"这个因素从经济增长中脱颖而出，即依靠人的创造性来实现一国经济实力的提升。在低成本阶段，一国尚可以借用优势的自然资源、大规模的资本和低素质的劳动力来实现经济增长，但是到了高收入阶段，人力资本、技术投入才是经济增长的源泉，因为唯有人才能创造新的附加价值，也才能实现经济总量的增加。也因此，在加入高收入国家之前，一国需要为下一步的经济增长储备必要的人才、技术投入和服务创新的制度。

表 1 亚太部分国家从中高收入进入高收入行列的基本情况

	进入中高收入的年份	进入高收入的年份	从中高收入进入高收入阶段所需的年限（年）	人均 GNI 增长率（%）	2014 年人均 GNI（现价美元）
日本	1968	1977	9	4.7 (1968-1977)	42000
韩国	1988	1995	7	6.5 (1988-1995)	27090
智利	1992	2005	13	3.7 (1992-2005)	14910
马来西亚	1996	目前仍未进入	已过去 18 年	2.6 (1996-2014)	11120
泰国	2004	目前仍未进入	已过去 10 年	3.0 (2004-2014)	5780
中国	2009	目前仍未进入	已过去 5 年	8.0 (2009-2014)	7400

资料来源：Jesus Felipe, Utsav Kumar, and Reynold Galope, Middle-Income Transitions: Trap or Myth？ ADB Economics Working Paper Series No. 421, 2014.

日本和韩国是世界出了名的肯为教育进行大力投入的国家。早在上个世纪 50 年代日本为增强民众素质，相继出台了多项政策和法规，并加大政府对教育的投入。韩国也是如此。韩国第一次义务教育的计划始于 1954 年，重点是小学教育，到了 20 世纪 70 年代，开始加强职业技术中学教育，为重化工发展服务，之后，随着高新技术的兴起，开始关注高等教育。可以说，在出现每一次大的产业结构调整时，韩国均把人的素质提升放在重要的位置上。相反，马来西亚和泰国之所以长期停留在中等收入阶段而难以有所突破，教育储备不足是主因。就连泰国人自己也承认教育质量不高是泰国难以摆脱陷阱的主要原因。马来西亚和韩国在 20 世纪 60 年代末 70 年代初处于同一发展水平上，甚至到 1985 年之前，马来西亚的经济发展水平高于韩国，之后两者发展轨迹出现了较大的不同，其中教育水平的差异给出了相当程度的解释。2005 年马来西亚的学校教育水平仅相当于韩国 1990 年的情况。教育质量不高的另一个方面是高等教育与实际需要不匹配。马来西亚大学毕业生主要分布在社会科学领域，而在制造和建筑等领域的毕业生所占份额不大，泰国情况也是如此，这与韩国上个世纪 90 年代的情况刚好相反。表 2 展示了上述国家在教育投入、教育数量和质量方面的差异。

就技术投入而言，亚太国家表现也有非常大的差异。日本、韩国对研发的投入水平远高于世界各国，2014 年韩国研发投资与 GDP 之比为 4.3%，位居全球第一。2016 年韩国政府还将针对国家战略技术开发、中长期创新领域技术强化、新产业发展等多项科学技术领域展开大规模投资。研发的高投入带来了可观的效果，日本、韩国每年的专利授权远高于亚太其他国家。从中高收入到高收入期间，

表 2 亚太国家教育方面的表现

	人力发展指数排名	至少有中学教育的人口占 25 岁以上人口的 %	受小学教育的人口占小学适龄人口的 %	受中学教育的人口占小学适龄人口的 %	受大学教育的占中学适龄人口的 %
	2014	2005-2013	2008-2014	2008-2014	2008-2014
韩国	17	82.9	102.7	97.2	98.4
日本	20	86.4	102.3	101.8	61.5
智利	42	74.8	101.2	89.0	74.4
马来西亚	62	68.2	101.4	70.8	37.2
中国	90	65.3	127.9	89.0	26.7
泰国	93	38.1	92.8	87.0	51.2

	教育的公共支出与 GDP 之比（%）	R&D 与 GDP 之比（%）
	2005-2014	2005-2012
韩国	4.9	4.04
日本	3.8	3.39
智利	4.6	0.42
马来西亚	5.9	1.07
中国	—	1.98
泰国	7.6	0.25

资料来源：世界银行数据库

日、韩等国对教育的重视全球知名。图为韩国首尔一所中学的高考考场外，低年级学生为学长们加油。（摄影 朴真熙）

日本累计授权专利数量为 286977 项，韩国为 31391 项。

相比之下，从进入中高收入年份起到 2014 年，马来西亚和泰国的专利授权数量累计分别为 5898 项和 1846 项。2014 年马来西亚被授权的专利数约 858 项，相当于韩国 1990 年左右的被授权的专利水平。长期以来，马来西亚研发支出很低，2012 年仅为 GDP 的 1.13%，而韩国在上世纪 90 年代就已经达到 GDP 的 2% 以上。泰国研发投入更低，长期仅为 GDP 的 0.25%，甚至低于低收入国家的水平。由于投入不足，马来西亚全要素生产率水平长期低于韩国，这使得马来西亚缺乏足够的技术能力为成为高收入国家，而韩国却可以在不到

10 年的时间内迅速完成了加入高收入国家行列的任务。

　　注重本国的技术创新是日本和韩国实现快速跃升的主要路径。一些研究发现，日本和韩国主要依靠本国的研发实力来跻身进入世界市场的。至今为止，日本和韩国的创新指数仍高居世界榜首。同时，两国技术研发的重大变化是研发主体从最初以政府为主转向以企业为主，中小企业也成为研发的主力军。相反，马来西亚和泰国走的依靠跨国公司提升自身技术水平的路径。实践证明，跨国公司不必然会给东道国带来技术水平的提升和扩散。

　　一国经济增长之后，新增的经济成果向何处分配往往决定了该国下一步的发展方向，而如何分配增长成果则又取决于该国的制度质量。在中低收入阶段，多数国家经过一段时期增长之后，增长成果在未来的分配方向上出现了不同选择，日本、韩国将前期的增长成果主要用作下一个发展阶段，而马来西亚和泰国受制于本国的政治因素、利益集团等因素缺乏对未来的投资，这是马来西亚和泰国给予我们的深刻教训。马来西亚政府长期推行歧视性经济政策，羁绊了其经济前行。1971 年马来西亚政府颁布了新经济政策，其中一项重要的内容是国家资金、贷款、所有权比例要向马来人倾斜，该政策当时曾引起外资大量外逃，一直到 2009 年才有所调整，但也未进行彻底改革。马来西亚推行马来族人优先政策无形中破坏了经济增长的市场基础，阻碍资源的自由配置，导致马来西亚经济发展后劲不足。面对经济增长脚步落后的严峻形势，2010 年马来西亚政府提出"一个马来西亚"的概念，推出新经济模式方案（NEM）和政府转型计划（GTP），旨在打破长期推行的歧视性经济政策，强调市场在国家资源配置中的作用，力争使马来西亚能够在不远的将来向高收入国家迈进。

　　障碍泰国长期增长的最重要的因素是制度缺陷。人们对泰国避免"中等收入陷阱"的信心不大也主要来源于泰国不高的人力资本投

表 3 亚太国家产业竞争力情况

	2013 年产业竞争力指数排名	人均制造业（2005 年美元价格）	人均制成品出口（现价美元）	中高技术制造业附加价值占全部制造业比重（%）	制造业占GDP（%）	中高技术出口占全部制成品出口的比重（%）
日本	2	7821	5164	54.9	21	78.1
韩国	3	7181	11043	63.1	29	72.4
智利	51	1129	2244	16.3	12	11.1
马来西亚	24	24	1717	42.1	25	58.4
泰国	26	1168	2999	40.7	34	59.8
中国	5	1143	1541	44	33	58.3

资料来源：联合国工业发展报告 2016 年版

资、较低的研发投入以及本国制度水平。泰国学者也认为泰国政府一直缺乏积极的创新和研发政策，缺乏鼓励本国的创新投入。也因此，泰国特别需要一套"高质量的制度"，如政府的良好治理、政

府与企业的合作等等，能为国家发展提供充足的人才和创新激励。

相反，为激发本国的研发实力、人才储备，日本、韩国在经济发展的不同阶段推出相应的政策，以保障经济发展所需要的人才和技术。针对韩国研发效率不高这一事实，目前也在作相关的制度改革，2016 年韩国总统朴槿惠拟成立国家级科技战略会议机制，对现有的研发投资管理机制进行改革，提高研发生产效率。

进入 21 世纪后，智力开始加大对创新的支持力度，推出了提高竞争力的国家创新战略（NSIC）。国家干预创新的目标是提高技术投入和技能水平，提高生产效率，鼓励创新，特别是中小企业的创新活动，同时准备拿出税收收入的 82 亿美元，即相当于 GDP 的 3% 用于公立中学的教育支出。

亚太国家的投入差距导致经济发展存在较大的差距。从表 3 可以看出，马来西亚、泰国在制造业方面，特别是人均制造业水平上还远不如日本、韩国，从一个侧面反映出马来西亚、泰国的经济发展质量尚不足以使他们成为高收入国家的一员。

三、中国要为高收入阶段做好三大储备

依据目前的发展态势，中国将在未来 10 年左右迅速成为高收入国家，尽管中国已进入经济发展的新常态，但是只要保证大致每年 5% 以上的人均国民总收入（GNI）的增长速度，就有希望成为高收入国家，基于此，我们的视线应从如何跃出陷阱转变为如何利用未来 10 年的时间为当好高收入国家做准备。

中国已成为第一科技人力资源国家。2014 年中国科技人力资源总量达到 7512 万人；研发人员总量上升至 371.1 万人年，R&D 研究人员总量达到 152.4 万人年，居世界首位。根据美国《科学与工程指标 2016》，2013 年美国科学家工程师总量为 2110 万人。中国本科及以上学历科技人力资源相当于美国的科学家工程师。

中国已成为仅次于美国的世界第二大科技经费投入国家。根据统计，2014 年中国研发经费投入总量为 13015.6 亿元（折合美元为 2118.3 亿美元），研发经费为 GDP 的 2.05%，达到中等发达国家投入强度水平。中国研发经费投入总量的不断上升，已先后超过英国、法国、德国和日本。企业是研发的主体，其研发经费占总经费的 75.4%。

当然，中国仍面临多重挑战。根据全球创新指数（Global Innovation Index），2015 年在 141 个国家中，美国排名第 5 位，中国排名第 29 位，特别是在创新效率方面，中国排名第 61 位，远低于美国的名次，未来中国迫切需要提高研发的效率与质量。2014 年我国每万名就业人员的 R&D 研究人员在 R&D 人员总量超过 10 万人年的国家排名中倒数第 2，发达国家这一数值基本上是中国的 4 倍以上，其中日本和韩国分别是中国的 6.8 倍和 5.3 倍。预计到 2030 年，中国将需要高达 2 亿名大学毕业生。亚洲开发银行在其 2014 年 9 月发布的报告《创新亚洲：推动知识经济发展》中指出，为成为高收入国家，中国仍需要制定更加清晰的知识驱动发展战略，包括建设更具有包容性的知识型经济，改革现有不利于创新的体制、机制，如取消户籍制度、改革国有企业、激励私营部门、提高制造业的技术含量以及加快绿色、能源创新等等。同时还建议加大对信息技术领域投资，提高高等教育水平，加强技能培训以及知识产权保护制度。

当前，中国正在进行一场有关科技创新的革命，希望能够进一步提升科技创新在经济发展和社会进步中起到主导作用。2015年5月，国家颁布了《关于深化体制机制改革加快实施创新驱动发展战略的若干意见》。同年9月，国家制定了《深化科技体制改革实施方案》，在该方案中提出的奋斗目标是通过建立技术创新市场导向机制，构建更加高效的科研体系，改革人才培养、评价和激励机制，健全促进科技成果转化机制，建立健全科技和金融结合机制，构建统筹协调的创新治理机制，推动形成深度融合的开放创新局面，营造激励创新的良好生态和推动区域创新改革等10个方面的改革，到2020年，实现创新型国家的目标，到2030年建成更加完备的国家创新体系，进入世界创新型国家前列。

日本：打造经济社会综合工程

蓝建中

蓝建中
新华社东京分社记者。

在持续高速增长的亚洲，只有日本、韩国、新加坡和中国香港等国家和地区进入了发达经济体的行列。日本战后成长为发达国家的过程，对于如何突破"中等收入陷阱"有不少启示。

日本综合研究开发机构理事长伊藤元重指出，中等收入国家要想继续发展，成为发达经济体，必须采取相关政策，比如技术开发、培养人才和完善基础设施等。他指出，让国民收入达到发达国家程度并非易事。这需要在国内持续进行技术革新；不是过度依赖出口，而是通过持续扩大国内需求，带动生产；收入增加能够扩大国内需求，而需求扩大又刺激生产，这种循环对于维持增长是必要的。

一、加强基础设施

日中创职协会久永事务所代表泽田笃志

指出，日本当年的发展模式，采取的是通过出口获得资金，利用这些资金发展公共事业和购买企业设备，投资于教育，然后提高生产率和竞争力，进一步获得资金，最终提高国民收入，扩大国内需求（消费）。

上世纪 60 年代初，日本实施"收入倍增计划"的时候，还没有完善道路、铁路和桥梁以及水库，所以投资了很多大工程。1964 年东京奥运会召开前，日本政府进一步加速大工程建设，包括完善道路和建造东海道新干线等。这些公共工程中的道路、港湾等，是日本向世界出口纺织品和家电的基础。川崎制铁公司的千叶制铁所、三菱造船的长崎造船所等支撑了上世纪 60 年代的高速增长，是日本成为经济大国的根基，使日本在战后的废墟中仅仅用 23 年时间就成长为世界第二经济大国。

伊藤忠商事株式会社会长小林荣三认为，基础设施的建设对于避免"中等收入陷阱"非常重要。他指出，要想使一个国家"肌肉发达、腿脚强健"，重要的是要让在这个国家居住和工作的人不会感觉到不方便。能够喝到清洁的水，想到什么地方去就有电车和飞机，或者开车。为此，港口、机场和车站、水供应和污水处理、电力供应等基础设施的建设很重要。

从记者的采访经历来看，日本无论多么偏僻的农村，都通了柏油路和自来水。完善的基础设施，使到日本国内任何一个角落，甚至偏远的岛屿，都如同在市内乘坐公共汽车一样快捷、便利。

二、完善社会福利

上世纪 60 年代的日本，依赖外需和投资，实现了高速增长，但是也存在和现在的中国类似的消费不足的问题。为此，日本当时实施了"收入倍增计划"，培育了强大的中产阶层，在收入分布上，实现了中产阶层占大多数的橄榄形社会结构。同时通过农业改革和劳动关系法的建立，提高了农民和工厂劳动者的收入，遏制了贫富分化。

日本的"收入倍增计划"是 1960 年 12 月 27 日池田勇人内阁通过的长期经济计划，正式名称是"国民收入倍增计划"。该计划的首要目的，是通过扩大就业实现完全就业，解决失业问题，将增加出口获得外汇作为主要手段，使国民收入增加一倍，大幅提高国民生活水平。

泽田笃志说，日本通过税制安排，使高收入者缴纳高额所得税，这样就建立了金钱"从有钱人到贫民"的流动系统，从而充实了社会福利制度。

福利制度对于扩大国内需求的作用不可或缺。1961 年，日本实现了"全民皆保险"，所有国民都加入了国民健康保险制度；1961年 4 月开始实施《国民年金法》，养老金也得到保障；同时义务教育是免费的，学校质量均一，不存在择校费问题；通过公营廉租房建设等，保障了低收入者的住房，这些都有利于扩大内需。

三、缩小地区差距

"收入倍增计划"的另一个目的，是在经济增长过程中修正地区和产业间收入的差距。具体说来就是实现农业现代化、中小企业现代化和开发经济落后地区，实现农业与非农业间、大企业与中小企业间、地区间以及收入阶层间存在的生活和收入上的差距，实现国民经济和国民生活的均衡发展。

由华侨创办的中国通讯社营业部长姜德春指出，日本中央政府和各地方政府都通过银行贷款及税费优惠，积极扶持中小企业，拥有一技之长而又数量众多的中小企业是日本制造业，也可以说是日本经济的一大特色，这些中小企业为日本创造了 70% 的工作岗位。

"收入倍增计划"提出，在税制、金融、公共投资补贴率等方面，政府要采取特别措施，并研究采取立法手段，促进实现适合该地区情况的工业化，从而提高当地居民的福利，摆脱落后状态。

日本采取的"地方交付税"的财政制度可以称为国内版的政府开发援助。地方交付税是为了缩小地方之间的收入差距而缴纳的税金，将国家税收中的一部分，分配给财政基础薄弱的地方政府，从而缩小地方政府之间的财政收入差距。所得税、酒税、法人税、消费税和烟税这 5 种国税中，提出一定的比率作为地方交付税。除了地方政府财政吃紧时根据不足部分决定金额的普通交付税之外，还有发生自然灾害等时候的特别交付税。

正是由于上述措施，在日本采访时记者看到，无论是北部的北海道，还是南部的九州，各地面貌都没有太大差别，农民也成为"住在农村的市民"。

四、注重技术革新

对于摆脱"中等收入陷阱"，日本专家和学者无不强调创新的作用。追赶阶段的中等收入国家要想进入发达国家阵营，本国内必须持续进行技术革新。

战后的日本国家创新体系，是由通产省主导的。在政府的有效支持和干预下，对国立大学、国立科研机构、大型企业研发部门等科研机构进行整合与规划，建立有市场针对性的创新研发体系，强调通过独立自主研发、创立自主品牌，以高速的产业升级换代为基础，以知识产权保护为保障，进行海外市场扩张，实现经济的爆发式增长。

由于强大的科技实力，日本工业能够多次升级换代，走在国际产业链的顶端。石油价格低廉时，日本能够大量利用廉价石油发展重化学工业。1973年，第一次石油危机使日本经济面临巨大危机，但是利用此前培养的技术实力，采取节能技术，实现了向尖端产业结构的转变，克服了危机。

除工业领域外，日本非常重视农业科技的推广，政府出台法律从体制上确保农业科技的普及可以落到实处，国家农业科研机构每年无偿向农民提供大量科技成果，使普及农业科技的内容不断充实和提高。

五、政府宏观调控

日本上世纪 60 至 80 年代的经济腾飞，很大程度上是日本政府制定了在当时堪称完善的经济产业发展政策。这其中，被称为"日本株式会社"的通商产业省（现在的经济产业省）发挥了不可代替的作用。

在上世纪 60 年代，通产省不仅制定日本的对外贸易政策，还负责协调国内产业政策和外贸政策之间的关系。实际上是政府干预国内经济活动的核心机构。

战后的世界经济一直处于动荡之中，经济危机迭起。在这一国际背景下，日本政府主张通过内部力量，而不是外资来建立完整的产业结构。这个既是经济目标、也是政治目标的宏观计划，就交由通产省去实施。

通产省一方面为外资进入日本设置壁垒，另一方面对国内各项经济产业项目进行调控。调控的内容包括扩大生产和内需、避免过度竞争等保护国内企业发展的措施。

通产省的干预方式往往顺应了当时的市场经济规律，确实为日本创造经济奇迹起到了领航员的作用。在上世纪 60 至 80 年代，通产省将主要科研方向先后对准了电子、电气、化工、钢铁和汽车等领域，它们至今仍是支撑日本经济最主要的支柱型产业。

韩国: "三大法宝"增强经济活力

权香兰

权香兰

新华社前驻首尔财经记者。

　　许多发展中国家都曾经历过"中等收入陷阱",即从低收入国家变成中等收入国家之后,在继续发展时却受制于制造业成本增加、企业效率低下等因素,经济发展放缓,难以进一步发展。韩国通过大刀阔斧的产业结构改革、大力发展教育、并经历了企业转型等痛苦的变革之后,成功避免了所谓的"中等收入陷阱",民众的生活水平也在进一步朝发达国家的水平迈进。

一、经济结构调整透彻

　　韩国现代经济研究院中国问题专家、主任研究委员、经济学博士韩载振认为,韩国为了摆脱"中等收入陷阱"的危机,首先进行了一系列"彻骨之痛"的经济结构调整。

　　韩载振说:"韩国主要得益于它深远的市场变革,特别是政府削减了韩国财阀的权利。政府果敢地砍掉了没有竞争力的国营企业，并大胆地扶持一些有增长能力和希望的新兴企业和私营企业等。政府在这个过程中，扮演了非常重要的角色。"

不过，韩载振也承认，韩国政府进行企业结构调整、大力改革时，也同时出现了大量失业和破产等情况，并因此产生了一系列的社会问题，如自杀率增加等现象。"这个过程对当时的韩国社会来说，是个很痛苦的转型时期。但是，韩国最终克服了这一系列的痛苦经历和无数批评，最终不但渡过了难关，也为韩国经济找到了新的增长可能性。"

二、大力发展知识经济

其次，韩国政府注重大力发展知识经济，寻找新的经济增长点。1997 年亚洲金融危机后，韩国大力发展知识经济、高端服务业经济等。进入 21 世纪，为应对日益激烈的国际科技竞争格局，韩国政府又提出"第二次科技立国"战略，加大对研发的投资力度。同时，韩国政府立下目标，将韩国打造成为一个 IT 产业的强国。

数据显示，韩国政府以及各企业的总研发经费占 GDP 的 3% 左右。韩国三星等企业，每年都发布其研发方面的经费状况，格外重视在技术研发上的投入，尤其经济低迷时期，反倒会加大研发费用，以寻找新的增长动力。韩国媒体认为，这也是三星电子在全球经济危机时期，其智能手机能够在 2012 年占领全球市场，并在销售额上创造历史新高的原因。

三、重视普及义务教育

最后，韩国跨越"中等收入陷阱"与韩国政府重视并普及义务教育、加强对人力资本、人才培养的投资密不可分。韩国政府从很早就开始坚持"教育先行"的人力资源开发战略。韩国认为，人力是最宝贵、最富饶的资源，具有良好教育程度的人力资源是经济开发最重要的基础。

20 世纪 70 年代初，韩国制定了"教育立国、科技兴邦"的发展战略，推行"巩固初等义务教育、普及中等教育、提高高等教育、加强职业技术教育"的方针，注重提高义务教育的质量。

为了发展教育，韩国政府不断增加政府公共教育经费投入。1950 年，公共教育经费占国民生产总值的比例为 2%。1965 年到 2001 年间，韩国中央政府的教育预算一直保持很高的比例，特别在上世纪 90 年代，基本上在 20% 以上，最高达 24%。

新加坡：两大制度培育庞大中产阶层

陈济朋

陈济朋

新华社前驻新加坡分社记者。

新加坡的人均 GDP 在 1980 年达到 4990 美元，1990 年达到 1.27 万美元，2000 年达到 2.34 万美元，如今则超过 5 万美元。30 多年来，新加坡经济迅速崛起，并跨越中等收入阶段，在当年的"亚洲四小龙"中独占鳌头。

一、政府主动进行改革

新加坡国立大学东亚研究所所长郑永年认为，能否避免"中等收入陷阱"，取决于经济体能否取得可持续发展，而其中的关键在于培育一个庞大的中产阶层。除了欧美的发展模式之外，后起的日本以及"亚洲四小龙"往往被视为一个群体，也就是所谓的东亚模式。东亚模式是以政府主导推动社会迅速向消费社会转型，由政府主动进行社会改革，造就了一个庞大的中产阶层。

这些国家尽管各有不同，但一个共同点是政府主动进行社会改革，为人们提供保障；同时，通过对市场的培育和企业结构的调整，尤其是发达的中小企业群体，让大多数人能够挣到一份体面的工资，收入分配也较为平衡。政府负责的社会保障和企业提供给雇员的工资性收入，恰恰就是造就中产阶层的两个重要条件。

经济上，新加坡主张开放和法治，靠增加罢工的难度等来创造较好的投资环境，并由政府体系主导推动经济每经过十年就转型一次。在社会保障上，新加坡通过建立"有产社会"的做法保持社会的基本稳定，尤其是组屋制度基本上让每户居民都能够买到一套住房，配合几乎涵盖社会各方面的强积金制度，使国民自食其力而又有基本保障。新加坡奉行精英治国的理念，以市场导向理顺公务员薪酬等机制，提供精细和专业化服务，使之成为一个法治、稳定而有效的有产社会。同时又实施有限度的民主，反腐败，任人唯贤，以保障社会公平正义。

二、两项制度提供保障

新加坡在中产阶层壮大的过程中有两项独具特色的制度设计尤其重要，一个是组屋政策，另一个是中央公积金。

新加坡的组屋是指政府建设并出售给老百姓的普通商品房。郑永年说，新加坡的组屋政策起初是从欧洲的保障房政策学来的。当初是为了保护穷人，但这样的政策在欧洲却失败了，而新加坡则把组屋变成了让老百姓分享资产增值的一种方式，其性质也发生变化，成了全民性质的住房，覆盖除了富人之外的所有社会成员。目前超过八成的居民居住在组屋里。组屋并不窄小，相反还比较宽敞舒适，并且随着时代的发展建得越来越美观舒适。

组屋是一个封闭的市场，在这个市场内，每户家庭只能拥有一套组屋，居住满一定年限之后才可以转售，转售组屋也只能卖给没有组屋的家庭。由于组屋的定价是根据市价给予一定比例的折扣，普通老百姓可以在购买组屋一定年限之后出售时保有这个差额。

从时间上来看，新加坡的组屋在 1970 年覆盖人口的 35%，1985 年这一比例已经上升到 81%，恰恰也是中产形成的关键时期。新加坡国立大学房地产研究院院长邓永恒认为，新加坡的保障性住房制度覆盖面之广，远远超过一般国家的保障房概念，主要是保证几乎所有老百姓买得起舒适的住宅，基本原则是每户家庭只能拥有一套住房。

新加坡政府在社会保障方面的另一项重要设计是中央公积金体系。新加坡政府为了避免落入福利国家的窠臼，鼓励用者自付的原则，因此并没有设计由政府直接承担的养老保险体系，而是通过中央公积金体系构造了一张几乎覆盖到各个层面的保障网。中央公积金的本质是强制储蓄，每名雇员都有自己的户头，由雇主和雇员共同缴纳，目前对于 50 岁以下的雇员，雇员缴纳比例为月工资的 20%，雇主另缴纳 16%，其比例相当可观。公积金起初主要用于养老保障，但后来功能逐渐扩大到购房、医疗和子女教育等领域，尽管如此，目前最基本的功能仍是养老保障。

三、经济政策不断调整

另一方面，新加坡政府职能也在随着社会经济发展不断调整。根据李光耀的说法，并不存在所谓的新加坡模式，新加坡模式的实质是持续调整以适应国际形势变化的能力，"世界在变，我们也在变，同时又能保持自己的特色"。

新加坡的经济政策也在随着时代发展而不断调整，一般的说法是新加坡经济从上世纪 60 年代起每十年转型一次，最初是劳动密集型，之后转为资本密集型，知识密集型。到了 90 年代跻身"亚洲四小龙"之后，又开始因应国际形势的发展，培育新的经济增长点，起初是知识产权密集型的经济，如今则是以知识为基础的新经济。与此相应的是新加坡企业在产业链上不断向上游延伸，尤其是在物流、海事和金融等领域，其精细的作风造就了相当强的竞争力。

新加坡在上世纪 60 年代确立大力发展工业的方向，先后制定两个五年计划，开始成立经济发展机构，决定开发裕廊工业区，并颁布优惠政策吸引外资。另一项重要的进展是建立劳资政三方协商机制以解决劳资纠纷中劳方的诉求，但同时制定较为严格的法规，不鼓励罢工。1970 年至 1980 年，新加坡的经济发展十年规划强调发展高科技、高附加值的精密工业，以求经济结构现代化。

上世纪 80 年代是新加坡经济再次转型的关键时期，新加坡的出口在上世纪 70 年代遇到一定挑战，政府在 1979 年提出要进行"第二次工业革命"或"经济战略重组"。它从 70 年代末就开始研究发达国家的经济发展状况，为此新加坡经济发展局选派优秀人才在西欧、韩国、美国、加拿大、日本等地设立 17 个办事处，吸引来自这些国家的投资，着重开发高科技产品，实行机械化、自动化、电脑化，向高精密工业迈进。

新加坡以科学技能和科学知识为基础，把新加坡建成以机械、外贸、运输、服务和旅游为支柱产业的经济体。为此，新加坡政府继续鼓励外资投入高科技工业，鼓励科研创新，加强技术培训，同时也修改工薪政策，从低工资转向高工资。政府认为，为了加快产业结构合理化，必须大幅提高职工工资，迫使企业进行技术改造，淘汰劳动密集型产业，向技术和资金密集型转换。新加坡政府通过全国工资理事会公布企业加薪建议，自 1979 年至 1981 年连续三年建议大幅度提高职工工资。

四、转型并非一帆风顺

不过，新加坡的转型并非一帆风顺，80 年代中期国际经济经历危机，新加坡经济增长率在 1985 年底下滑到 1.7%。出口面临挑战，也影响了一些新兴的高技术企业。新加坡政府为此专门成立了以贸工部长李显龙为首的经济委员会，制定一系列措施，包括政府拿出 28 亿新元国家储备金用于振兴经济，将雇主为职工缴纳的公积金比例由 25% 削减为 10%，降低个人所得税，两年内冻结职工工资。这些措施使得新加坡终于渡过难关，到 1990 年，人均 GDP 十年翻了一番。

接下来上台担任总理的吴作栋在上世纪 90 年代制定了新的政策，目标是使新加坡经济国际化、自由化和高科技化，以金融和服务业为中心。同时继续吸引跨国公司来新加坡投资，鼓励企业走出去。从上世纪 90 年代开始的中新苏州工业园区就是新加坡向中国投资的先导。

新加坡促进经济自由化，使国营企业逐步自由化。上世纪 60 年代，政府积极成立各类公司，率先进入私人企业不愿意进入的领域，到了 80 年代，淡马锡下属的企业发展成熟，逐步私有化或上市。淡马锡逐步转化为一个专业的投资机构，它不干预下属企业日常运作。淡马锡以商业原则经营，自由选择本地或外国合作者，必须和其他企业一样竞标。

新加坡的行政体系改革也在过去几十年中不断发展，素有法治、清廉和高效的美誉。李光耀领导的人民行动党政府上台之后通过建立独立的反贪机构，并立法和大力打击贪腐，使得其清廉程度成为亚洲之冠。

新加坡政府的机构设置上注意区分监管者和市场参与者的角色。一般而言，政府部门负责监管，制定游戏规则。但同时，新加坡政府也成立了一些法定机构，如建屋发展局、国际企业发展局、旅游发展局等。它们以市场机制运作，强调透明度和内部管治水平，但不以营利为目的。

新加坡至今也没有完全放弃制造业，而是保留了大概占经济总量四分之一的高端制造业，如电子产业和生物医药产业。李光耀说，有了制造业，可以保障就业，而服务业随经济周期波动较大，对就业的连带影响也大。

菲律宾：深陷"中等收入陷阱"无法自拔

高 飞

高 飞

新华社前驻马尼拉记者。

　　提起菲律宾，在大多数人眼中，这个国家可能摆脱不了"贫穷""危险""腐败"和"天灾"等等负面词汇。在经济学家口中，菲律宾近年来又与"中等收入陷阱"这个术语挂上了钩。其实，菲律宾也经历过辉煌岁月：上世纪五六十年代，菲律宾曾是亚洲经济增长最快的国家，在国际上被许多经济学家看好，被认为是继日本之后"命中注定"步入亚洲最具希望经济体行列的国家。

　　然而，命运似乎和菲律宾开了一个残酷的玩笑。在迈入中等收入国家门槛后的数十年时间里，"中等收入陷阱"如幽灵一般纠缠着它。不少经济学家认为，在这一地区，菲律宾的"难兄难弟"马来西亚和斯里兰卡很可能在若干年内摆脱这个"陷阱"，但菲律宾在相当长的时间里还是爬不出来。那么，是什么原因导致菲律宾从昔日经济学家的宠儿变成"中等收入陷阱"国家反面典型的呢？

一、生产率低下

亚洲开发银行首席经济学家顾问赫苏斯·费利佩在接受本报记者采访时说，菲律宾迄今为止已经当了36年的"中等偏低收入国家"，要逃离这个区间预计还要30多年，不折不扣地掉进了"中等收入陷阱"。与之相比，中国1992年才成为"中等偏低收入国家"，但在17年之后就成功步入"中等偏高收入国家"的行列。

费利佩说，菲律宾之所以掉入"中等收入陷阱"无法自拔，主要是因为在过去三四十年时间里，它没有完成像日、韩等国那样的工业化过程，导致本国生产率长期得不到提高，失去了与其他国家的相对优势：与低收入国家相比，菲律宾较高的工资水平使其在劳动力密集行业不具备成本优势；与高收入国家相比，该国低下的生产率根本没有实力与它们展开竞争。

他说，菲律宾政府在上世纪70年代曾试图推动本国工业化，但由于种种原因一直没有取得突破。此外，菲律宾的产业结构优化升级缓慢，其出口产品竞争力相对逐渐下降。菲律宾在劳动力密集型产品的相对优势维持到1990年，此后这个优势转变为劣势。而在资本密集型产品等高附加值行业中，该国更是不具备优势。

二、政治动荡

如果说生产率长期低下是所有掉入"中等收入陷阱"国家的共性，

那么具体到菲律宾是哪些因素造成其生产率难以提高，从而导致该国掉入"中等收入陷阱"呢？分析人士对这个问题的回答五花八门，综合来看主要有政治动荡、腐败丛生和投资不足等。

纵观近几十年的历史，菲律宾的政治动荡表现在两个方面：中央政府不稳和分裂势力林立。上世纪80年代和新世纪伊始的两次"人民力量运动"分别导致马科斯独裁政权和埃斯特拉达政府倒台，而菲律宾军方在关键时刻倒戈是两人下台的直接推手。

军方的介入让两次"人民力量运动"取得成功，但也让菲律宾政府长期生活在兵变的威胁之下。据统计，在阿基诺夫人当政期间，菲律宾爆发了7次兵变。在阿罗约政府时期，兵变更是成为家常便饭，先后被粉碎的大大小小的兵变图谋就超过200次。

在地方上，派别众多的地方分裂势力是严重的社会不稳定因素。近几十年来，这个东南亚岛国——尤其是南部地区——活跃着多股叛军，其中势力最大的"摩洛伊斯兰解放阵线"（"摩伊解"）经过多年发展，其兵力超过了1万人。虽然菲政府一直对它们"或剿或抚"，但至今也没有解决问题，往往还按下葫芦起了瓢。

亚行副首席经济学家庄巨忠表示，在经济发展过程中，国家必须为生产率的提高创造一个良好的环境，首先就是要维持政治经济的稳定。社会动荡、政治不稳等因素被认为是许多拉美国家陷入"中等收入陷阱"的重要原因。在东南亚，菲律宾在很长时期内的情况与此类似。

三、腐败丛生

除了政治动荡，腐败这颗毒瘤也对菲律宾经济发展造成严重影响。长期以来，该国政府陷入了"前腐后继"、上行下效的恶性循环，马科斯和埃斯特拉达政府倒台都与其贪腐过甚引发民怨脱不了干系。前总统阿罗约到期卸任后，也因为腐败问题数次被捕，至今没有获得自由。

身为国家元首的总统都如此腐败，下属各级官员的情况就可想而知了。阿基诺总统上台后，以"没有腐败，就没有贫穷"为口号，发起了轰轰烈烈的反腐败运动，前总统阿罗约、前首席大法官科罗纳和前监察长古铁雷斯等人纷纷落马，前国防部长雷耶斯更是因贪腐丑闻饮弹自尽。

费利佩表示，造成贫穷的原因是多方面的，但腐败的确是重要原因之一。对一个国家的民众收入增长而言，其政治和经济机构的性质是极其重要的，因为它们决定着该国工业化的走向和速度。从总体来说，菲律宾社会的腐败现象意味着该国的许多机构并不是包容性的，因此拖累了菲律宾工业化进程的速度，继而导致该国长期处于"中等收入陷阱"当中。

四、投资不足

此外，投资不足也被认为是菲律宾经济发展迟缓的重要原因。菲律宾是个典型的内需驱动型经济体，私人消费占国内生产总值的比重约为七成。长期以来，投资一直是菲律宾经济的重大短板，其原因主要有以下三点：一、政府投资方面，由于政府财政赤字高涨，大约两三成的预算被用来支付债务利息，政府缺少资金进行投资；二、国内投资方面，私人消费旺盛等因素导致菲律宾储蓄率长期低于20%，是亚洲国家中最低的，银行业筹集不到多少资金发放投资贷款；三、国外投资方面，政治稳定与否是国外投资者的重点考虑因素，菲律宾局势动荡造成其国外直接投资也远远低于其他东南亚国家。

为了走出"中等收入陷阱"，阿基诺三世2010年上台以来有针对性地采取措施促进经济发展。例如，重启与"摩伊解"的和谈并取得阶段性成果、开展大规模反腐运动和增加政府投资等。这些举措也取得了一定的效果：2012年，菲律宾GDP增长率高达6.6%，超过市场普遍预期。

对此费利佩表示，菲律宾经济近年来的表现的确强于以往，问题是过去的失败没法在短时间内得到弥补，该国走出"中等收入陷阱"尚需时日。

马来西亚：人才匮乏导致产业升级缓慢

胡光耀　林昊

胡光耀

新华社前驻吉隆坡首席记者。

马来西亚曾是东南亚地区经济表现最好的国家之一，其经济发展起步甚至要比韩国更早一些。20世纪70年代马来西亚利用廉价的劳动力资源吸引外资和技术发展劳动密集型产业，迅速走向工业化。1977年时，马来西亚与韩国的人均GDP相当，都在1000美元左右。但到了1995年，马来西亚人均GDP为4287美元，而韩国则突破1万美元，达到11468美元，远超马来西亚。由于过度依赖价值链低端的制造业，对科研和企业科技创新不够重视，以及金融体系脆弱的局面得不到改善等因素，马来西亚经济陷入"中等收入陷阱"，经济增长缓慢。1998～2010年马来西亚经济增长率只有2.07%。21世纪初，马来西亚进行了经济结构调整，但只实现了经济的温和增长。2010年马来西亚人均GDP

林 昊

新华社吉隆坡分社首席记者。

为 8691 美元，位于中等偏上收入水平，仍然徘徊于中等收入国家行列，而此时已迈入高收入国家行列的韩国人均 GDP 高达 20540 美元，远远超过马来西亚。

就马来西亚面临的难以跨越"中等收入陷阱"的挑战，《参考消息》报记者 2013 年 3 月采访了马来西亚前总理政治秘书、现任新加坡南洋理工大学国际关系学院教授胡逸山博士，探讨马来西亚经济增长缓慢、无法摆脱"中等收入陷阱"的问题。

一、持续增长依靠科研投入

胡逸山引用新古典主义成长经济学理论说，一个国家持续增长靠的是人力资本（教育）与科技创新（研发）的投资。而改善投资环境、提高工资收入只是暂时的刺激效应，如果不能提高科技创新的水平，从而提高本国的生产力，也就难以从根本上解决"中等收入陷阱"的问题。因此，科研与科技创新，是马来西亚希望跨越"中等收入陷阱"的关键问题。

他说，马来西亚在依靠科技创新实现产

业结构转型升级时遇到了科研人才不足的问题。他说，马来西亚虽然教育普及，然而对高科技人才、研发人才、专业人才的培训不足。此外，马来西亚人才外流现象严重，也导致国内高端技术人才严重缺失。根据世界银行的统计，2011年居住和工作在国外的马来西亚人约为150万，占马来西亚总人口的5.3%。这些人中绝大多数是接受过高等教育的技术工人和专业人才。马来西亚中小型企业面临着工程师和技术员严重短缺。马来西亚政府公开承认马存在严重的人力资本赤字。

马来西亚研发投入不足，造成企业自主创新动力匮乏。根据世界竞争力年鉴，2009年马来西亚研发经费投入约为11亿美元，只占马来西亚国内生产总值的0.64%，远远低于其他亚洲新兴工业化国家对科技创新的投入。2009年马来西亚获得美国专利和商标局授予的专利数仅为181件，同期新加坡和韩国获得的专利数分别为493件和9566件。可以看出，马来西亚企业自主创新能力薄弱，企业的技术自给率很低。

所以马来西亚政府现在出台了一系列政策，鼓励国民修读博士研究生课程，同时也鼓励学生积极选读数理科课程，这都说明政府已经意识到人力资源培养的重要性。

胡逸山表示，马来西亚独立中学选读数理科课程的比例约占学生总人数的40%，这一比例与许多先进国水平相似；然而在政府学校里，选读数理科课程的学生只占学生总人数的20%左右，比例明显偏低。所以在马来西亚2013年财政预算里，有子女选读数理科课程的家庭适用个人所得税优惠政策。

二、发展高增值领域很重要

另一方面，马来西亚长期忽略了发展高增值领域的重要性，比如高科技工业、专业服务等，而是过度依赖低劳工成本优势，发展出口加工业、天然资源贸易等。此类行业并不能带动国内其他高增值领域发展，也不能产生连锁经济效应，已经适应不了新时代的发展趋势。针对此问题，马来西亚政府已经推出一套完整的经济转型计划，就是注重金融服务领域（打造马来西亚成为本区域金融中心）、高科技（生物科技、资讯科技研发）与其他专业服务（如工程设计、商业服务方案、离岸服务等）领域的发展，还有提升中小型企业的研发能力与生产力也是新经济转型计划的重要组成部分。

胡逸山表示，要改善马来西亚"中等收入陷阱"问题并非一日之功。从马来西亚经济成长历史看，该国一直依靠压低劳工与生产成本吸引更多在加工制造业方面的投资，所以，国民收入长期滞留在中低收入的水平，这也造成国内消费市场持续萎缩，形成恶性循环，经济活力不足。而政府刚刚提升了最低工资水平，可谓势在必行。

胡逸山还说，马来西亚政府一向的惠商政策，如压低劳工与其他生产成本（如石油津贴），马来西亚商家长期享受高利润，却未把利润投资在研发或提高生产力方面，没有真正形成产业增值。

胡逸山最后表示，改善"中等收入陷阱"问题需要一个长期的过程，马来西亚政府最近出台的上述政策对应对此危机将会产生积极的效果，但更需要企业的配合和支持，这样才能真正摆脱"中等收入陷阱"。

拉美国家为何难扭转发展颓势

齐传钧

齐传钧

中国社会科学院拉丁美洲研究所副研究员，中国社会科学院世界社保研究中心副秘书长，中国社会科学院社会保障实验室执行专家，经济学博士。

在经历了 2008 年全球经济危机的艰难岁月后，世界上很多国家都陷入经济衰退，而中国经济却依然保持较高速度增长，继续续写着一个发展中大国的经济奇迹。但也不可否认，这几年经济运行中诸多风险和隐忧开始出现，比如外需持续低迷、内需依然不振、产能过剩突出、地方债务加剧和企业杠杆高企等等。以往的扩张性货币政策和财政政策空间不断被压缩，效果日趋弱化。显然，中国经济目前面临的问题，正由过去的周期性问题向结构性问题加速转变，加快经济体制改革步伐的呼声再起。

与此同时，2010 年中国人均国民收入达到 4300 美元，正式进入中等偏上收入社会（按照世界银行的标准，2010 年中等收入下限为人均国民收入 3975 美元）。到 2014 年底，中国人均国民收入迅速攀升到 7400 美元，不仅显著高于该年中等收入下限 1046 美元，也明显高于当时的中等偏上收入下限 4126 美元，但距离进入高收入社会的门槛（2014 年的标准为人均国民收入 12736 美元）还有较大距离，这正是很多发展中国家经济增长出现停滞，并最终落入"中等收入陷阱"的敏感阶段和关键时期。因此，中国是否会落入"中等收入陷阱"这种担心开始在网络和媒体上频频出现，并引起了广泛争论。

我们知道，所谓的"中等收入陷阱"是由世界银行首次提出的，指的是一个经济体进入中等收入阶段后，在原有经济发展方式下积累的矛盾集中爆发，经济转型没能及时完成，经济增长波动加剧并陷入停滞，最终经过几十年也无法进入高收入国家行列。这个概念一经提出就引起了学术界的高度关注，支持者有之，反对者也不乏其人。争论的焦点主要来自三个方面：其一，"中等收入陷阱"本身是否是伪命题？其二，中国存不存在落入"中等收入陷阱"的可能性？其三，如果存在，中国应该如何防范这种可能性的发生？毫无疑问，这几个问题都应该做出肯定回答，笔者将结合已经成为落入"中等收入陷阱"典型案例的拉美国家进行对比分析并给出答案。

一、 "中等收入陷阱"概念不仅在现实中而且在理论上都是真实存在的

对"中等收入陷阱"本身的真伪性判断是由概念理解上的差异造成的，只有去伪存真，才能揭示其中的本质含义。就目前而言，各种误读很多，但主要有以下两种认识值得商榷。首先，世界银行指出这是在拉美和东南亚地区所存在的一种现象，尤其是拉美地区涉及国家众多，致使过去一度错误地被认为 "中等收入陷阱"就等同于"拉美现象"或"拉美陷阱"，即把民主乱象、贫富分化、腐败多发、过度城市化、社会公共服务短缺、社会动荡、信仰缺失等政治和社会现象也作为其主要特征，从而把概念无限泛化成一个地区独有的现象，因此否认了"中等收入陷阱"的规律性和一般性，自然就认为这是个伪命题。

其次，世界银行强调了经济增长波动并陷入停滞，使人误把"中等收入陷阱"仅仅理解为经济危机或经济增长速度的放缓上，那么毫无疑问，不仅在中等收入阶段存在这些现象，而且在低收入或高收入阶段也会出现这些问题，那就无所谓"陷阱"了，因为这是每一个市场化国家都会经历的经济现象。换句话说，一个经济体在经过高速增长后，进入中等收入阶段后，如果发生了经济危机或增速因为向均值回归而放缓，那么无疑是一个再正常不过的现象，但显然这并非"中等收入陷阱"的本质含义。

事实上，世界银行给出的"中等收入陷阱"概念是有明确指向性的，即只局限于一个经济体从中等收入阶段向高收入阶段迈进这个特定阶段的长期经济增长问题，解决的是发展中国家人均收入为什么不再向发达国家接近和收敛的问题，或者说为什么无法突破不断提高的高收入阶段的下限标准（这个不断提高的下限标准基本上反映了美国、日本和欧洲等高收入国家人均国民收入的增长速度）。因此，理解"中等收入陷阱"概念的关键是经济增长是否会出现长期停滞或相对停滞，而不是局限于经济危机是否发生或经济增长是否放缓。

其实，"中等收入陷阱"概念本身是有理论支撑的。出现于 20 世纪 50 年代的新古典增长理论告诉我们，因为受到要素边际收益递减和技术外生的假定制约，发达国家增长将会最终停滞，而发展中国家人均产出却可以向发达国家收敛，最终与发达国家基本持平。但事实并非如此，此后发达国家经济还在继续增长，且没有出现停滞的迹象，而发展中国家与发达国家相比，人均产出差距非但没有缩小，而且还在持续扩大。这便有了 20 世纪 80 年代新增长理论的出现，重新对发展中国家长期经济增长率低于发达国家做出解释。显然，"中等收入陷阱"概念不过是经济增长理论出现进展后在现实中应用的一部分。因此，"中等收入陷阱"概念不仅在现实中而且在理论上都是真实存在的。

二、以拉美为鉴，中国存在落入"中等收入陷阱"的可能性

既然"中等收入陷阱"是真实存在的，那么中国是否需要担心落入"中等收入陷阱"呢？或者说有没有这种可能性呢？当然，对一个经济体是否会落入"中等收入陷阱"做出事前判断是非常困难的，因为世界银行只给出了一个描述性概念，既没有给出一个经济体将要或正在落入"中等收入陷阱"的事前判断，也没有规定在中等收入阶段滞留多少年就可以视作落入"中等收入陷阱"，而事实上成立已经是几十年以后的事情了。但是，这个问题又不能回避，因为如果真

等到几十年后发现中国已经落入"中等收入陷阱"，那时或许只能望洋兴叹、于事无补。因此，需要对"中等收入陷阱"问题进行深入研究，其中包括对外国案例的研究，无疑拉美各国的经验教训是最适合的。

我们首先对近现代拉美经济史做个简短回顾。上个世纪 30 年代世界经济陷入了大萧条，拉美地区初级产品出口价格和数量大幅下跌，导致原来的初级产品出口的经济发展模式难以为继，随后拉美地区各国开始纷纷转向进口替代战略。应该说，进口替代战略借助政府的干预和保护，减小了外部市场的冲击，刺激了国内工业制成品生产和需求，一度在经济上取得了较为优异的成绩，例如经济增长开始恢复，工业化进展顺利和制造业部门工资快速增长，人均 GDP 水平得到了很大提升，大部分国家在这一时期顺利进入中等收入国家行列，相继出现了所谓的"巴西奇迹"和"墨西哥奇迹"，甚至在 20 世纪 50 年代早期，很多观察家甚至开始乐观地认为拉美地区的经济发展、贫困下降和社会繁荣只是时间问题。但是，到了 70 年代后期，拉美地区经济增长开始陷入停滞，虽然到 80 年后期和 90 年代前期很多国家实施了新自由主义改革，但并没有从根本上彻底扭转经济增长相对停滞（相对于美国等高收入国家）的颓势。因此，直到今天，绝大多数拉美国家还仍然处于中等收入阶段，即落入"中等收入陷阱"之中。

那么什么原因导致拉美地区陷入"中等收入陷阱"呢？分析发现，上个世纪 70 年代末 80 年代初拉美地区经济增长开始停滞的直接原因是全要素生产率的下降，而不是劳动和投资等生产要素投入的下

绝大多数拉美国家并没有从根本上扭转经济增长相对停滞的颓势，直到今天仍然处于中等收入阶段。图为三名墨西哥人坐在墨西哥城圣哈辛托广场的一个喷泉旁等待雇主。（摄影武巍）

降。或者说，这是经济运行长期低效，不断积累后在某个时间点上的突然爆发，而 70 年代两次石油危机和 1982 年拉美债务危机不过是导致拉美经济开始出现长期相对停滞的导火索。进一步分析，这种经济效率的缺失主要表现为资源配置效率基础薄弱和研发创新能力基础不足。

首先，资源配置效率基础薄弱主要表现在如下四个方面：一是对通过高估本币、关税和非关税壁垒对国内工业长期实施保护，即使在新自由主义改革后其保护力度也始终高于世界其他地区，导致市场机制配置资源效率低下，拉美工业制成品一直缺乏全球竞争力。二是政府在银行中所占股份大，贷款的政治性倾向明显，广大中小企业因无法获得有效金融支持而普遍缺乏活力和创新。三是营商环境长期不佳，以市场进入成本为例，拉美地区企业创建成本为人均GDP 的 80 倍，而在亚洲为 24 倍，欧洲为 36 倍，而美国仅为 1.7 倍，这限制了企业家精神的发挥。四是僵化的劳动力市场规则限制了人力资源有效配置，并导致企业不敢大胆用工。以强制性离职金为例，拉美地区企业需要为离职职工提供相当于月平均工资 2.5 倍的强制性补偿，而亚洲为 1.5 倍，欧洲为 1.1 倍，美国企业则无需提供强制性补偿。

其次，研发创新能力基础不足集中表现在以下五个因素：一是拉美地区人力资本存量与发达国家差距较大，以平均受教育程度为例，2000 年拉美地区平均只有 6 年，而美国和韩国分别为 12 年和11 年；二是拉美地区人力资本质量低下，学校教育质量普遍较差，学生阅读和数学能力与发达国家之间存在着较大差距，例如拉美地区有超过一半的学生存在阅读困难，而发达国家这一比例几乎不超过五分之一；三是科研人员占全部劳动力的比例非常低，而且有限的科技人员都配置在高校和政府，而配置于企业的比例仅为 10% 左右，而发达国家配置于企业的比例平均高达 60% 以上；四是拉美地区研发支出偏少和结构性问题始终比较明显，普遍存在研发支出缺口，而且研发支出还主要集中在政府部门，与发达国家之间形成了鲜明反差，后者的研发支出主要来自企业部门；五是拉美地区基础性研究成果数量明显偏少，人均科技论文数量不到发达国家的十分之一。

总之，正是因为上述问题长期得不到根本解决，导致拉美地区各国难以顺利完成经济转型，最后大多数国家只能在中等收入阶段长期徘徊。表面上看起来，中国似乎不仅不存在上述这些问题，而且与拉美各国发展道路不同，人文和现实国情也有较大差距，根本就无须担心会落入"中等收入陷阱"。但是，如果透过现象看本质，从中抽象出一般性的规律，那么这种担心也并非多余。

首先，从发展道路上来看，拉美各国是从进口替代战略转向新自由主义经济，但大多数国家所进行的新自由主义改革既不彻底也没有持续，这就注定政府在要素配置（通过扭曲要素价格）上仍然具有较大的影响力；而中国是从计划经济走向市场化经济，因为是渐进式改革，所以政府对一些关键要素的配置仍然发挥着重要作用。从本质上来说，无论是中国，还是拉美地区的大多数国家，采取的都是政府主导的发展模式。既然中国和拉美在发展道路上具有本质的相似性，那么为什么拉美经济长期增长在过去几十年出现了问题，而中国却能独善其身呢？毫无疑问，这与各自所处的发展阶段有关，即拉美主要国家早已进入中等偏上收入阶段，而中国人均国民收入还处于相对较低位置。但是，这种情况正在发生改变，从发展的阶段上看，中国目前所处的位置似乎对应着拉美主要国家1998年所处的位置。

其次，从具体成因上来看，在导致拉美地区资源配置效率基础薄弱和研发创新能力基础不足的九个方面中，在中国有些成立，有些正在得到改善，而有些则是拉美所独有的，即未必全部成立。比如，在人均受教育年限和教育质量上，中国就明显好于拉美；在人力资源配置上，中国对劳动力的保护措施要远远弱于拉美国家，等等。但是，从普遍意义上讲，这些方面本质上不过是限制拉美经济长期增长的要素"短板"，并没有什么特殊性。与之相比，中国经济目前也出现了很多要素"短板"是拉美所不存在的，比如人口老龄化加剧且劳动力人口绝对数量已进入下降通道和环境污染严重等。

总之，拉美的经验告诉我们，如果一个中等收入经济体不能最终解决经济发展中的某些要素"短板"，就有极大可能落入"中等收入陷阱"；也同样告诉我们，政府主导的发展模式不能解决所有的要素"短板"问题，甚至是造成这种要素"短板"的直接推动力量。因此，至少对中国未来落入"中等收入陷阱"的担忧抱有敬畏并非杞人忧天。

三、汲取拉美教训，及时转变经济发展模式至关重要

正如前文所述，及时转变经济发展模式对避免落入"中等收入陷阱"至关重要，具体体现在如下几方面：

第一，政府主导的经济发展模式出现衰退具有突发性。政府主导的经济发展模式侧重于实现更多产出的单纯经济增长，生产要素

投入的领域和数量往往受到政府直接或间接的较大影响，从而对各种生产要素价格造成不同程度的扭曲。如果国内外政治经济环境比较稳定，那么既有的经济速度就可以得到维持，经济增长质量问题也能够被掩盖。但是，一旦国内外政治经济环境发生较大改变，经济增长就可能陷入迅速的衰退当中，拉美地区出现的经济衰退便是例证。上个世纪 70 年代世界经济形势发生了剧烈变化，1971 年布雷顿森林体系的崩溃造成国际货币汇兑体系的混乱，1973 年和 1979 年的两次石油危机导致石油美元从发展中国家向发达国家回流，国际借贷利率高涨。在这种国际背景下，1982 年拉美地区爆发了严重的债务危机，应该说，这次危机的迅速爆发和蔓延与拉美地区以扭曲的价格长期过度使用国际信贷这种生产要素不无关系。

第二，避免落入"中等收入陷阱"要及时转变经济发展模式。发展经济学认为经济发展存在着阶段性，在人均收入水平较低时期，可以借助政府的力量来调动和配置各种社会闲置资源，增加生产性投入，实现经济较快增长，从而跨越"贫困陷阱"。但是，在进入中等收入社会后，当各种生产要素已经全部得到了粗放使用，边际产出将快速下降，最终甚至为零，成为经济增长的"短板"，此时未能转变的增长方式必然导致经济增长效率较低，全要素生产率对经济增长难以做出相应贡献，那么落入"中等收入陷阱"就是一个大概率事件。所以，在进入中等收入阶段后，转变经济方式应该尽早完成，不能盲目崇拜短期的 GDP，也不能固守趋势性思维，认为未来一定是现在的延续。拉美地区就给了我们一个深刻教训，直到上个世纪70年代后期拉美地区的经济增长仍然比较可观，至少和当时的美国几乎保持同步，但是，这种连续多年经济增长的快感很容易让人们迷失方向，最终落入"中等收入陷阱"就在所难免。因此，对处在中等收入阶段的国家来说，必须居安思危，尽早重视并实现经济结构的转型和微观市场制度变革，提升市场效率。

第三，产业保护和企业垄断只能是权宜之计，不能作为长期的经济增长手段。毫无疑问，在工业化初期，由于工业基础和竞争力较弱，借助政府的力量对一些产业进行有效保护是非常必要的。这不仅得到相关经济理论支持，也在历史上被德国和美国等西方发达国家实践和验证过。但是，这种保护措施不能无限制存在，否则将影响行业的国际竞争力。此外，如果出于产业保护的目的是长期给某些企业垄断特权，那么这样的企业只能做大，而不能做强。在全球化的今天，一个国家如果长期对国内企业和产业采取保护措施，将必然导致不可挽回的后果。韩国曾经对大企业财团实施长期的保护和政策优惠，在98年东南亚金融危机中遭受重创后，韩国便开始对大企业财团进行改革，逐步取消了这些优惠，从而大大提高了企业素质和经济活力，最后韩国成为避免落入"中等收入陷阱"的样板案例。

第四，推动经济体制转型在于突破既得利益集团的阻挠。政府主导的经济发展模式形成既得利益集团难以避免，这些利益集团长期获得政府保护和各种优惠政策，经营效率低下，市场竞争力较差，在政府主导的经济发展模式向市场主导的经济发展模式过渡后，必然遭到他们的极力反对。当推动改革的强权人物在改革未尽时退出历史舞台，给既得利益集团赢得喘息之时，他们必将阻挠继续改革的步伐，改革的阻力就会越来越大，推进改革的局面就会愈加复杂，最终，已经实施的改革就会停滞不前，甚至倒退。近十年来，拉美地区一些国家在进行新自由主义改革中多有反复便是例证。因此，就目前而言，中国的渐进式改革应该重在"进"字，而不应该是过去一度争论的"渐"字。

实际上，新一届政府上台以来，已经认识到问题的严重性，并陆续推出一系列改革措施，比如简政放权和减税降费以及正在落实的国有企业改革等，不仅意味着降低企业负担和激发市场活力，更重要的是把要素配置的权力还给市场，通过市场的力量逐渐纠正一些扭曲的价格信号，重新配置要素，解决经济发展中的一些"短板"。同时，考虑到人口现状和经济的长远发展，计划生育政策得到调整，"全面二孩"开始实施。因此，我们有理由相信，只要继续推进改革，中国就可能在 2049 年，即中华人民共和国成立 100 年之际，进入高收入社会，建成社会主义现代化国家，从而最终实现中央提出的"两个一百年"奋斗目标。

但是，我们必须认识到，虽然距离 2049 年还有相当长时间，但进入高收入社会的挑战依然艰巨，但也不能急功近利，毕其功于一役，奢望在 2020 年左右就跨过中等收入阶段，这是不现实的。道理很简单，这套评价体系是由世界银行 1989 年引入的，高收入的下限是每年进行调整的，已经从那时的 6000 美元提到了 2014 年的 12736 美元，年均复合增长率 3.06%，反映的是高收入国家人均国民收入的平均变化。以此大概推算，2020 年，高收入标准应该为 15258 美元左右，中国如果要想突破这个标准，人均国民收入需要每年平均增长 12.82%，而预期十三五 GDP 增长率只有年均 6.5%，这显然是不可能的。如果把目标定在 2049 年，届时高收入下限大概为 36532 美元，在此期间人均国民收入年均增长率只要不低于 4.67%，就可以顺利进入高收入社会。进一步，考虑到未来人口总量的下降，只要保证每年 GDP 增长率不低于 5%，中国跨过"中等收入陷阱"就不是问题。最后，必须强调的是，至少在未来 10 年，中国经济是有条件继续保持中高速增长的，但之后随着人口老龄化高峰（21 世纪 30 年代）的到来，中国经济才将面临真正考验。也许给我们的唯一出路和仅有的时间窗口，就是未来 10 年进一步容忍经济下滑，从而腾出更多空间破除万难，大力推进结构改革。

拉美国家发展停滞"病灶"剖析

王进业 陈威华 毛鹏飞 钱泳文

王进业

新华社驻拉美总分社
社长、分社党组书记。

拉美经济在经历本世纪"黄金十年"之后，近年进入下行通道。据世界银行报告，拉美及加勒比地区 2015 年经济收缩 0.9%，2016 年将陷入停滞。经济发展条件得天独厚的拉美国家，已长达几十年"扎堆"陷入"中等收入陷阱"。专家分析认为，拉美的主要"病灶"，是经济发展模式不可持续，内生动力不足；对教育重视不够，创新能力匮乏；经济政策与社会政策失衡，贫富差距大，社会矛盾尖锐。

一、过度依赖资源，"奇迹"不可持续

拉美国家经济发展大体经历了初级产品出口导向、进口替代工业化和 1982 年至今的新型出口导向三个阶段。

巴西经济学家罗尼·林斯说，从上世纪 50 年代开始，拉美国家普遍实行进口替代战

陈威华

新华社驻里约热内卢
分社首席记者。

略，实现了经济高速增长。1950-1980 年，拉美地区经济年均增长 5.6%。1980 年拉美人均国内生产总值（GDP）达 2288 美元，居发展中国家前列。这一阶段的发展被国际社会称作"拉美奇迹"。

但由于大部分拉美国家国内市场狭小，无法使制成品生产达到一定的规模效应，工业生产成本过高，在国际市场上缺乏竞争力。到上世纪 80 年代，拉美国家以"举债增长"方式实行进口替代的政策难以为继，政府债台高筑，陷入恶性通货膨胀和货币急剧贬值的恶性循环。以"债务危机"为标志性事件，拉美各国出现了持续的社会动荡和政局不稳。

在美国的强力干预下，拉美国家随之普遍推行新自由主义，其主要特征是把矿产资源和国民经济命脉产业都实行私有化，全面彻底放开金融和经济管制。新自由主义模式促成了拉美国家由国家主导型经济体制向自由市场经济体制的转变，由进口替代工业化的内向发展模式向出口导向的外向发展模式转变，并最终造成国家宏观调控能力被过度削弱、社会冲突加剧等诸多不良后果。上世纪 80 年代拉美地区 GDP 年均增长率仅为 1.2%，人均 GDP 增长则是 -0.9%；90 年代这两个数据分别为 3.2%、1.4%。上世纪 80 年代和 90 年代成为拉美两个"失去的十年"。

进入 21 世纪以来，即后新自由主义时期，由于新兴经济体对原材料进口的旺盛需求以及由此带来的大宗商品超级周期，拉美国家再度迎来经济增长"黄金时期"。受到市场利好因素刺激，巴西、阿根廷、智利、秘鲁等初级产品出口大国通过一系列产业刺激政策，加大对采掘业和初级产品加工业的投资力度。根据联合国拉丁美洲和加勒比经济委员会（下称联合国拉加经委会）的统计数据，2001 年至 2011 年，拉美初级产品出口额在总出口额的比重上升了近 20 个百分点。2001 年，初级产品出口比重为 41.1%，而到 2011 年，这一比重猛增至 60.7%。

与初级产品出口繁荣相比，制造业占 GDP 的比例从 1980 年的 27.8% 跌至 2009 年的 15.3%。拉美开发银行行长加西亚认为，拉美"去工业化"与当时国际市场初级产品价格长期维持高位有关，使资本过度向能源资源

毛鹏飞

新华社驻拉美总分社编辑。

钱泳文

新华社驻墨西哥城分社记者。

类产业集中。

中国社会科学院经济学部研究员张晓晶分析认为，拉美发展方式不可持续，陷入"中等收入陷阱"，主要原因在民粹主义。一是忽视发展阶段的经济赶超，进口替代工业化战略片面强调自给自足；二是忽视财政限制的福利赶超，靠运用外汇扩大进口和实行赤字融资，提高工资增加福利，导致清偿能力不足，陷入债务危机；三是忽视市场机制的政府主导，包括提高关税、压低物价、高估本币，以及对产业部门的各类补贴等，导致资源错误配置。

二、教育质量低下，创新能力不足

拉美在全球产业体系中处于"高不成、低不就"的位置，产业结构单一，难以摆脱"荷兰病"（指一国特别是指中小国家经济的某一初级产品部门异常繁荣而导致其他部门衰落的现象）的困扰。专家分析指出，技术创新是跨越"中等收入陷阱"的战略通道，是经济增长、产业结构转型的根本动力。而拉美国家技术创新长期乏力，导致生产率持续低下。

早在 1965 年,拉美就召开全球第一个地区性科技大会,提出至少要使研发投入占 GDP 的 1%。到 2014 年,巴西、墨西哥和阿根廷研发投入占全地区的 92%,其中巴西的研发投入占 GDP 的比例达到 1.2%,而墨西哥和阿根廷分别为 0.64% 和 0.45%。研发投入长期偏低致使科技水平明显落后,进而影响生产力水平和产业结构,这是拉美经济发展一直严重依赖自然资源和初级产品的根源,也是经济互补性差、区域经济一体化高开低走的根源。日前,美国彭博社发布 2016 年全球创新指数,排名前 50 的国家中拉美地区只有阿根廷排名第 49 位。

巴西弗鲁米嫩塞联邦大学教授埃万德罗·卡瓦略说,拉美进口替代工业化时期多重汇率、高关税壁垒以及严厉的进口管制,为国内企业提供了过度保护。本国企业由此缺乏在良性竞争市场中自主创新的压力和动力。而以初级产品出口为主导的发展模式,也使整个社会的科技创新缺少推动力。

据世界经济论坛发布的《2015 全球信息技术报告》,拉美国家的信息科技运用指数排名绝大多数在 60 名之后。报告指出,拉美地区仍未能有效运用信息科技来提升其全球竞争力,在信息科技的普及性及运用上都明显不足。而造成这种落后状况的症结之一在于教育体系的贫弱,使得大多数学生没有机会接受足够的训练,从而导致社会缺乏运用新科技的能力。

拉美国家富人选择质量有保证的私营教育,穷人的孩子虽然都有可能接受 10 年至 12 年的免费教育,但公立教育一方面教学质量普遍较低，另一方面学生辍学率高。联合国拉加经委会社会发展处官员达尼埃拉·特鲁科说，最近 10 年拉美初级教育的覆盖面取得相当大的进展，只有 5% 的儿童没有上小学。但同时中学教育情况恶化。中学的入学率虽然达到 75% ～ 78%，很多学生却没能毕业。有的学校 80% 的学生能够完成学业，有的学校只有 25% 的学生毕业。在墨西哥，只有 40% 的农村人口接受过高中教育，大量劳动力在初中阶段就辍学。

拉美事务专家安德斯指出，拉美国家传统上对于教育缺乏重视。拉美地区很少有公立中学的全学年上课日数超过 180 天，这就比亚洲国家少了四分之一；此外，拉美国家的公立初级及中级教育一向重人文而轻数理，造成学生科技素养低下，也削弱了日后对于新科技的适应能力。

经济合作与发展组织（经合组织）、拉美开发银行等组织联合发布的《2015 年拉美经济展望》报告指出，拉美地区中学教育与经合组织成员经济体平均水平有较大差距。教育质量低使拉美劳动力市场上存在技能短缺与技能不匹配问题，严重影响拉美公司的竞争力。相较全球其他地区，拉美企业在寻找拥有合适技能的员工方面面临更大挑战，在寻找过程中遇到阻碍的概率是南亚类似公司的 3 倍，也是亚太类似公司的 13 倍。该现象尤其集中在关键领域，如汽车工业和机械制造业等。据世界银行调查，受教育程度的高低不仅影响劳动力素质，而且还影响其工资收入。最富有的 10% 的人口与最穷的 30% 的人口受教育程度的差距，在墨西哥、巴西、巴拿马和萨尔瓦多等国相差 8 年至 9 年。

科技教育的落后直接制约了拉美生产效率的提高。经合组织在最近发布的报告中，把生产效率低下列为拉美地区经济增长的两大阻力之一。据专家测算，自上世纪 70 年代后期以来，拉美国家全要素生产率一直处于下降趋势。美洲开发银行报告中称，拉美的生产率水平依然很低，与发达国家相比还有所倒退。

三、贫富分化严重，社会矛盾突出

拉美地区是世界上贫富分化和社会问题最严重的地区之一。经合组织最近发布的报告指出，2015 年拉美地区国家的贫富差距拉大，财富分配差距较发达国家高 65%，比亚洲地区国家高 36%，比撒哈拉以南非洲地区高 18%。在经济发展还算比较稳定的墨西哥，目前仍有近一半的人口深陷贫困，另有四分之一存在返贫风险。

拉美分配不公问题除财产性收入极不均衡外，还体现在工资档次上，管理人员或具有一技之长的人员与普通员工拉得很大；另一方面，城乡之间以及正规部门与非正规部门之间收入悬殊。拉美城市化率从 53.8% 升至 77.2% 只用了不到 38 年时间，而且与工业化水平严重脱节，造成城市人口膨胀，就业严重不足，城市贫困加剧。许多农民只能在城市从事各种"自谋生计"的服务性工作，即所谓"非正规就业"。在拉美城市马路上，几乎随处可见强擦车窗、兜售各种小食品的年轻人在车流间穿梭。经合组织 2015 年的一份报告显示，拉美超过一半的劳动力分散在非正规部门工作，这使得失业风险加大，国家经济增长缓慢。墨西哥国立自治大学经济系教授胡安·卡洛斯·莫雷诺说："当一个国家不能创造新的就业机会的时候，这个国家消除贫困就无从谈起。"目前拉美贫困人口中65%是城市居民。

拉美国家涉及收入分配、再分配的政策基本有两类。一是从法律上确立劳动者应享受的最低工资标准、基本的社会保障及其他社会福利。在实践中，这些福利只局限于城市正规部门的劳动者，基本上没有扩展到广阔的非正规部门和农村地区。二是实施一些面向社会中下阶层的社会救助性质的措施。拉美在本世纪头十年，借助大宗商品出口旺盛的机遇，实施积极的社会政策，使贫困人口从2000年的41.7%下降到25.3%。但伴随着政府更替或者受经济环境的影响，一些保障政策难以持续。

目前，拉美国家政府仍然缺乏改善收入分配和实行收入再分配的手段。据联合国拉加经委会提供的数据，拉美20%的低收入者仅占有该地区总收入的5%，而20%最富有的人群占有47%的财富，在巴西甚至达到55%。巴西经济学家林斯指出，陷入"中等收入陷阱"的国家普遍存在收入差距过大的问题。相反，那些成功摆脱"中等收入陷阱"的国家，基本上都将收入差距控制在一定限度内，从而实现了增长引擎由外需到内需的转换。联合国人类居住计划专家埃里克·维特鲁普称："目前拉美面临的主要挑战是如何应对城市化产生的巨大收入差距问题。"

收入分配差距拉大也在不断削弱拉美各国内部的凝聚力。贫富严重不均，中间收入阶层随着经济的起落而萎缩，引发了街头政治、保护主义及排外、反精英情绪。巴西近年因经济衰退，不少民众生活困难，去年以来大规模反政府游行此起彼伏，陷入经济社会双动荡。诺贝尔经济学奖得主约瑟夫·施蒂格利茨指出，不平等会削弱民众对政府的信心，损害工人的效率和总体经济，甚至会破坏人们对法治的信任。

同时，由于城市基础设施和公共服务严重滞后，拉美国家普遍住房紧张、治安恶化、社会矛盾突出。据统计，拉美城市贫民窟人口总数达 1 亿人以上，约占地区总人口四分之一。里约热内卢 600 多万人口中，有近三分之一生活在城区的 1000 多个贫民窟中。贫民窟成为犯罪猖獗之地，有组织的犯罪和暴力活动层出不穷。

未来五年是我国跨越"中等收入陷阱"的关键时期，"十三五"规划明确阐明了设想和路径。拉美国家的经验教训，给我国提供了有益镜鉴。

美国哥伦比亚大学地球研究所所长杰弗里·萨克斯说，中国要突破"中等收入陷阱"，必须让经济基于创新，增长要有质量。墨西哥拉丁美洲社会科学研究所研究员阿莉西亚认为，目前还没有看到中国有被困在"中等收入陷阱"的倾向，因为这个亚洲巨人正在改变其旧有发展模式，更加关注推动国内消费和建立知识创新型经济。

墨西哥伊比利亚美洲大学的教授赫苏斯·巴尔德斯在接受采访时分析说，国民收入和机会的不平等，是制约经济增长的主要因素。中国应吸取拉美的教训，制订和实行长期可持续的公共政策，找到经济开放和国内市场繁荣发展的平衡点，同时解决社会资源分配不均问题，并对弱势群体提供稳定的法律和制度保护。

智利摆脱"魔咒"经验值得学习

王进业 陈威华 毛鹏飞 钱泳文

拉美绝大部分国家长期徘徊于"中等收入陷阱",但资源、地缘等条件并不优越的智利,通过探索实行市场经济与适度政府干预有效结合,政治、经济和社会发展互相促进,成功跻身高收入经济体。有关专家认为,智利的经验做法对我国成功摆脱"中等收入陷阱"魔咒提供了有益启示,值得借鉴。

一、坚持渐进式金融改革

智利人均国民生产总值从 2000 年 5133 美元增长到 2012 年的 15363 美元。近年在全球经济整体不景气的情况下,智利一直领跑拉美经济增长。

国家信息中心信息化研究部副研究员武峰认为,智利之所以能走出"中等收入陷阱",关键在于它对"芝加哥弟子"的新自由主义建议并未言听计从。政府一方面坚持市场化改革,激发市场和社会活力;坚持对外开放,发挥比较优势,适时推进发展模式转换;另一方面,在推进市场化时,强调循序渐进,实行稳健的财政政策和货币政策。

金融改革与创新是决定经济能否成功转型和跨越"中等收入陷阱"的关键支点。智利自20世纪80年代以来一直坚持推进渐进式金融改革，按照较为合理的顺序完成从管制经济到市场经济、从金融抑制到金融深化、从固定汇率到浮动汇率、从资本账户管制到资本市场开放的转变。

智利金融改革主要包含四个方面内容：放松利率管制、银行私有化、取消信贷控制、放松资本管制并开放资本市场。资本项目的开放使智利在上世纪80年代得到了大量急需的投资，不仅为本国的经济增长提供了有效的外部资金支持，还有助于平衡在经常项目上出现的赤字。

资本账户开放后，智利金融监管当局根据智利银行法，加强对内外资银行财务状况的监管，提高银行经营管理的透明度，并明文规定禁止外资银行从事股票经纪、投资基金以及财务顾问等业务。

为防止短期资本过度流入而推高本币币值，进而影响本国产品出口竞争力，智利1991年6月推出无偿储备金制度，规定除出口信贷外所有外资不管期限长短，都必须将总额的20%存放在智利中央银行一年，不付利息。这就相当于对资本流入的隐性税收。同时，为减轻外资流入过多给货币和汇率造成的压力，智利政府自上世纪90年代起逐步放宽了对资本流出的限制。

智利经济主管部门负责人表示，"政府的真正作用在于为经济运转确定普遍的、非歧视性的原则，并执行以照顾最贫困阶层为原则的收入再分配职能"，至于对经济的直接参与，"政府只有在缺乏私人部门行动的情况下才起一种补充作用"。

二、不断完善社会保障体系

智利在进入中等收入阶段后，积极践行"社会公正增长"理念，实行一系列促进均衡分配和社会公正的改革举措，将市场改革、经济增长与社会公正有机结合起来。

深圳大学中国经济特区研究中心和经济学院教授钟坚等认为，建立完善的社会保障体系是智利成功转型的基础。1981年，智利改传统的以现收现付为主体的养老制度为实行养老金私有化，建立以个人账户为基础的完全积累制养老模式。一是养老金缴费全部由雇员承担，缴费率为缴费工资的10%；二是成立单一经营目标的养老金管理公司，负责养老金缴费的收集、账户的管理以及基金的投资运作，投保人可自由选择管理公司；三是养老金管理公司将投资所得利润按法定要求和时间存入个人账户，养老金给付水平取决于雇员退休时的个人账户资产积累余额，预期寿命以及折现率等因素。

针对积累制缺乏互济功能，不同收入、性别人群的养老金待遇差距悬殊等问题，智利后来对养老金制度又进行了改革完善，主要是安排财政资金向符合条件的老人提供救济性质的养老金。

为保证养老基金安全和收益，智利政府对基金公司注册资本、经营范围、投资政策、信息披露等方面进行了严格规定。特别是为保证养老基金的合理收益，智利政府规定了最低投资回报率标准。新的社会保障体系使智利的经济和社会逐渐走向了双重的良性循环。

三、大力扶持中小企业发展

实行积极财政政策，扶持中小企业发展，促进就业，是智利推进社会公正增长的又一关键支点。

智利于2009年出台《中小企业法》。政府出台配套政策倾斜措施，如"中小企业投资融资"及"小工业投资融资"计划、信贷保险金折扣单计划等。2010年智利政府公布了约25亿美元的应急计划，包含完善国家采购机制，通过国家银行、国家贸易促进会等机构改善中小企业的融资环境，通过小企业担保基金和互助担保协会对中小企业的银行贷款进行担保等扶持政策。

西班牙阿尔卡拉大学教授拉蒙·卡西尔达称，包含政治、经济和社会措施的平衡计划将保障社会正义，改善旨在避免"中等收入陷阱"的治理。拥有一个积极而有效的政府是世界上13个成功摆脱"中等收入陷阱"的经济体的共性之一。

墨西哥国立自治大学经济系教授胡安·卡洛斯说，智利作为拉美已跨越"中等收入陷阱"的国家，仍然面临消除贫富不均和收入分配不均的挑战。尽管人均收入提高，但贫困人口还没有享受到足够的教育和医疗服务。他补充说，智利还应投入更多精力继续推动产业转型，培育新的增长点。

巴西：奇迹、失落、艰难突破

刘 彤

刘 彤

新华社巴西利亚分社
首席记者。

上世纪 70 年代，"巴西奇迹"曾让全球为之震惊。但到了随后的 80 年代，"债务危机""恶性通胀""失去的十年"等新闻术语，又纷纷由这个南美大国传来。而在 30 多年后的今天，"金砖国家"等金光闪烁的桂冠，又重新为巴西所拥有。

其实，这个过程正是一个国家由高速发展跌入"中等收入陷阱"，并且在经过艰苦的抗争之后重新赢得发展的典型案例。巴西 1975 年人均 GDP 突破 1000 美元，进入中等收入国家行列。然而此后，巴西长期徘徊在中等收入阶段。其间，巴西经历了怎样的艰难波折，其教训和经验值得借鉴。

一、"奇迹"后陷入停滞

二次世界大战以后，巴西由一个单一农业国家开始了工业化进程。在 1948 年至 1979

年，国内生产总值平均增长率达 7.2%，其中在 1968 年至 1973 年期间，更是取得了 10% 以上的高速增长，被称为"巴西奇迹"。到上世纪 70 年代末，巴西建立起了较为完善的工业体系，拥有门类齐全的基础工业部门，人均 GDP 也跨入了中等收入行列。"巴西奇迹"的创造，得益于其独特的发展模式，归纳起来有三大特点："举债增长"、强力的政府干预和"进口替代"。

然而，70 年代的能源危机使国际经济陷入萧条，巴西再无法轻而易举地借债，内向的经济模式又使国家无力还本付息，于是"债务危机"爆发了。而政府民粹主义政策所带来的沉重财政负担，又导致了"恶性通货膨胀"，年通胀率最高达到 1500% 左右。"进口替代"在某种程度上保护了落后，造成工业产品质次价高，难以参与国际竞争。于是，巴西经济陷入了混乱，增长出现大幅回落甚至停滞。

二、总结出三大教训

随后的 80 年代，对于巴西来说是"失去的十年"。巴西国内外的经济学家在总结教训时，首先就指出，当一种经济增长方式的动力即将耗尽的时候，就应适时地转变增长方式，不能等到危机集中爆发时再做出调整，否则社会代价高昂。而巴西正是在石油危机之后错失了调整的机遇。

其次，发展中不重视社会公正。长期以来，巴西政府笃信重财富积累、轻分配的"涓滴效应"，导致了社会两极分化日趋严重。1970 年至 1995 年，巴西的基尼系数平均达到 0.61。收入差距的扩大造成多数中低收入居民消费不足，消费需求对经济增长的拉动减弱。而贫富悬殊又引发激烈的社会动荡，进一步对经济发展造成严重影响。

再者就是不重视教育，技术创新能力不足。巴西瓦加斯基金会研究员费尔南多·维洛佐指出，人力投资停滞、教育质量低下等因素，加大了巴西经济转型的难度，使之只能获得低技能、低生产率的劳动力，同时也形成了阻碍竞争力提高的"巴西成本"。另外，进入中等收入阶段后，巴西的低成本优势逐步丧失，为与发达国家抗争，必须提高研发能力，实现产业升级。但是，巴西的人才素质和"进口替代"保护落后的特点，使这些愿望都难以实现。

三、艰难寻找突破口

为了摆脱停滞和重新获得发展，巴西曾进行了艰难的抗争。政府在上世纪 90 年代初实施改革，主要做法是开放市场、大幅削减财政预算和部分允许汇率浮动。改革收到了明显成效，使宏观经济环境改善，通胀降至 6% 以下，经济恢复 4% 左右的温和增长。但这种新自由主义改革也有明显弊端，开放市场使进口严重冲击民族工业，造成了近些年的"去工业化"问题。另外，社会两极分化进一步严重，政府投入的萎缩，也使技术创新能力更加低下。

为此，2003 年上台执政的左翼卢拉政府，开启了以推动社会发展为核心的发展模式。他在保留前政府稳健财政政策同时，提出了"零饥饿""家庭补助金"等计划，对贫困家庭提供生活补助和就业培训，让普通民众享受到国家经济增长带来的利益。这些政策增加了民众的购买力，并强劲带动国内消费的增长。正是这种旺盛的国内消费，使巴西在 2008 年国际金融危机汹涌来袭后，最早走出了危机并恢复经济的快速增长。

罗塞夫总统在 2011 年继任后，不仅继承了卢拉时期的社会计划，还加强了对教育和科技创新的投入。目前，巴西不仅中小学教育完全免费，在大专院校学习的学生，三分之二以上可获得奖学金。政府还提出《科学无国界计划》，计划在 2011 年至 2014 年间资助 10 万名巴西学生出国留学，为巴西的未来培养并储备人才。

四、前景仍不明朗

2010 年，巴西的人均 GDP 达到 10866 美元。2013 年初，巴西政府又宣布，该国两年内使绝对贫困人口减少 2200 万，进入仅剩下最后 250 万人的攻坚阶段。2014 年举办了世界杯足球赛，2016 年，巴西又要举办举世瞩目的奥运会。

上述一系列的好消息，让人越来越感到精神振奋，似乎巴西跨越"中等收入陷阱"的前景一片光明。但是，此间专家们却并不以为然，认为巴西要进入高收入行列，仍有相当长一段路要走。他们指出，人均 GDP 破万元大关和经济规模超英国，都是得益于本币的过度升值，自 2009 年以来雷亚尔已升值 30% 多。另外，政府消除贫困以金钱救助为主，这种方式不可持续，且对经济的帮助只是暂时的。

最为要命的则是，左翼政府出于抵制新自由主义的本能，为保护民族工业和经济独立自主，又开始逐渐提高关税，出现走"进口替代"回头路的趋势。经济学家认为，新自由主义的极端做法虽然不可取，但政府的干预也必须适度，市场经济的健康发展，在于市场自发调节与政府宏观调控相结合。总之，巴西未来的发展还面临诸多挑战，能否很快跨越"中等收入陷阱"，还要拭目以待。

阿根廷：现代化进程百年迷途

叶书宏　赵燕燕

叶书宏

新华社驻布宜诺斯艾利斯分社首席记者。

　　在拉丁美洲经济发展史上，阿根廷徘徊近一百年的现代化进程可谓是一宗谜案：一个拥有与加拿大和澳大利亚等国同样条件和起点的国家，一个百年前就已跻身世界十大富国行列的国家，却在漫长的探索现代化的过程中迷失了方向，陷入缓慢增长或停滞不前的怪圈，特别是进入 21 世纪伊始，还爆发了全面的金融危机并引发社会政治危机，人均 GDP 从原先 8000 美元腰斩至不到 4000 美元，成为发展中国家陷入"中等收入陷阱"的社会标本。

　　阿根廷究竟发生了什么？阿根廷发展经济学家罗贝托·西门内斯认为，阿根廷被推向世界现代化大潮的边缘，从发展理论来看，滞后并处于较低水平的工业化是导致经济发展后劲不足的主因；从经济政策看，政府在

赵燕燕

新华社驻布宜诺斯艾
利斯分社记者。

国家干预和市场调节之间缺乏政策平衡；从社会政策看，没能处理好经济增长与社会公平的关系，时而过度注重社会福利导致财政严重赤字，时而过度追求经济增长导致收入分配严重不均。

一、严重依赖农牧产品出口

150 年前，在欧美产业革命的带动下，阿根廷成为欧洲特别是英国主要的原材料供应地，羊毛、小麦、牛肉源源不断供应欧洲市场，为阿根廷带来了大量外汇收入，到 1914 年阿根廷人均收入已经比肩德国和北欧国家，高于西班牙、意大利、瑞士和瑞典，布宜诺斯艾利斯成为大西洋海岸仅次于纽约的第二大城市。

1929 年至 1933 年，欧美大萧条来临，全球贸易环境恶化，欧美大国以邻为壑的贸易政策加重了危机，也使阿根廷依托农业出口的经济模式陷入困境。

二战以后，世界经济已经步入高级工业化阶段，世界各国在提高生产效率、提升产品附加值和扩大对外出口竞争力上展开了竞赛。一个没有工业化的国家，一个完全依赖初级产品出口的构架必然受制于外部世界，尽管阿根廷具有得天独厚的自然条件，就比较优势而言，其农牧产品生产和出口占有优势地位，但是仅仅依靠少数产品出口，不实行多样化战略，不通过提高工业化水平增加产品的附加值，只会在新一轮全球化产业竞争中落伍。一些经济学家认为，阿根廷"数次贻误了把繁荣时期来自农业的利润投向建立现代工业体系的机会"。

二、滞留工业体系初级阶段

从上世纪 40 年代开始，受形势所迫，阿根廷通过进口替代模式着力构建工业体系，但是这一体系主要以初级农产品加工和轻工业部门等为主，目的是满足国内民众基本需求，替代过去需要进口的生活必需品，被认为是较低水平的工业化，而以国有化和公共投资拉动的石油、化工、军工等重工业体系的构建直到 50 年代才开始逐渐展开。进入 60 年代，当计算机在很多发达国家工业领域被广泛应用，工业自动化、信息化和智能化趋势已经不可阻挡的时候，阿根廷却面临着尴尬的处境：既没有在工业领域形成新的比较优势，又未能摆脱对农牧产品出口部门的依赖。

直至今日，阿根廷工业化虽然取得了较大进步，但是工业体系也只是停留在进口加工装配阶段，生产设备、半成品等严重依赖进口，产能规模受制于农牧业出口部门的创汇能力。一旦国际市场风云变幻，农业部门创汇能力锐减，政府只能靠通过发债、增发货币等方式负债经营,由此导致通货膨胀、政府赤字甚至债务危机等连锁反应,这种局面至今仍未改变。

阿根廷进口替代工业化战略起步尽管有些晚,但是方向是正确的,如果从上世纪 50 年代开始政策能够延续下去,时至今日也能赶上世界现代化潮流。但是过去几十年阿根廷的发展进程极不稳定,政府在兼顾全民福利和经济效益,以及国家干预和市场调节之间作出政策选择时缺乏平衡甚至走极端,导致宏观经济环境和政策缺乏稳定性和长期性。

三、错失升级产业结构时机

西门内斯认为,自二战以后,全球大市场已经初步形成,各国都在紧跟全球产业趋势,一方面巩固自己既有优势,同时又通过产业结构升级构建新的适应于全球市场的优势竞争力,最终目的是在全球贸易和国际分工布局中掌握高附加值产品的市场份额。作为发展中国家,能否根据全球产业趋势调整发展战略,是突破发展瓶颈的关键,阿根廷错失了几次升级产业结构的时机,自然无法分享全球化带来的市场红利。

曾经比肩欧美的拉美大国,在经历了上世纪初几十年辉煌之后,如今仍在现代化的道路上蹒跚不前。当然,一个国家发展进程无法用单一的经济或产业因素解释,实际上阿根廷现代化进程受阻是经济、社会和政治多方面因素交织的结果,这在 2001 年阿根廷金融危机中已经得到充分的体现。纵观阿根廷近一百年的发展历程,似乎可以用这样一个怪圈来描绘：发展模式偏颇产生经济问题，经济问题导致失业和分配不公，社会不平等加剧社会动荡，社会动荡带来政治力量洗牌，政局频繁变动使得发展政策难以为继，真所谓左中右政党你方唱罢我登场，热闹之后国家经济依然原地打转。

西门内斯认为，如果没有稳定的政治环境，不能营造公平的社会秩序，再好的国家发展战略也难以奏效，在全球化时代各国的现代化竞赛，竞争的不只是发展模式的优劣，更是政府协调社会利益和保持政局稳定的能力。他说，制定富有前瞻性的产业政策、强有力的政府领导和公平的社会分配体系，至少从阿根廷来看，是突破"中等收入陷阱"的必要前提。但是之前的经济结构已经积重难返，社会利益格局短期内难以改变，加上国际经济和贸易环境能否再次出现繁荣周期尚未可知，未来阿根廷突破发展瓶颈的前景不好预测。

阿根廷百年兴衰的前车之鉴

江时学

江时学

中国社会科学院研究员，中国新兴经济体研究会副会长，中国拉美学会副会长。

"中等收入陷阱"是世界银行提出的一个概念。根据其在3个出版物中的表述，"中等收入陷阱"的含义是：一个国家在进入中等收入国家的行列后，随着人均收入的提高，工资水平会上升，从而导致劳动力成本上升。但其产业结构及科技创新却未出现显著的改善或进步。其结果是，它既不能与劳动力成本更低的其他发展中国家竞争，也无法与发达国家竞争，从而陷入一种进退两难的境地。长此以往，这个中等收入国家必然会停滞不前。

在我国学术界，"中等收入陷阱"的定义众说纷纭，莫衷一是。有一较为流行的定义是：如果一个中等收入国家长期不能跻身于高收入国家的行列，它就被认为是陷入了"中等收入陷阱"。

阿根廷是一个由盛而衰的国家。诺贝尔

经济学奖获得者西蒙·库兹涅茨曾说过："世界上有 4 种国家：发达国家、发展中国家、日本和阿根廷。"将阿根廷与曾创造出经济奇迹的日本相比，库兹涅茨的用意是不言而喻的。据说巴西人在数落或批评某人做事不成功时，常常这样调侃："只有阿根廷人不如你。"

一、得天独厚的自然条件优势

阿根廷拥有不少有利于经济发展的得天独厚的自然条件优势。例如，阿根廷人少地多。占全国总面积 1/4 的潘帕斯草原气候温和，土地肥沃，地势平坦。阿根廷人经常自豪地说："我们的平原从大西洋起，一犁头耕到安第斯山麓，都不会碰到一块石头。"此外，阿根廷还拥有丰富的资源，其中稀有金属铍的储藏量居世界第二，铀矿资源储藏量名列拉美之首，石油和天然气等资源也比较丰富。

19 世纪 80 年代以前，畜牧业成为阿根廷的经济支柱，牛皮和牛肉是主要出口产品，形成了所谓"牛皮文明"。此后，阿根廷吸收了大量外国移民，对潘帕斯草原进行开发，使农牧业成为国民经济的支柱。

19 世纪末，欧洲市场对农产品的需求急剧增加。阿根廷紧紧抓住这一机会，依靠蜂拥而至的外资和外国移民，并利用海运技术和冷冻技术的进步，向欧洲出口了大量农产品。当时，阿根廷经济的增长速度之快，在世界上是无与伦比的。至 20 世纪初，阿根廷因出口大量粮食和牛肉而被誉为"世界的粮仓和肉库"，它的首都布宜诺斯艾利斯则被视作"南美洲的巴黎"。在欧洲的许多城市，当人们形容某人腰缠万贯时，常说"他像阿根廷人一样富有"。1900年，阿根廷的人均国内生产总值（GDP）分别为美国、英国和澳大利亚的一半，是日本的一倍，略高于芬兰和挪威，接近意大利和瑞典。1913年，阿根廷的人均收入为3797美元，高于法国的3485美元和德国的3648美元。甚至在1950年，阿根廷的富裕程度仍然领先于日本，与意大利、奥地利和德国大致相等。

第一次世界大战使阿根廷的初级产品出口型发展模式受害匪浅。相比之下，1929年的世界经济大萧条对阿根廷经济的打击更大。自那时起，阿根廷经济始终未能取得长足的发展。

在人类社会进入21世纪后不久，厄运再次降临阿根廷。2001年12月，阿根廷爆发了深重的债务危机、社会危机和政治危机。在短短的半个月时间内，阿根廷居然有5人先后成为总统，其中一位总统甚至公开宣布：阿根廷无力偿付其1500多亿美元的外债。阿根廷因此而成了世界上有史以来最大的债务违约国。

二、不利的政治因素

阿根廷由盛而衰的原因是多方面的，涉及政治、经济和社会等领域。阿根廷学者拉法尔·迪特利亚在分析阿根廷百年兴衰时曾说过："如果一个人被7000颗子弹打死，你很难分清哪一颗子弹是致命的。"

在政治层面上，长期的军人统治毁坏了国家的民主化进程和政党制度，也削弱了经济增长的政治基础。

阿根廷没有从过去的危机中吸取教训，2001 年再次爆发债务危机。图为 2002 年 1 月 20 日，示威者在布宜诺斯艾利斯一家银行门口抗议阿根廷政府宣布冻结银行存款的措施。（摄影 马丁·萨巴拉）

　　阿根廷早在 1816 年就取得了民族独立。19 世纪 60 年代初，阿根廷结束了独立后的长期内战，政局趋于稳定。这为 19 世纪末和 20 世纪初的经济起飞创造了有利的政治条件。然而 1930 年发生的军事政变中断了政治民主化进程。在此后的半个多世纪内，阿根廷经常发生军事政变，政府更迭多达 25 次，具有左翼、中翼、右翼倾向的军人政府和文人政府都曾登台亮过相，但没有一次政府交替是在民主框架内完成的。直到 1989 年，阿根廷才实现了真正意义上的文人政府的权力交替。

　　不健全的民主政治体制和频繁的政府更迭必然会影响政府政策的连贯性，有时甚至是一百八十度的转弯。例如，这一届政府大幅度提高税率，而下一届政府却实施了减税政策；这一届政府将国有企业收归国有，下一届政府则实行私有化；这一届政府为了减少财政赤字而实施紧缩政策，下一届政府却推行具有民众主义色彩的高福利政策。毫无疑问，这些前后矛盾的"钟摆现象"不仅打击了政府政策的可信度，而且还影响了政府、企业和个人消费者的行为；不仅损害了投资环境，而且还削弱了国内外投资者的信心。

　　而且，与智利皮诺切特军政府不同的是，阿根廷的历届军政府很少实施真正意义上的经济改革，从而使进口替代工业化时期积累的经济问题变得越来越严重。

三、软弱的经济治理能力

　　恩格斯认为，"国家权力对于经济发展的反作用可能有三种：它可以沿着同一方向起作用，在这种情况下就会发展得比较快；它可以沿着相反方向起作用，在这种情况下它在每个大民族中经过一定的时期就要遭到崩溃；或者是它可以阻碍经济发展沿着某些方向走，而推动它沿着另一种方向走，这第三种情况归根到底还是归结为前两种情况中的一种。但是很明显，在第二和第三种情况下，政治权力能给经济发展造成巨大的损害，并引起大量的人力和物力的浪费。" 毫无疑问，恩格斯所说的国家权力对经济发展的反作用，实际上也是国家治理的作用及成效。

拉美有这样一个笑话：造物主把好东西和坏东西搭配后，分配给世界上不同的国家。他把丰富的资源、肥沃的土地和美丽的风景给予阿根廷。最后剩下一个坏政府没有一个国家要，于是造物主就把它给了阿根廷。

这一笑话将阿根廷政府贬为造物主"赐予"的"坏东西"显然是欠妥的。但是，阿根廷政府的经济治理能力确实被认为是低下的。

阿根廷政府的经济治理能力弱化的原因是多方面的，其中最主要的是：国家领导人或擅长于政治舞台上的明争暗斗和争权夺利，或常受利益集团、党内矛盾和党际矛盾的牵制，因此难以提高政府的经济治理能力。此外，总统权力过大，不时导致"三权分立"流于形式。尤其是梅内姆总统，他自以为个人魅力高不可攀，在决策时很少考虑国会和反对党的意见，从而使政府的决策缺乏科学性和可行性。

四、社会凝聚力的缺失

强大的社会凝聚力具有振奋民族精神以及整合不同利益集团的功能。尤其在一个国家遇到各种危机时，社会凝聚力的这一功能更为重要，因为它能鼓励民众团结在政府周围，发奋图强，努力工作。

阿根廷是一个移民国家。历史上，来自不同国家的移民为了建设自己的家园而团结一致，辛勤劳动，共同创造了19世纪末和20世纪初的经济繁荣。1910年，尼加拉瓜诗人达里奥曾写过一首名叫《我为阿根廷歌唱》的诗，赞美欧洲移民对美好未来的憧憬和热爱。

然而，进入 20 世纪后，尤其在 20 世纪下半叶，阿根廷的社会凝聚力却呈现出不断衰弱的趋势。尤其在国家遇到危机时，这一趋势尤为明显。例如，80 年代初债务危机爆发后，许多人将大量资金转移到国外，形成了持续时间长、规模庞大的资本外逃。据估计，80 年代期间外逃的资本可能接近阿根廷整个国家的外债总额。2001 年底爆发金融危机后，有钱人不断地将其资金转移到国外，拥有一技之长的专业技术人员则竞相移居国外。

社会凝聚力的缺失与收入分配不公密切相关，而收入分配不公既是一个历史遗留问题，也是一个颇为棘手的现实问题，更是一个政策问题。

在 19 世纪末和 20 世纪初的经济繁荣时期，随着农产品出口的扩大，土地所有权越来越高度集中，而大量农民却无地耕种；在城市，与农产品出口有关的行业滋生了一个富有者阶层，制造业的起步也造就了一批暴富者，而无数城市居民则因失业而无法摆脱贫困。20 世纪中叶，尤其在庇隆当政时期，由于政府采取了一系列民众主义政策，低收入阶层的收入得到一定程度的提高，中产阶级队伍也有所扩大，因此阿根廷的收入分配状况有所改善。但在其他时期，阿根廷的收入分配很不公平，吉尼系数经常在 0.5 上下。1989 年梅内姆上台后，阿根廷的收入分配进一步恶化。这与梅内姆政府推行的经济改革有着密切的关系。首先，大量国有企业被私有化后，新的企业主为提高企业效率而裁减工人，从而使失业问题更加严重。在布宜诺斯艾利斯等大城市，失业率接近 20%。其次，开放市场后，竞争力比较弱小的民族企业纷纷倒闭或压缩生产规模，从而加剧了失业问题。

由于社会凝聚力不强，民众不信任政府的现象司空见惯，劳资关系也较为紧张。其结果是，反政府游行或罢工之类的群体性行为时常发生，破坏了正常的生产活动。

五、过度依赖比较优势

任何一个国家在追求经济发展时必须发挥自身的比较优势。阿根廷的比较优势在于其丰富的农业资源。如前所述，这一比较优势在历史上曾使阿根廷跻身于富国之列。但是，资源的丰富既是一种"恩赐"（blessing），也会成为一种"诅咒"（cursing）。因此，有必要不失时机地转变经济增长方式，使比较优势的发挥与产业结构的提升实现最佳的组合。

在20世纪30年代世界经济大萧条以后，阿根廷开始实施进口替代工业化。在政府的多种优惠政策的刺激下，工业部门获得了较快的发展。1936年，工业产值首次超过农业。第二次世界大战爆发后，阿根廷利用欧洲国家工业出口下降的有利时机，加快发展制造业。50年代以后，阿根廷进入重工业发展时期，钢铁、化工和机械制造等行业取得了较快的发展。至70年代，阿根廷终于能与巴西和墨西哥等国齐名，成为拉美地区工业化水平最高的国家之一。

但是，整个拉美地区的工业化水平不高，因此，阿根廷在拉美处于领先地位，并不意味着它的产业结构发生了实质性的变化。农产品出口依然是其国民经济的支柱。尤其是与澳大利亚和加拿大等资源优势较为明显的国家相比，阿根廷的工业基础是相形见绌的。这在一定程度上说明，为什么澳大利亚和加拿大是公认的发达国家，而阿根廷则依然是发展中国家。

一位美国经济学家曾说过："从 20 世纪 50 年代起，除石油以外，其他初级产品的出口都不足于导致一个国家走上经济发展的道路。"且不论这一判断是否属实，阿根廷的发展道路充分说明，任何一个国家都应该发挥自己的比较优势，但同时也应该通过大力发展制造业来提升产业结构。

六、国内资本积累能力弱

较高的储蓄率既是经济增长快的动力，也是经济增长快的结果。当经济发展加快时，人们的生活水平也快速提高，并在不减少消费的情况下增加储蓄。而储蓄的增加扩大了投资，加快了经济的发展，最终使储蓄和增长形成一个良性循环。当然，在知识经济时代，资本积累不再被视为解救贫困国家的唯一手段。但是，只有将投资率保持在一定的水平之上，经济和社会才能获得正常的发展。

阿根廷的国内资本积累能力很弱，储蓄率长期得不到提高。这与多方面的因素有关。与儒家文化不同的是，阿根廷的文化传统似乎鼓励人们消费。此外，长期居高不下的通货膨胀率、收入分配的不公以及金融市场的不完善，同样损害了资本积累的能力。

为了满足扩大再生产的需要，阿根廷不得不引进大量外资。当然，在全球化时代，利用外资是一个明智之举。世界历史上有许多国家都因引进外资而取得了经济起飞。问题的关键是，对外资的依赖必须有一个度。反之，外资的作用就会从经济增长的"引擎"变为阻碍发展的"桎梏"。

在历史上，阿根廷曾遇到过两次较大规模的债务危机。第一次是在 19 世纪末，第二次是在 20 世纪 80 年代。这两次危机都给阿根廷经济带来巨大的创伤。遗憾的是，阿根廷没有从过去的危机中吸取教训，而是在 90 年代初实现经济复苏后再次举借了大量外债。其结果是，外债总额从 1989 年的 630 亿美元上升到 1998 年的 1400 多亿美元。由于相当多的一部分外债不是投入生产部门，而是被公共部门用于非生产性目的，因此偿债能力得不到提高。沉重的债务负担与僵硬的汇率制度、庞大的财政赤字以及疲软的经济增长结合在一起，终于使这个南美洲国家在 2001 年再次爆发债务危机。

七、宏观经济形势欠稳定

稳定的宏观经济形势有利于经济发展，反之则会增加国民经济的脆弱性，从而制约经济发展。

阿根廷的宏观经济形势长期不稳定。例如，由于汇率大起大落，变化无常；财政逆差司空见惯，不断膨胀，加之供给侧问题成堆，因此，阿根廷的通货膨胀率长期居高不下。尤其在 20 世纪 80 年代，在债务危机和经济危机的打击下，通货膨胀率曾高达 4 位数。尽管政府实施了多个反通货膨胀计划，但收效甚微。1989 年梅内姆当政后，实施了以货币局制度为基础的"兑换计划"。这一反通货膨胀计划虽然成功地控制了通货膨胀，但也产生了比索的汇率高估等一系列新问题。

恰如其分的宏观经济管理应该依赖于正确的经济手段、有效的行政手段和得力的法律手段。各种手段具有不同的功能，因此它们是不能相互取代的。换言之，只有使各种手段得到有机的协调，它们才能事半功倍，相得益彰。

阿根廷历届政府在进行宏观调控时常常大量使用行政干预手段，经济手段和法律手段相对而言则比较软弱。此外，财政手段与金融手段之间的搭配也时常出现矛盾，因此，"头痛医头，脚痛医脚"的现象非常普遍。

八、工业制成品的国际竞争力不强

在全球化时代，国际竞争力的重要性不容低估。阿根廷的农产品在国际市场上有较强的竞争力，但工业制成品则不然。这一缺陷在阿根廷工业化进程起步之初就已存在。

阿根廷在发展工业时采用了进口替代模式。这一模式的特点之一就是高筑贸易壁垒，使本国"幼稚工业"（包括国有企业和私人企业）面临一个基本上没有外来竞争的环境。然而，保护的成本是很高的。例如，由于企业的产品主要面向国内市场，"幼稚工业"不必为参与国际竞争而千方百计地提高劳动生产率。其结果是，企业的经济效益增长缓慢。许多经济学家曾计算过，阿根廷的汽车、化工产品和一些非耐用消费品的价格比国际市场高出几倍。

适当的保护有利于维护民族经济权益，但是保护民族工业不应该成为保护落后的借口。当然，在不同的发展阶段，对于不同的部门，必须采取不同的保护措施。而且，这种保护不应该是无限制的绝对保护，而应该是在面临外来竞争的压力之下实施的一种适度的相对保护。

在 20 世纪 90 年代期间，梅内姆政府实施了以新自由主义理论为基础的经济改革。最有力的改革措施就是贸易自由化和国有企业私有化。诚然，这两个措施有效地扩大了阿根廷经济的开放度。但是，企业在面对突然而至的外来竞争时陷入了困境。

九、富裕不等于现代化

早在 19 世纪末和 20 世纪初，阿根廷就是一个高收入国家。然而，正如英国《经济学家》（2014 年 2 月 15 日）杂志所言，虽然当时的阿根廷人确实变得富了，但未能使其国家实现现代化。

第一次世界大战后，尤其是在 1929 年世界经济大萧条后，阿根廷开始走"下坡路"，直到 2011 年，阿根廷才再次跻身于高等收入国家的行列。阿根廷的百年兴衰与这个国家的政治、社会和经济等领域的一系列问题有关。毫无疑问，记取阿根廷现代化道路上的成败得失，对于中国避免陷入"中等收入陷阱"是大有裨益的。

出版后记

据统计，2015 年中国人均 GDP 已经达到 8000 美元，位列中等偏上收入国家行列；到 2020 年全面建成小康社会，将达到 1.2 万美元。能否跨越、如何跨越"中等收入陷阱"，是中国"十三五"时期面临的重大命题，事关"两个一百年"目标的实现，事关中华民族的伟大复兴。作为一个有着 13 亿多人口的大国，中国如能成功跨越"中等收入陷阱"，将是人类历史上一个发展奇迹。

正处于改革发展关键时期的中国，如何认识"中等收入陷阱"？如何跨越"中等收入陷阱"？跨过去以后如何更好地向前发展？既是当下中国必须面对的时代之问，也是世界各国和重要国际机构极为关注的人类发展课题。作为中国发行量最大的报纸——《参考消息》以敏锐的新闻意识和高度的社会责任感，在 2013 年 3 月 4 日至 8 日，2016 年 3 月 14 日到 4 月 15 日，两度邀约遍及全球的新华社驻外记者，和来自北京大学、清华大学、中国人民大学、中国社会科学院等高校、科研机构的专家，以及部委政府机构的研究员、海外著名智库的学者，包括厉以宁、蔡昉、李稻葵、林毅夫、刘伟、郑永年、蔡洪滨、海闻、胡鞍钢、郑新立、贾康、巴曙松、罗思义等，试图破解这一时代命题。站在"强国策"的高度，围绕"中等收入陷阱"主题进行多角度、全方位解读，既研究分析中国破解"中等收入陷阱"的方案、对策，也研究、借鉴亚太地区日本、韩国、新加坡、菲律宾，拉美地区巴西、智利、阿根廷等国在应对"中等收入陷阱"时的经验教训。其中中国篇 21 篇，国际篇 14 篇，再加一篇绪论，共计 36 篇深度文章。这组报道引起社会各界的广泛关注。

上海远东出版社有幸获得参考消息报社的信任，将这两组重大题材专题报道的深度文章予以补充、完善，编集出版，为广大读者深入、系统学习参考提供完整阅读的便利。接到书稿后，上海远东出版社立即组织精干编校力量，对书稿进行仔细核对和体例统一等工作，纠正了一些错别字和标点不当使用等问题，对不同文章中涉及的同一问题的相关数据、人物、时间、地点等予以核实和统一，提高了书稿的整体编校质量。

跨越"中等收入陷阱"是一个宏大的时代命题，中国和所有发展中国家都将面临这个时代大考。今天在中国的前面，有历经磨难，实现跨越的，也有陷入其中，不能自拔的，我们希望通过驻外记者的一线观察与顶尖专家学者的深入解读，有利于各界读者全面认识"十三五"规划与中国经济新常态，对推动中国顺利跨越"中等收入陷阱"起到启迪民智、凝聚民心的积极作用。相信读完这部图书的各界读者，会认同《前言》所期许的，这是一份破解时代命题的沉甸甸的答卷，是一本配合宣传"十三五"规划的内容厚重的辅导书。

上海远东出版社

2016 年 7 月 1 日

图书在版编目(CIP)数据

强国策 / 张铁柱，陶德言主编；厉以宁等撰
—上海：上海远东出版社，2016

ISBN 978-7-5476-1141-8

Ⅰ．①强… Ⅱ．①张… ②陶… ③厉…
Ⅲ.①发展战略－研究－中国 Ⅳ.①D60

中国版本图书馆CIP数据核字(2016)第146959号

强国策：跨越"中等收入陷阱"

撰　　文/厉以宁等
主　　编/张铁柱 陶德言
责任编辑/徐忠良 杨林成
装帧设计/熙元创享文化

出版：上海世纪出版股份有限公司远东出版社
地址：中国上海市钦州南路81号
邮编：200235
公众微信：yuandongchubanshe

发行：新华书店　上海远东出版社
　　　上海世纪出版股份有限公司发行中心
制版：北京华联印刷有限公司
印刷：北京华联印刷有限公司
装订：北京华联印刷有限公司

开本：710×1000　1/16　　印张：22.5　　插页：2页　　字数：250千字
2016年8月第1版 2016年8月第1次印刷

ISBN 978-7-5476-1141-8/F·577
定价：78.00元